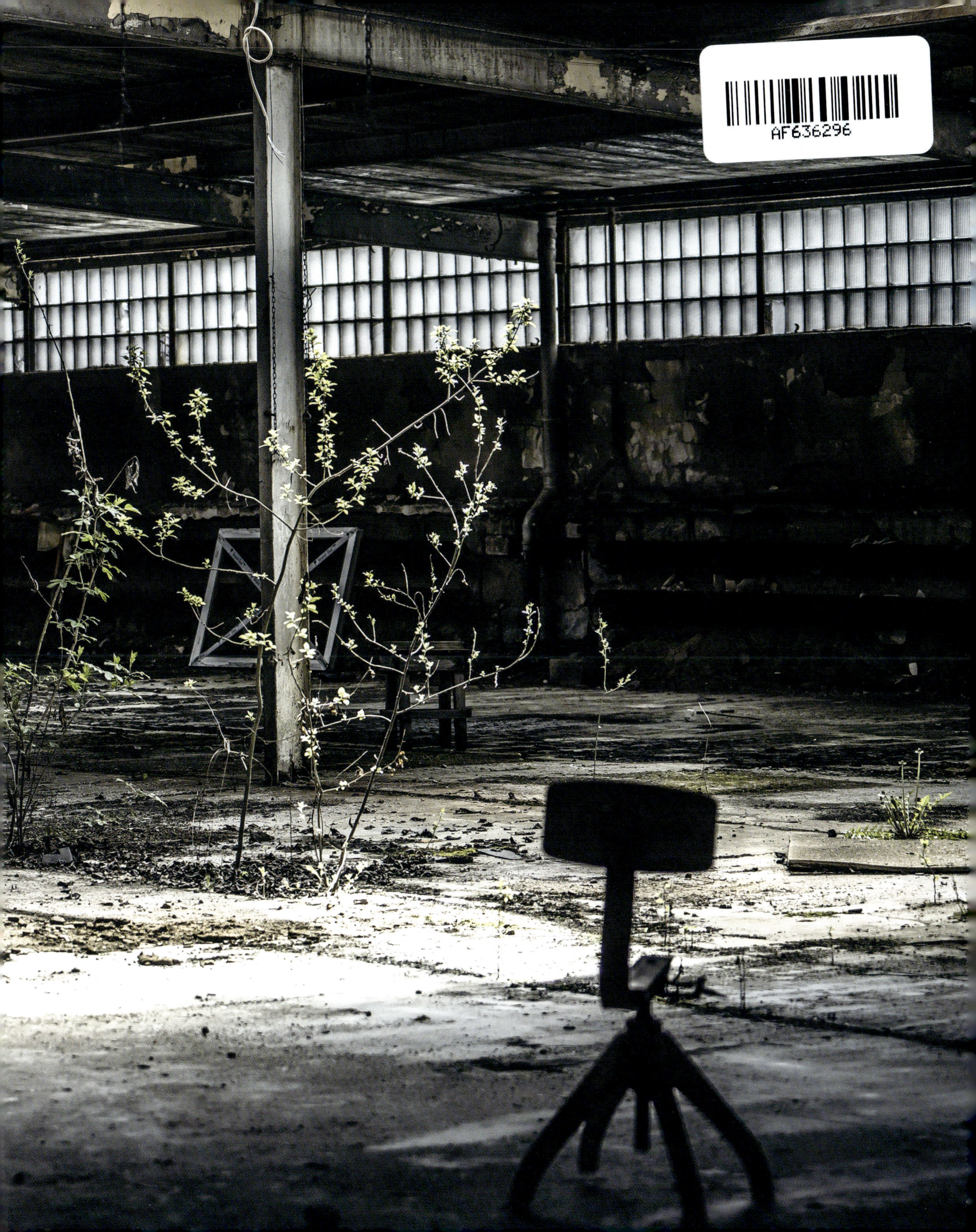

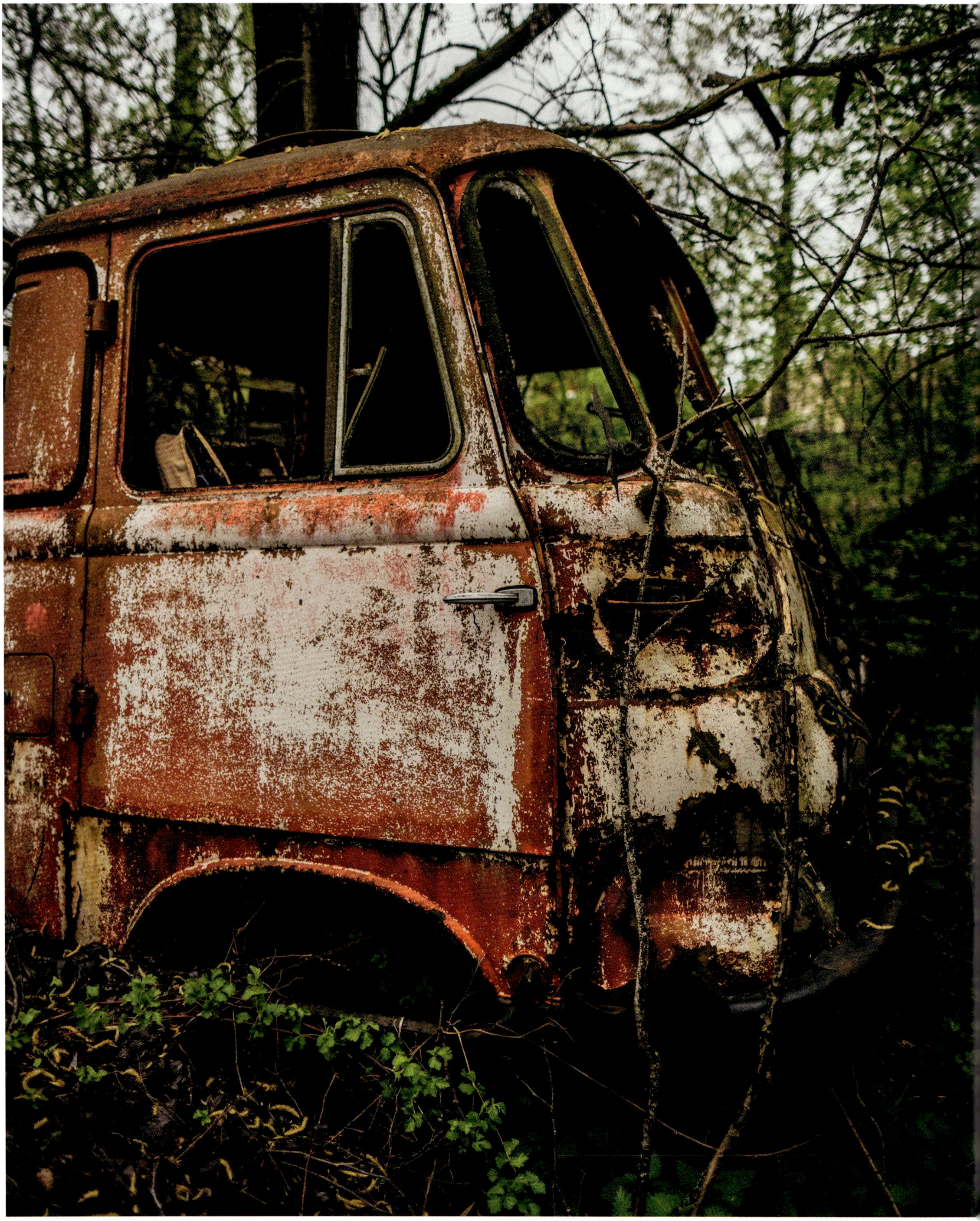

Nina Schütz (Stillstand)

LOST PLACES OBERPFALZ

DER UNVERGLEICHLICHE CHARME VERLASSENER ORTE

SUTTON

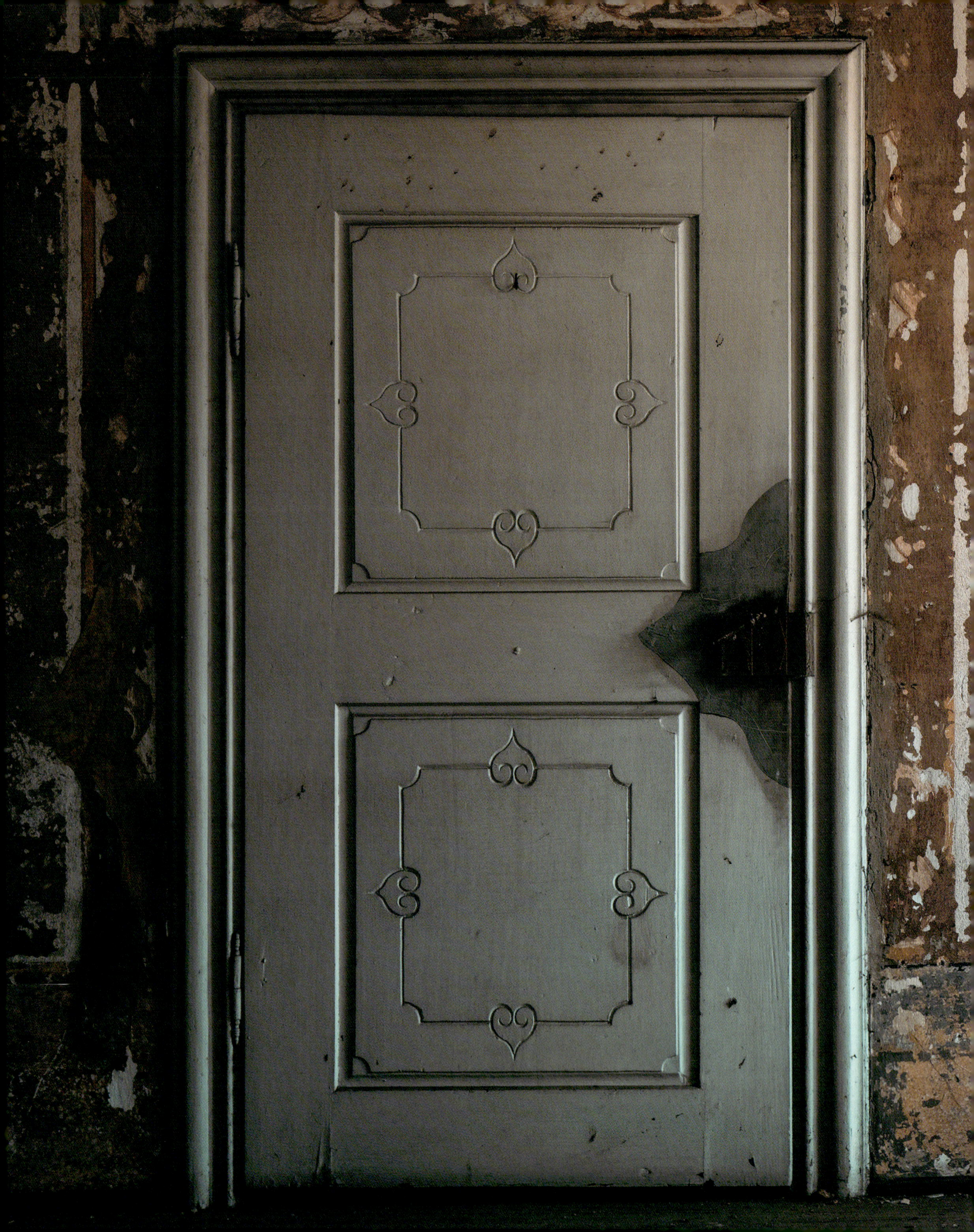

INHALT

DIE AUTORIN

FOTOGRAFIE IST ALLES UND MEHR FÜR MICH – SIE IST MEIN LEBENSINHALT!

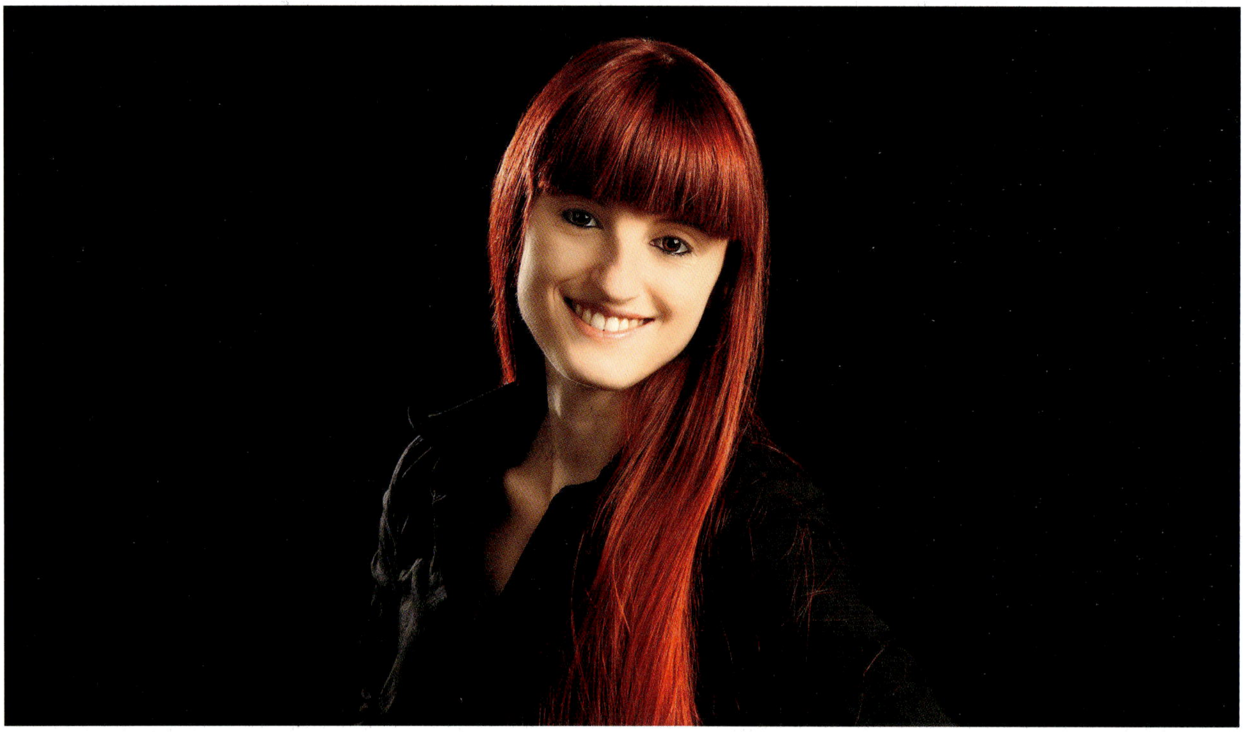

Mein Name ist Nina Schütz, ich wurde 1994 in Sulzbach-Rosenberg geboren, wohne aber schon von klein auf in Amberg. Die Fotografie begeisterte mich bereits in sehr jungen Jahren und nahm früh einen immer größeren Stellenwert in meinem Leben ein. Mein Traum war es, meine Leidenschaft zum Beruf zu machen. Die Ausbildung zur Fotografin habe ich 2018 erfolgreich beendet und mir somit einen absoluten Herzenswunsch erfüllt. Seither bin ich nicht nur privat der Fotografie verfallen, sondern auch beruflich als Fotografin in den verschiedensten Bereichen aktiv.

Schon seit vielen Jahren bin ich mit meiner Kamera unterwegs, halte Landschaften, Natur und Tiere im Bild fest, auch das Thema der verlassenen Orte fasziniert mich seit geraumer Zeit und so suche ich mit meinem Lebenspartner Toby diese einzigartigen und faszinierenden Orte wie z.B. verlassene Gebäude, Fabriken, Schlösser, Kasernen, Bunker, Burgruinen und auch Höhlen sowie unterirdische Anlagen auf und halte diese für die Ewigkeit fest. Ich bin stets auf der Suche nach neuen und beeindruckenden Orten, die ich fotografisch festhalten darf.

VORWORT

Im Nordosten von Bayern liegt die wunderschöne Oberpfalz. Im Vergleich zum Rest des Bundeslandes ist sie dünn besiedelt und zeichnet sich durch einen eher ländlichen Charakter aus. Neben den Mittelgebirgen bilden vor allem die vielen Weiher und Seen ein einzigartiges Landschaftsbild. Viele Burgen und Schlösser, zum großen Teil nur noch als Ruinen vorhanden, zeugen von der bewegten Geschichte dieser Region. Aber auch Relikte aus der jüngeren Vergangenheit erzählen von früheren Tagen.

Dieser Bildband soll einigen dieser Überreste wieder neues Leben einhauchen und ihre Geschichte neu erzählen. Oft in Vergessenheit geraten, bleiben diese Orte für die meisten Menschen im Verborgenen. Versteckt hinter Zäunen, hinter Gestrüpp oder unter unseren Füßen. Fast tagtäglich passieren wir sie, ohne auch nur zu ahnen, welche Geschichte sich hier verbirgt. Es sind keine imposanten Bauten, wie sie oft in anderen Regionen zu finden sind, aber erwähnenswert sind sie allemal.

Viel Spaß beim Eintauchen in verborgene Welten!

DANK

Wenn ein Buch erscheint, steht immer der Autor bzw. die Autorin im Vordergrund, dabei bedarf es immer viel mehr Menschen, die eine Veröffentlichung erst möglich machen!

Ein ganz besonderer Dank gilt daher auch bei meinem dritten Bildband Toby, der mir seit vielen Jahren treu zur Seite steht, mich immer wieder dazu ermutigt, meinen Traum zu leben, mich stets auf meinen Abenteuerreisen begleitet und mich immer bei allem unterstützt.

Vor allem aber danke ich den Bürgermeistern, Eigentümern, Besitzern, Heimatpflegern und Objektverwaltern, die mir die Möglichkeit gegeben haben, diese einzigartigen, interessanten und geschichtsträchtigen Orte besichtigen und fotografisch festhalten zu dürfen. Ohne ihre Unterstützung und Genehmigung wäre dieser Bildband nicht entstanden. Vielen lieben Dank für Ihre Zeit und Bemühungen!

Außerdem danke ich meinen treuen Begleitern auf meinen Social-Media-Kanälen, die mich erst dazu ermutigt haben, Bildbände zu erstellen. Ohne Euch wäre es wohl nie so weit gekommen!

Ein herzlicher Dank geht auch wieder an den Sutton Verlag für das Vertrauen in meine fotografischen Arbeiten und die erneute Möglichkeit, meine Fotografien in einem Bildband vorstellen zu dürfen!

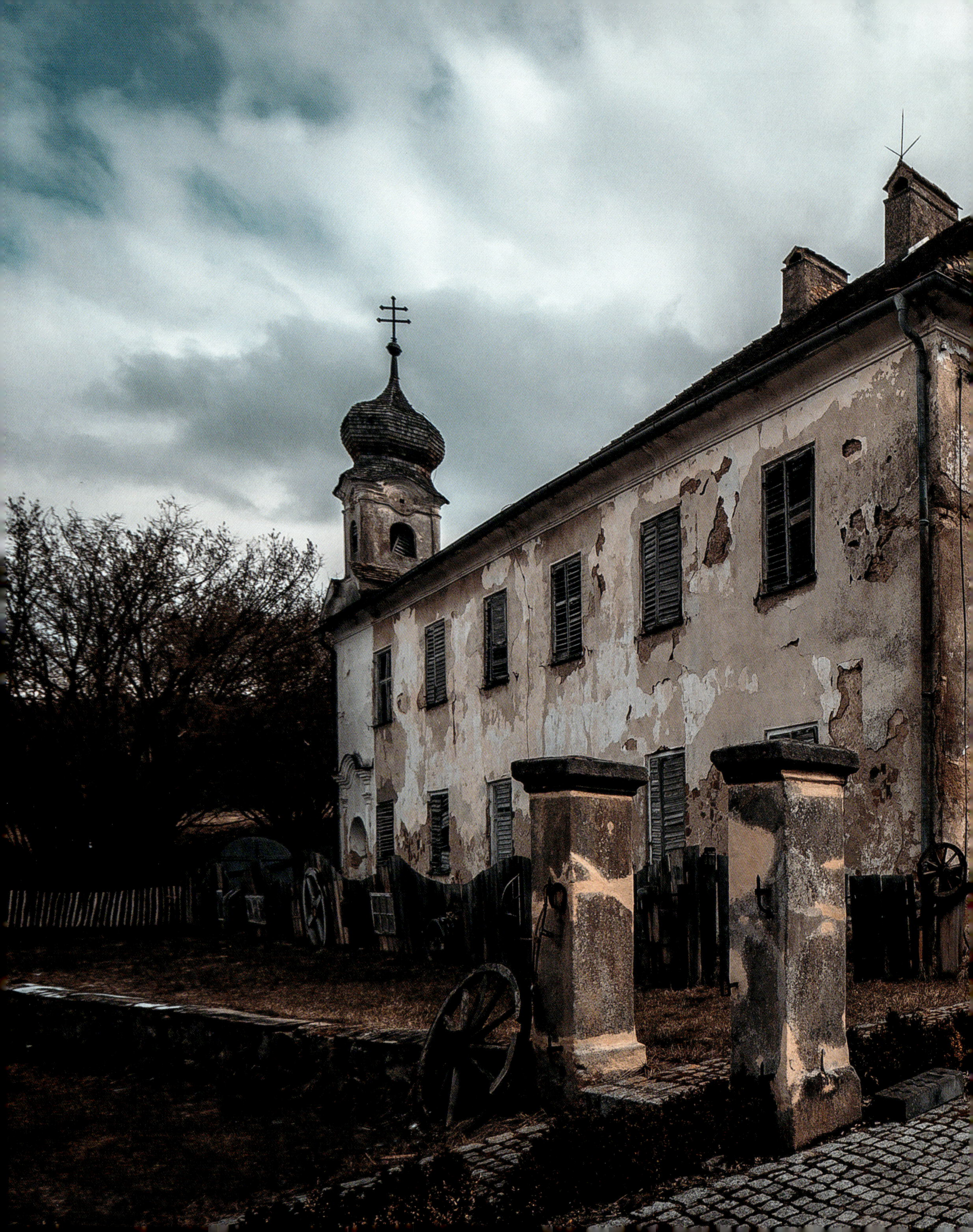

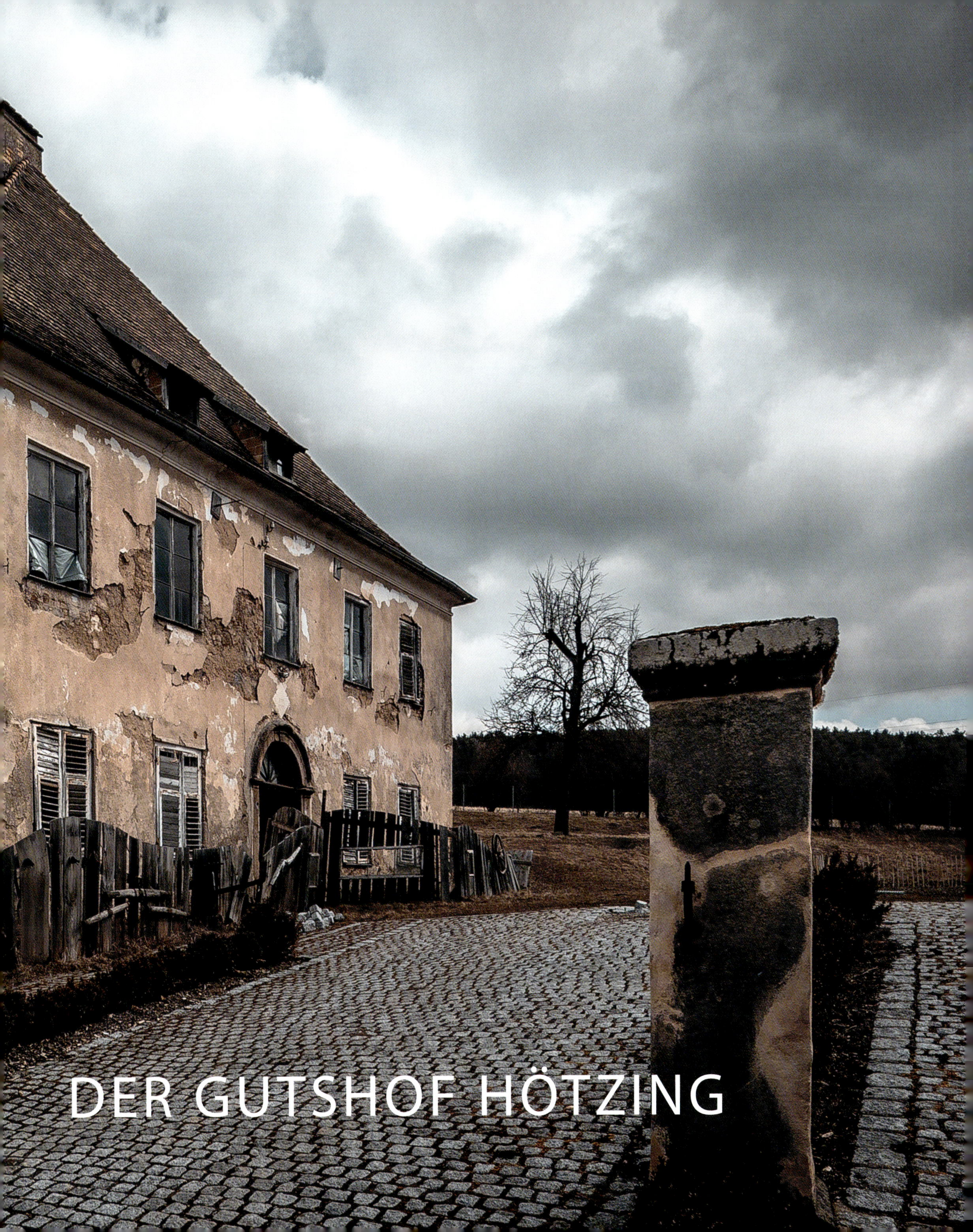

DER GUTSHOF HÖTZING

DER GUTSHOF HÖTZING

SHORT FACTS

Erkundet: im Frühjahr 2021
Baujahr: 1003
Verlassen seit: dem 20. Jahrhundert
Noch begehbar: Ja
Denkmalschutz: Ja

Hötzing ist ein alter Edelsitz, südwestlich von Cham in der Gemeinde Schorndorf gelegen. Eine lange, Schatten spendende Lindenallee, die als Naturdenkmal geschützt ist, führt zu dem denkmalgeschützten Gutshof mit Schloss. Der Ort wird urkundlich erstmals am 9. September 1003 erwähnt, als König Heinrich II. ihn mit weiteren Gütern aus dem Königsgut Roding dem Hochstift Freising schenkte. Im 13. Jahrhundert war Hötzing Sitz des Ministerialengeschlechts der Hetzinger, die ihren Stammsitz vor 1338 verkauften und nach Cham zogen. In den folgenden Jahren sah das Gut immer wieder neue Eigentümer kommen und gehen.

Im 20. Jahrhundert war das Gut Hötzing schließlich weitestgehend unbewohnt, das Schloss verwahrloste zusehends.

Im Jahr 1619 brannte das Schloss ab, das nun im Besitz von Hans Jacob von Pertolzhofen war. Davon berichtet er mit den Worten: „Mir [ist] mein Schloß oder wonhauß Hözing, sambt allen darinen gehabten mobilien, in anno 1619, durch entstandene Feürs prunst, zue grundt in Rauch uffgangen unnd verdorben". 1630 erwarb Hans Waltendorf den Besitz und ließ das Schloss zum Teil wiedererrichten. Über die Familien Eyrl und Köck kam das Gut 1750 an Josef Alois Freiherrn von Asch, Forstmeister zu Bruck. Dieser ließ das Schloss 1762 in seiner heutigen Form erbauen.

1781 gelangte das Gut durch Heirat mit der Freiin von Asch in den Besitz von Graf Maximilian von Daun, Kämmerer, Land- und Stadtoberrichter zu Straubing. Er erhielt 1782 durch die kurfürstliche Hofkammer München die Braugerechtigkeit. Laut einem Kaufbrief von 1812 erwarb die Gräfin Anna von Tauffkirchen, geb. Freiin von Köckh, die Besitzung Hötzing. Deren Tochter Josepha hatte 1809 Karl Freiherrn von Schacky auf Schönfeld geheiratet und vererbte das Gut Hötzing wiederum an ihre Tochter Anna Freiin von Schacky.

Diese Tochter Anna heiratete 1830 Friedrich Freiherrn von Reitzenstein, wodurch der Besitz zu Hötzing in die Familie der Freiherren von Reitzenstein gelangte. 1861 folgte als Gutsherr der Sohn August Freiherr von Reitzenstein bis zum Jahr 1881, bevor der Besitz an Josef und Anna Sauer aus Haid bei Walting überging.

Im 20. Jahrhundert war das Gut Hötzing schließlich weitestgehend unbewohnt, das Schloss verwahrloste zusehends. 2008 erwarb die Familie Stangl das abrissgefährdete Objekt. Der ehemalige Rossstall, die Wagenremise sowie die historische Kegelbahn mit angrenzender Kulturscheune wurden bereits aufwendig saniert. Auch dem Schlossgebäude sowie den weiteren verlassenen Gebäuden sollen in den nächsten Jahren Stück für Stück und mit viel Herzblut wieder Leben eingehaucht werden.

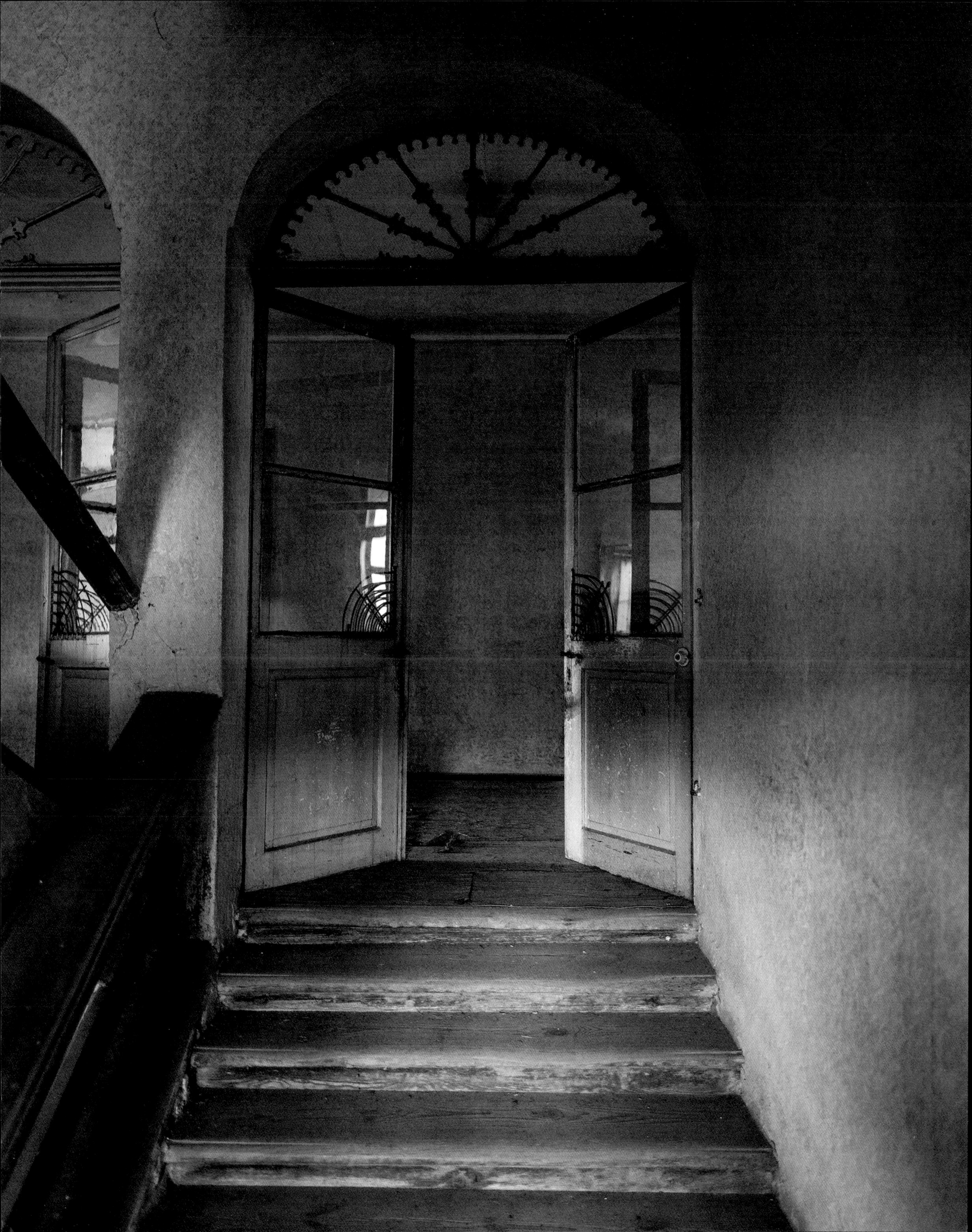

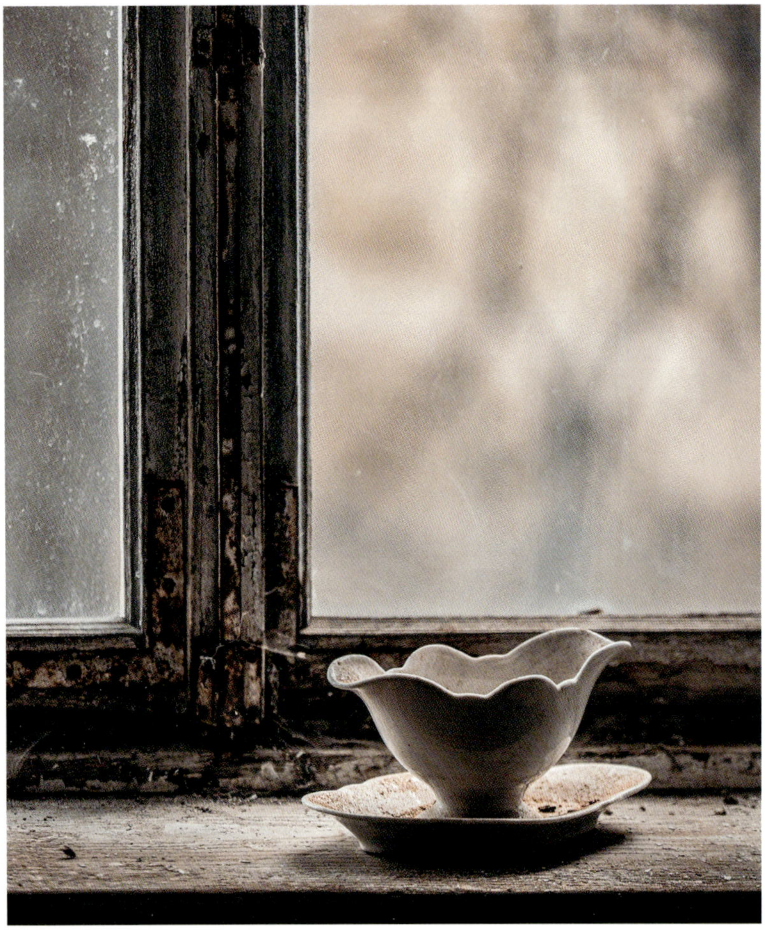

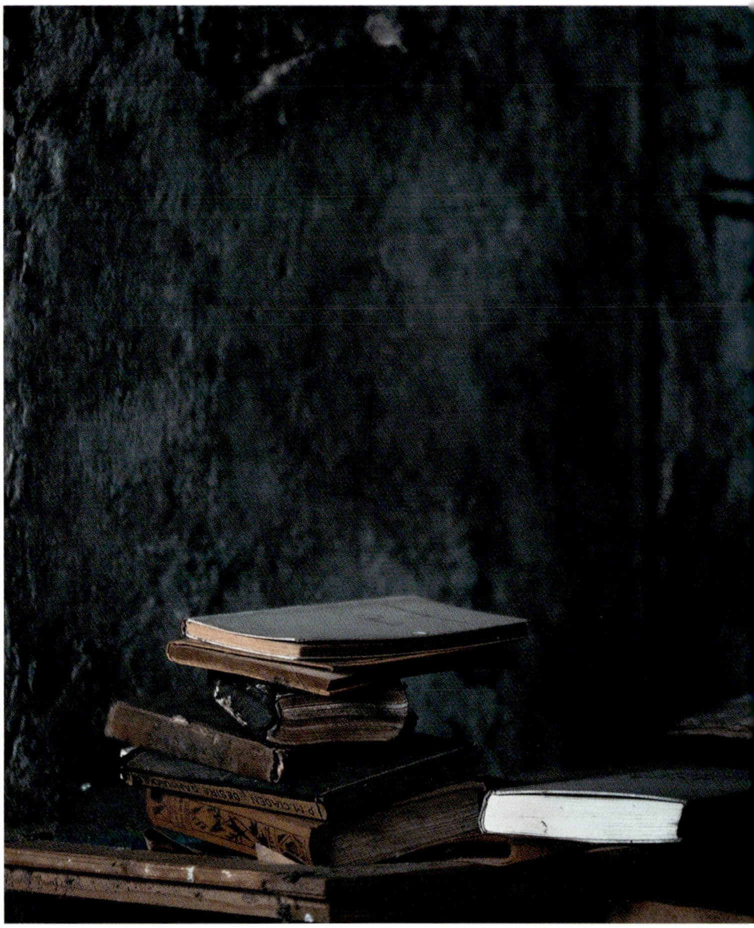

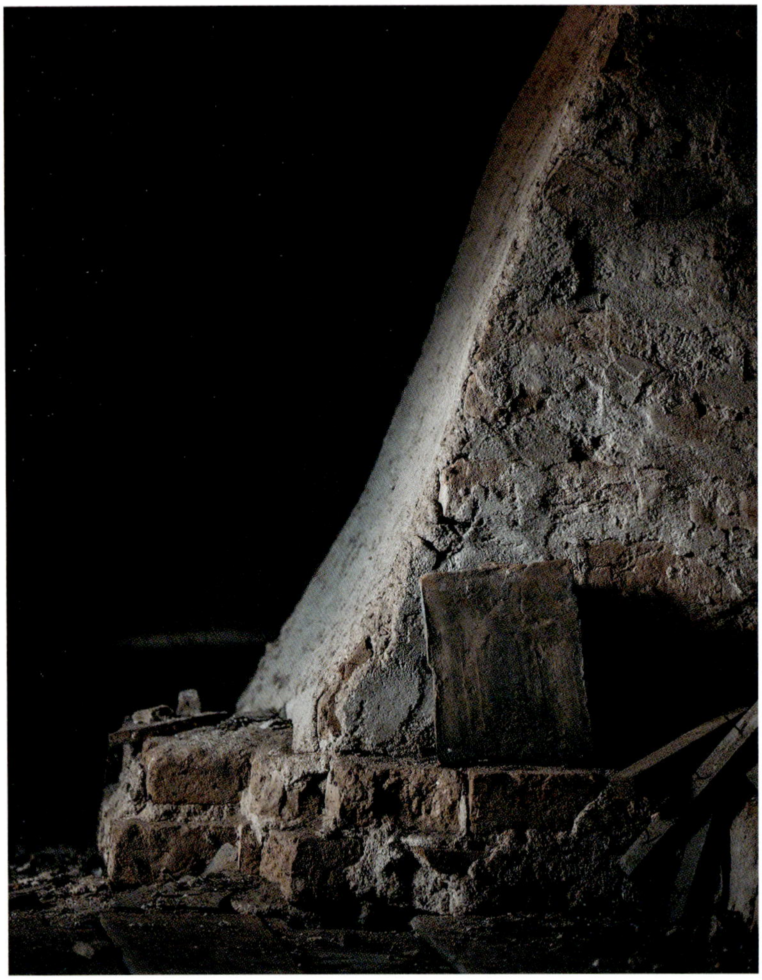

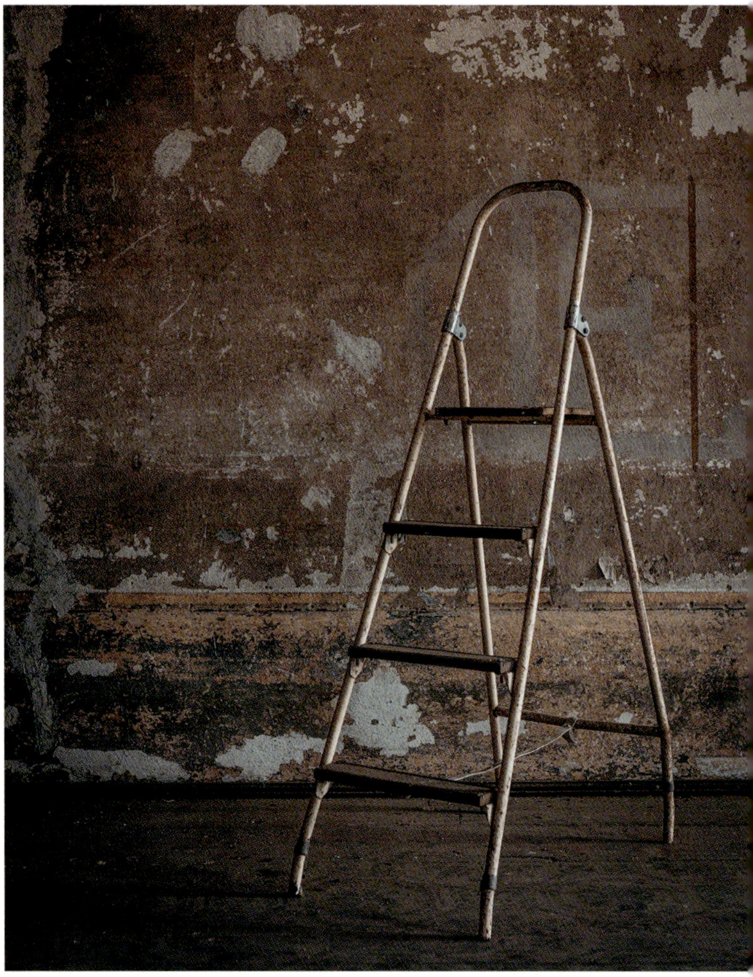

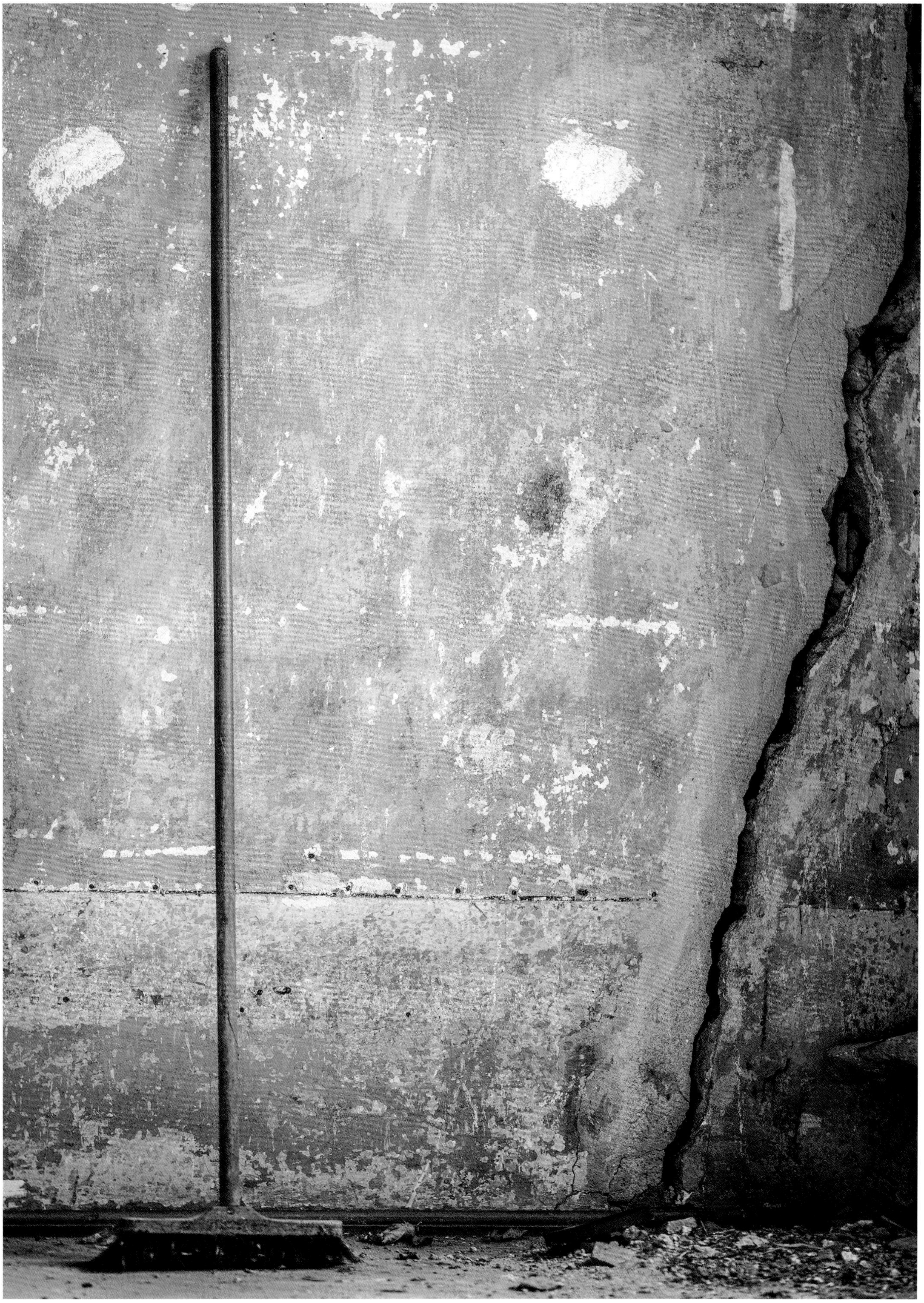

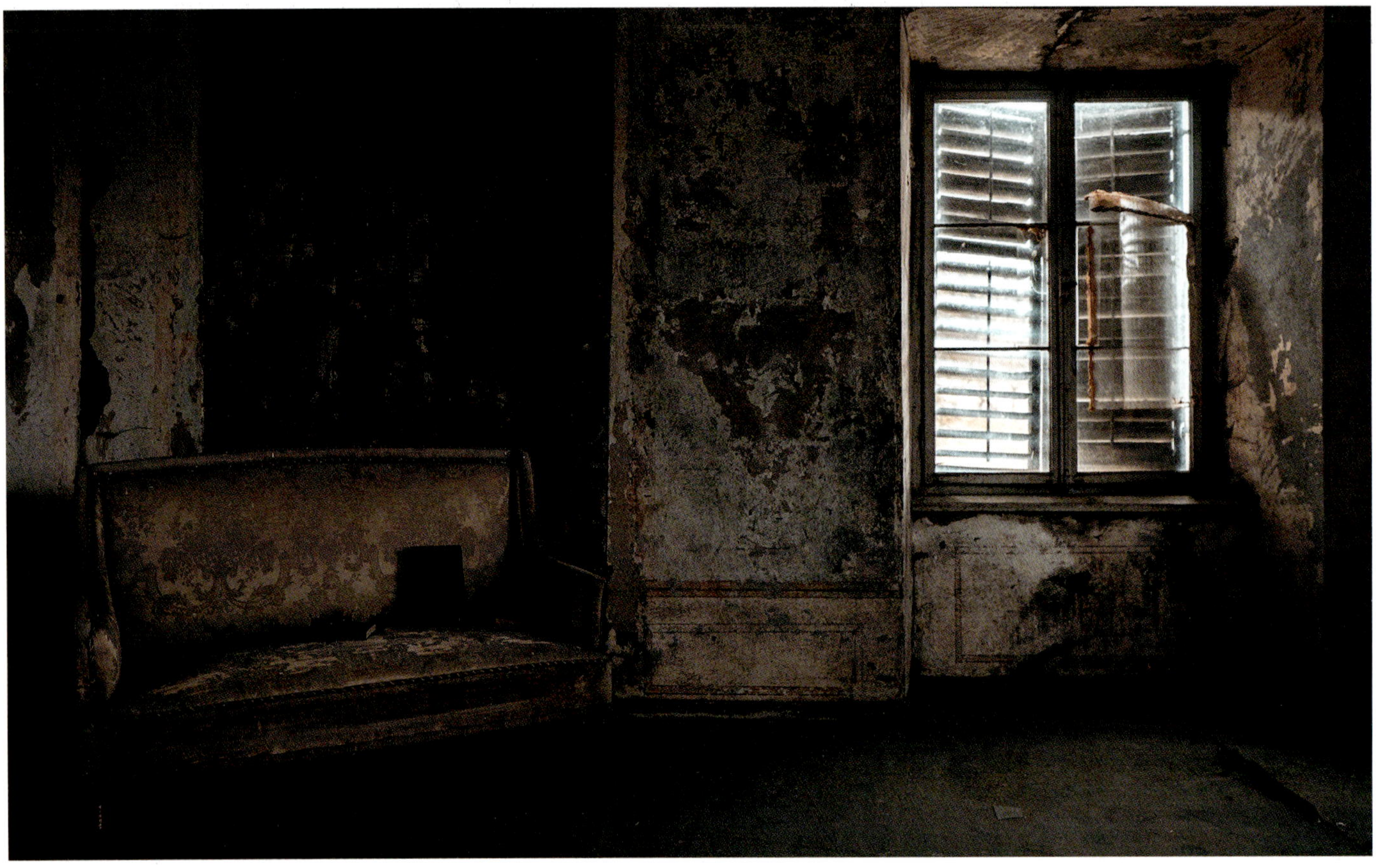

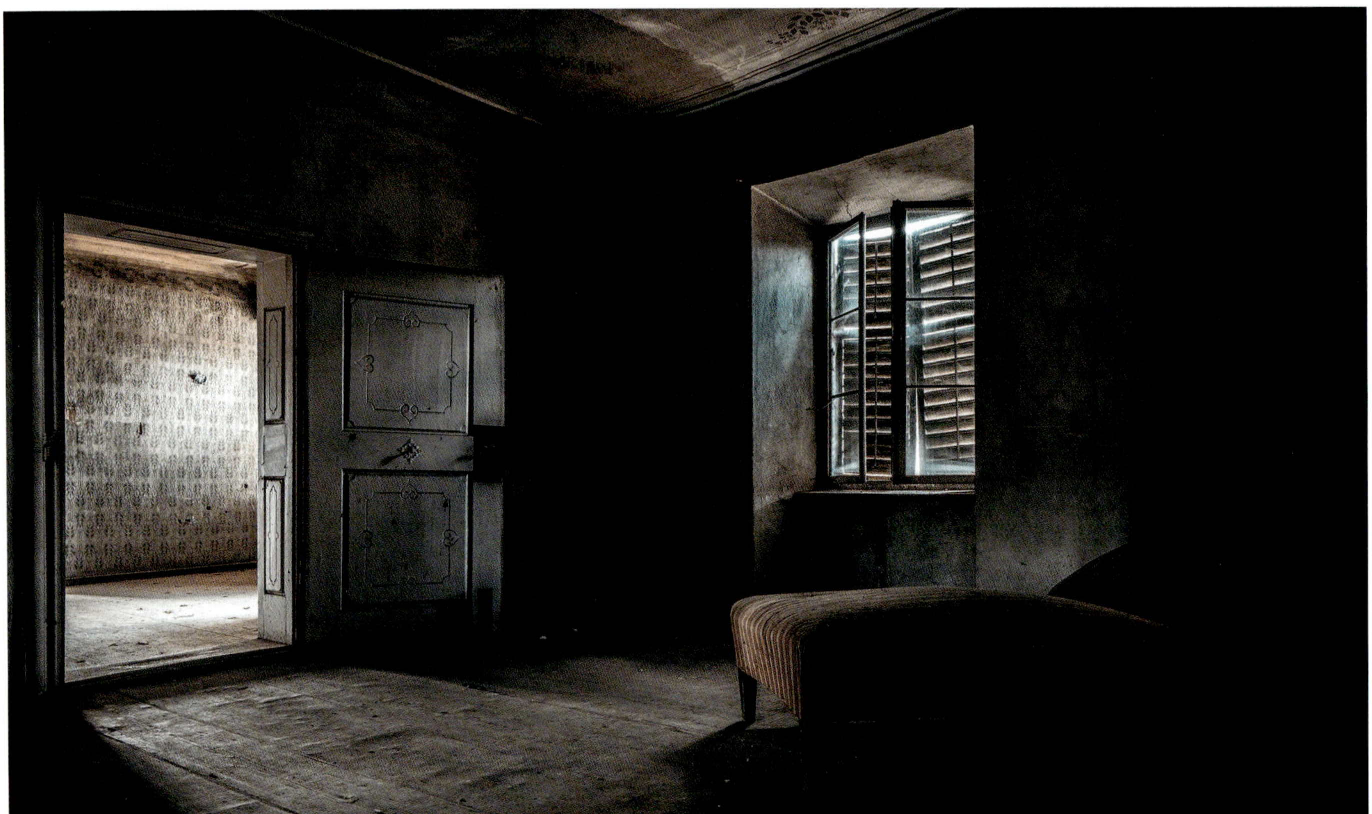

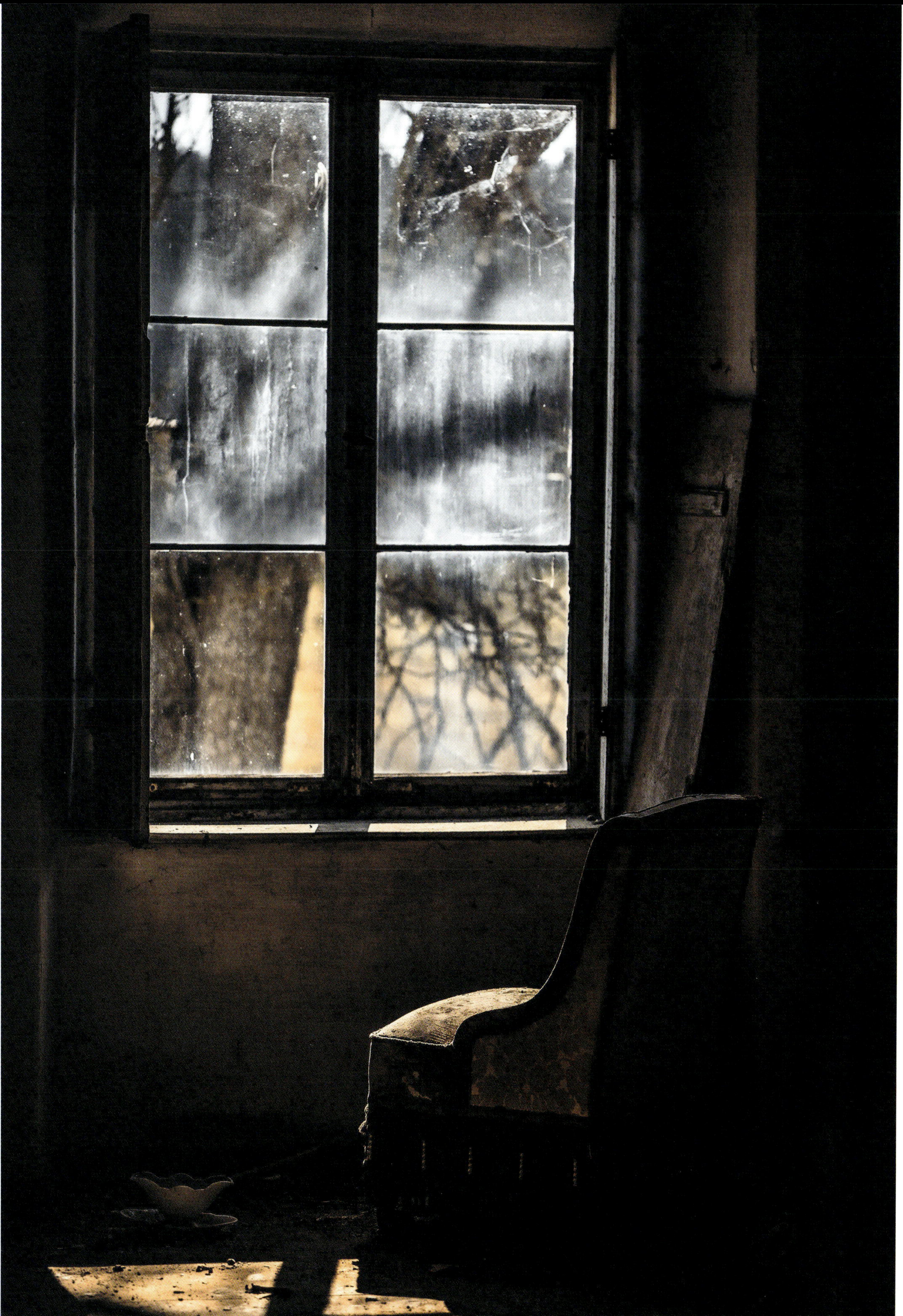

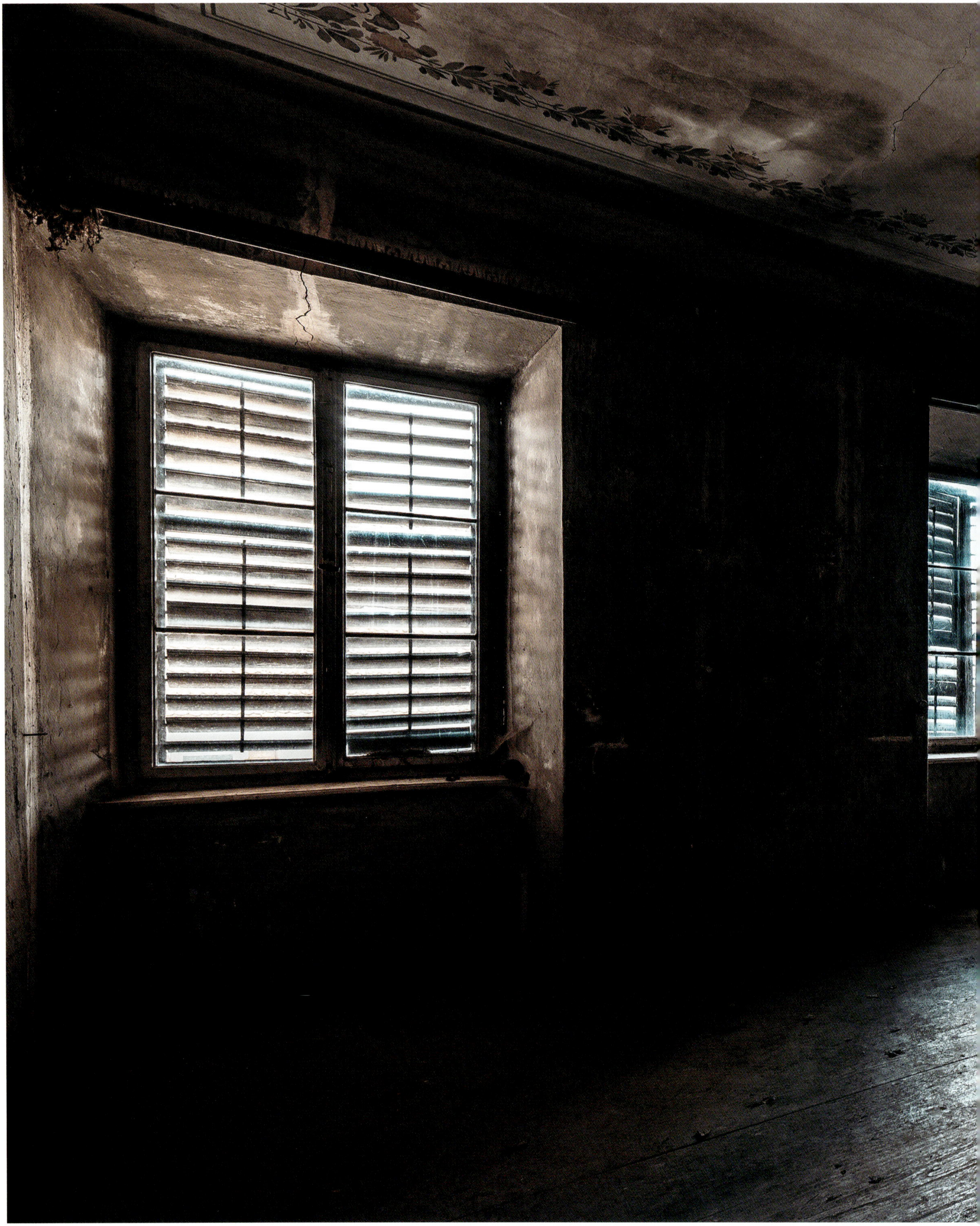

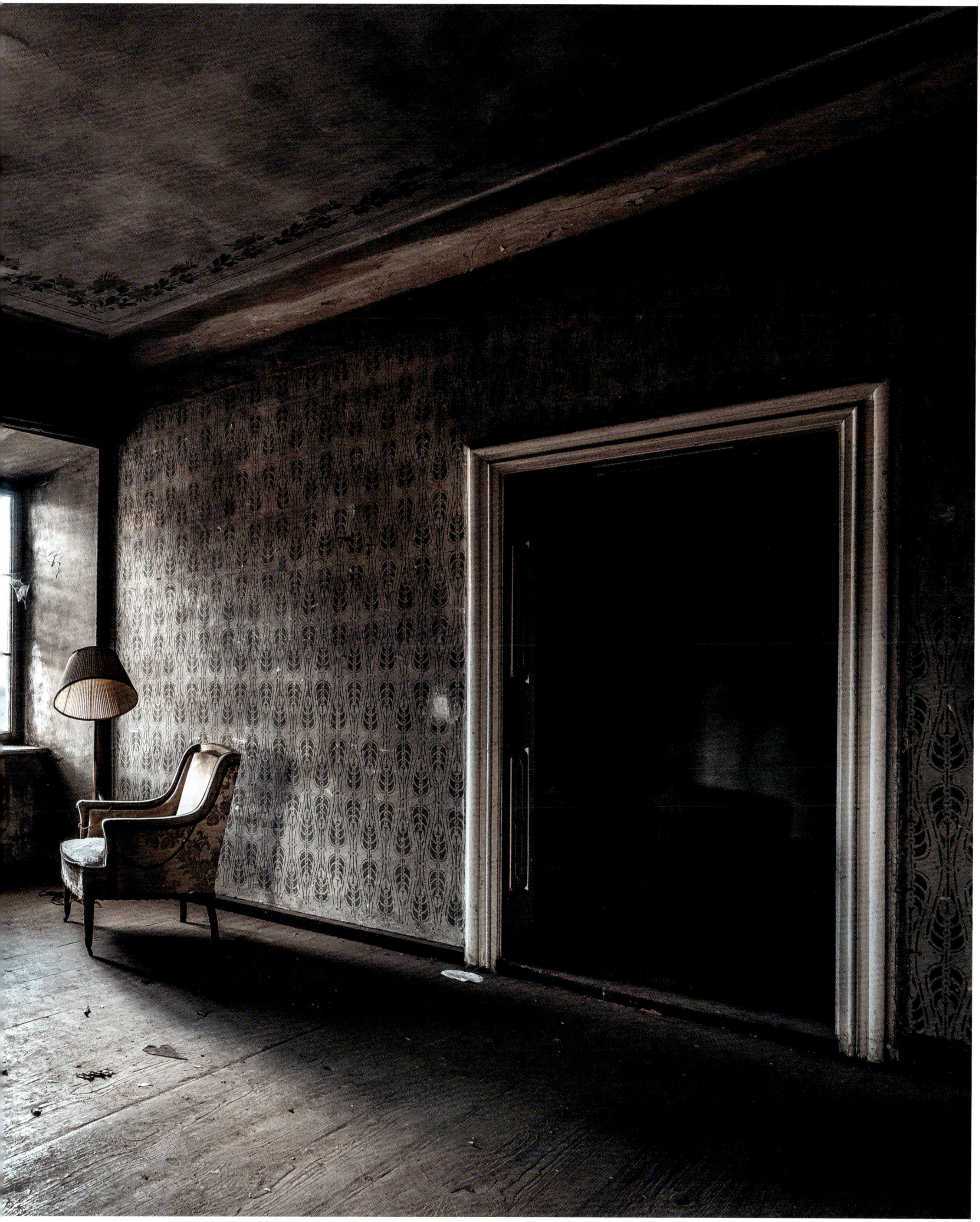

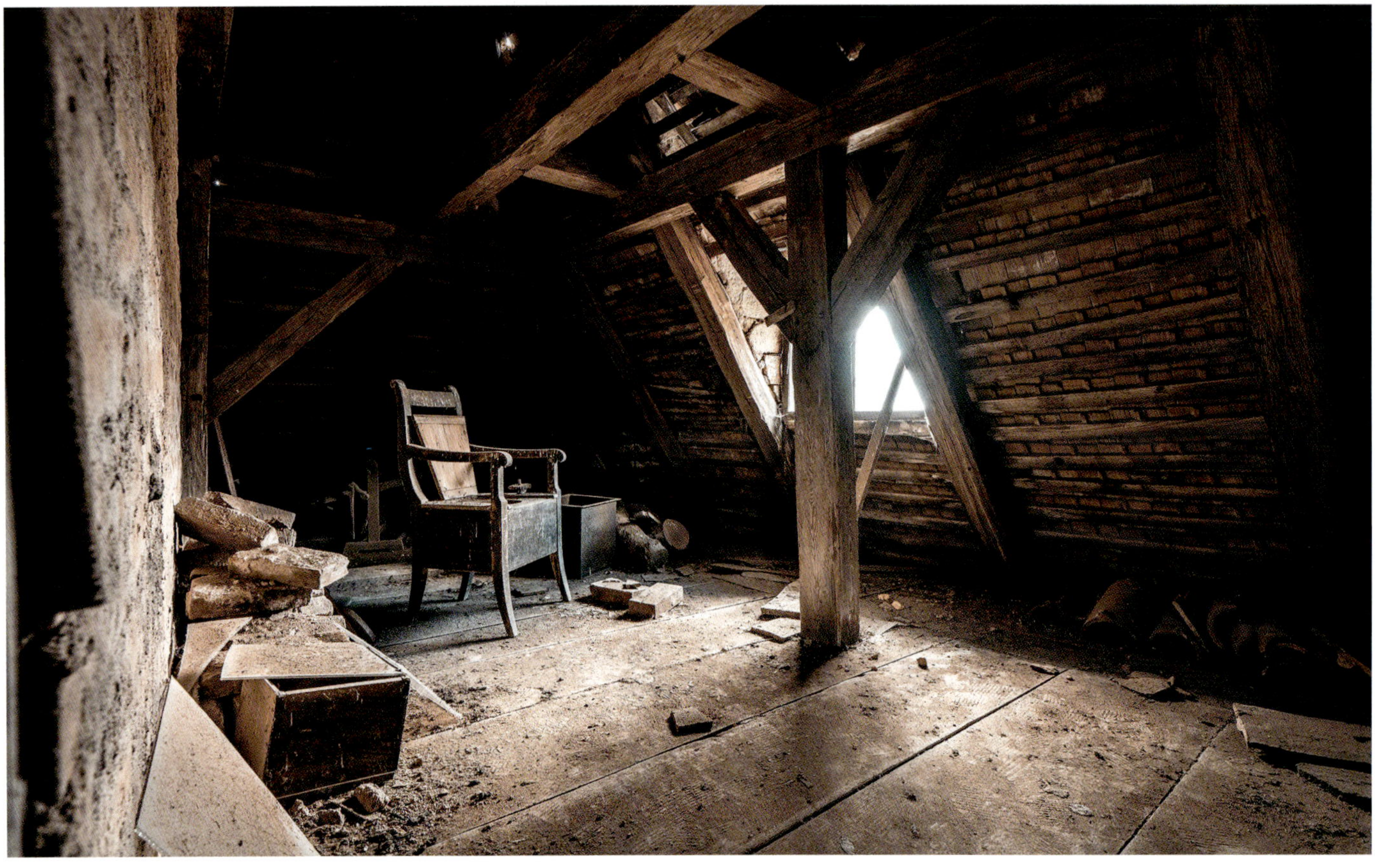

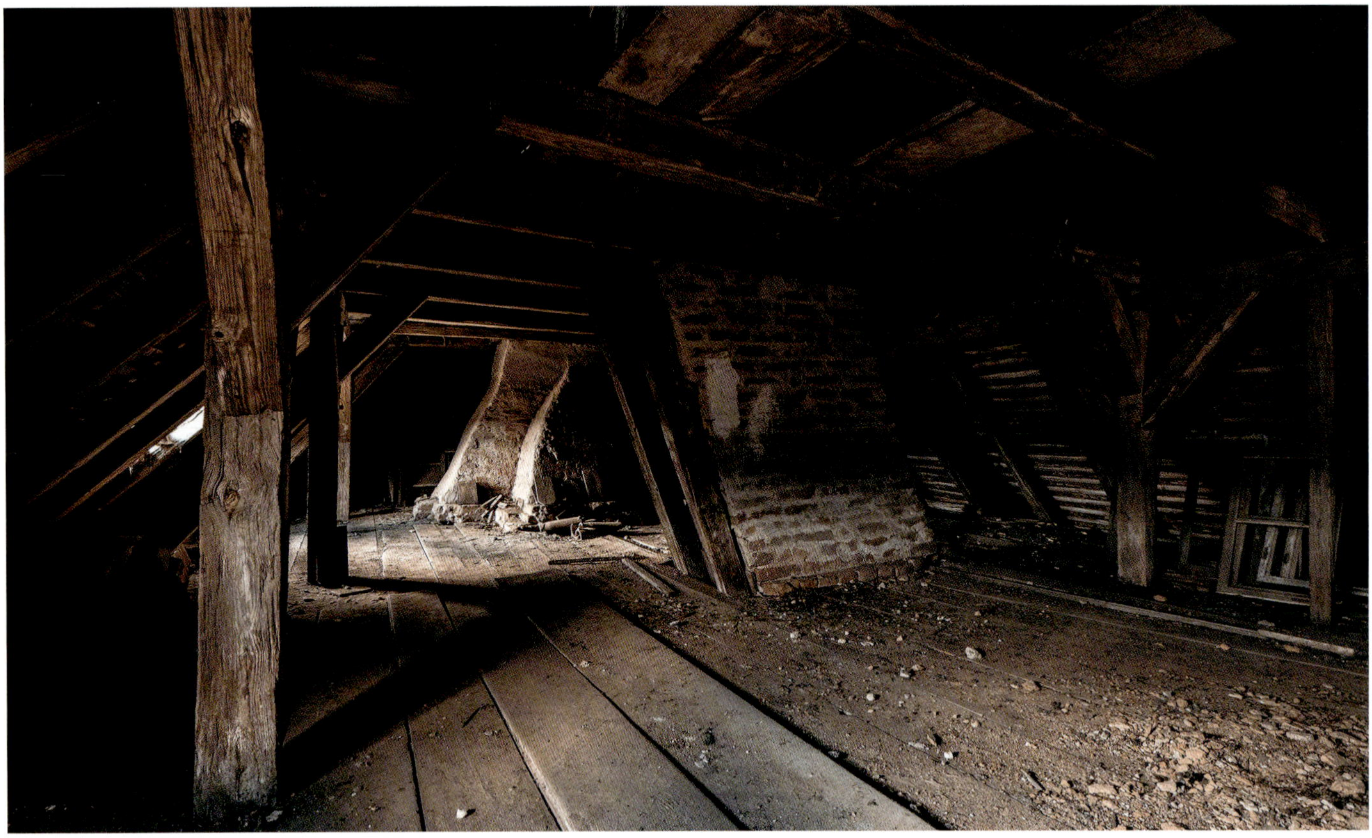

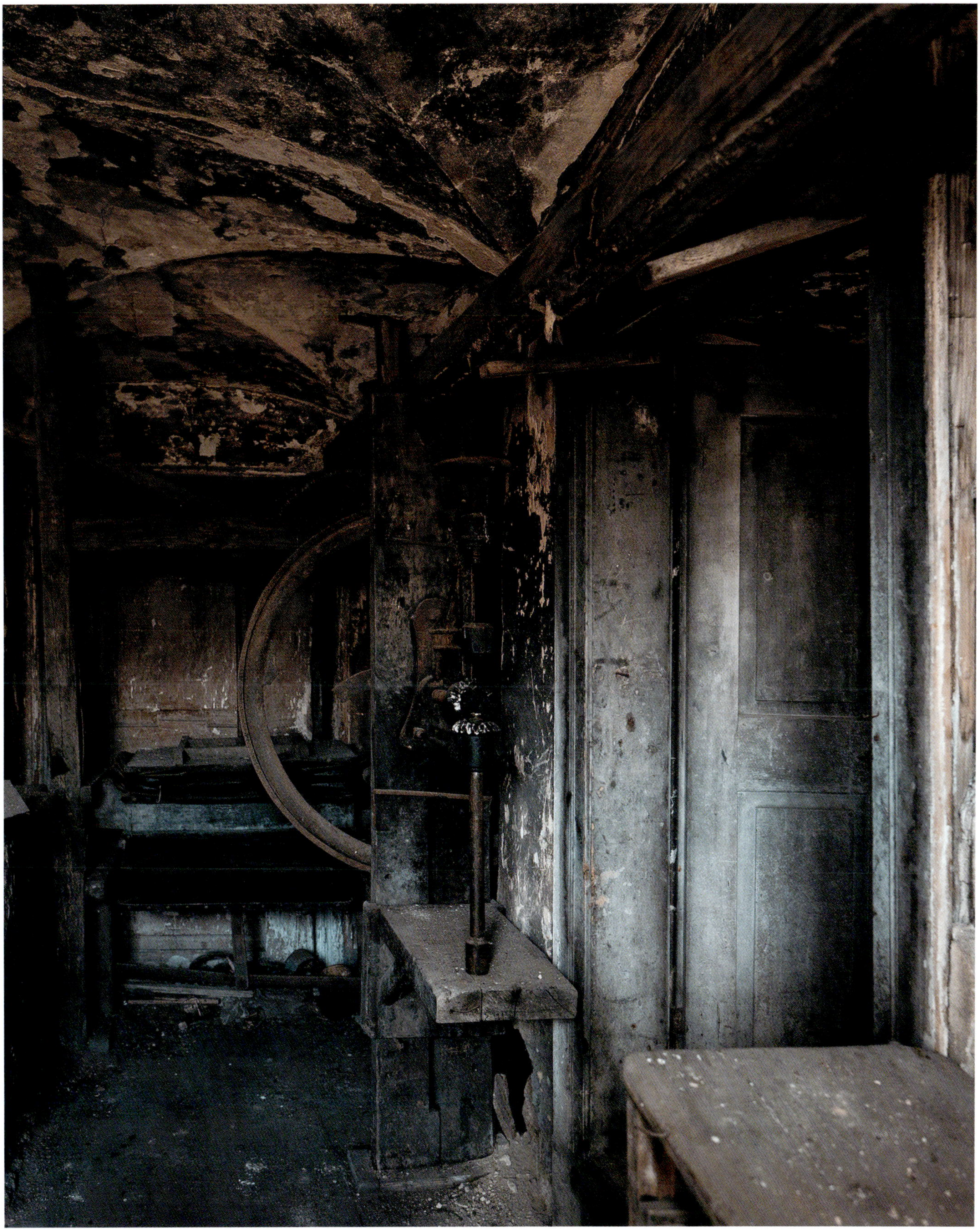

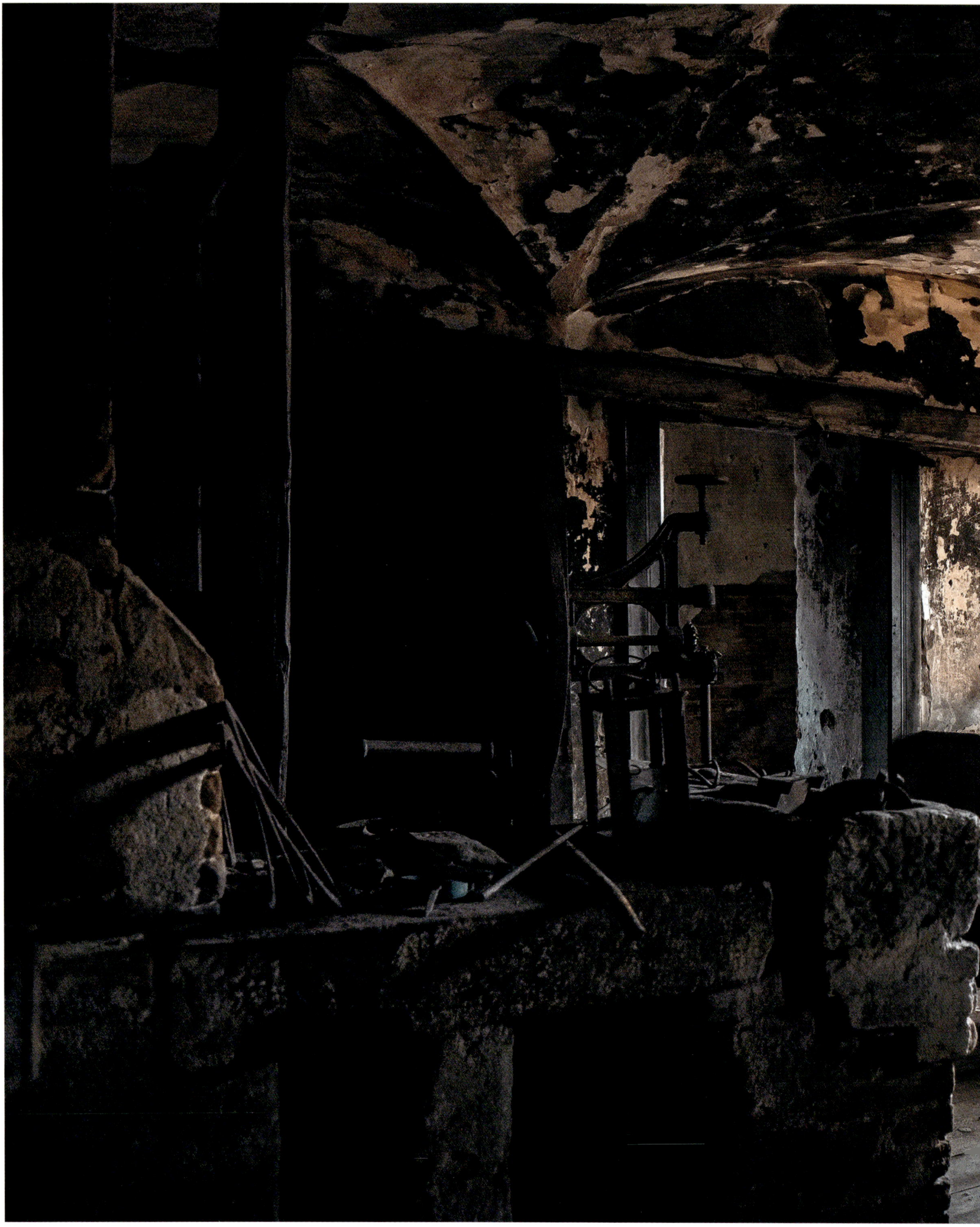

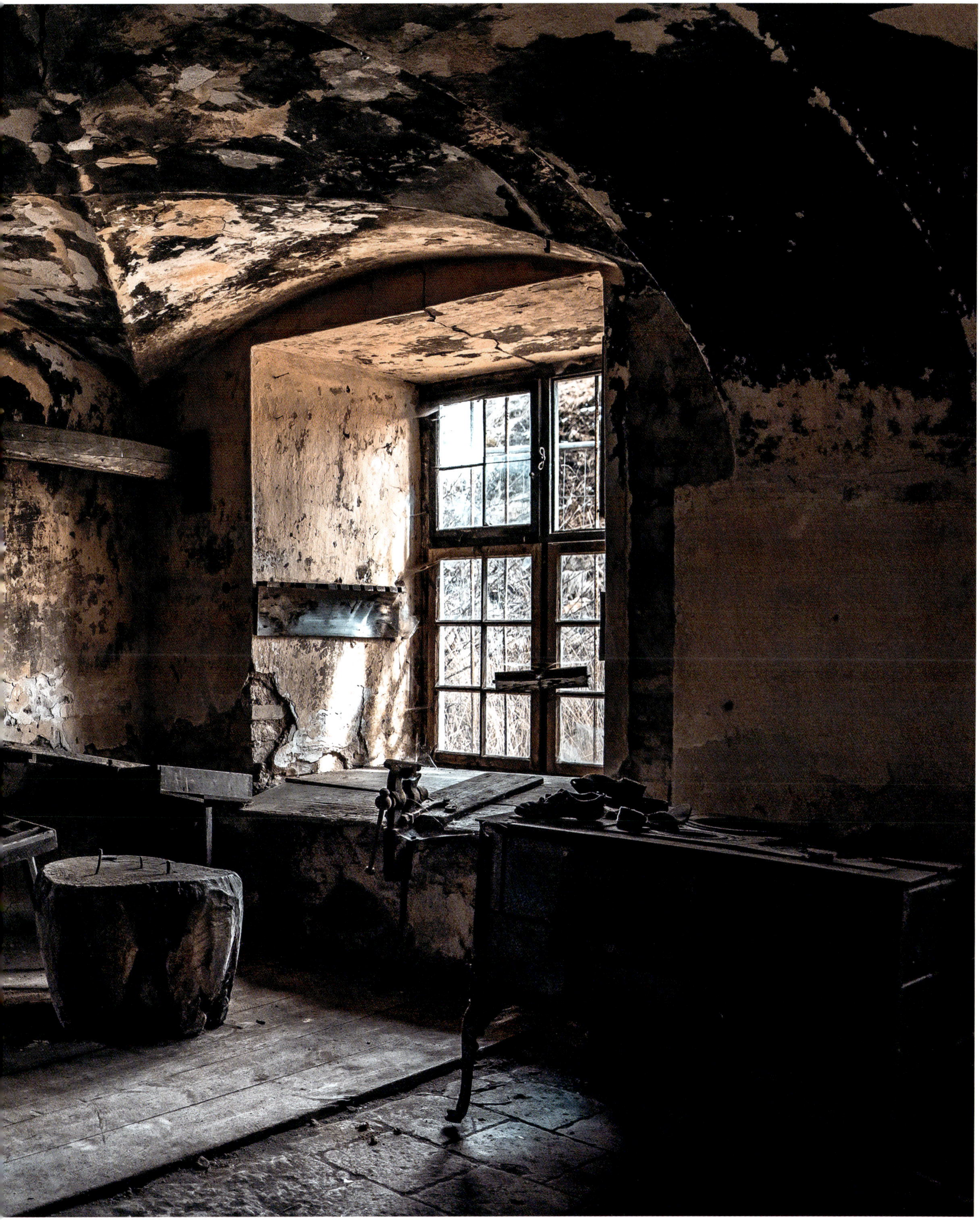

DAS VERLASSENE DIVISIONSHAUS

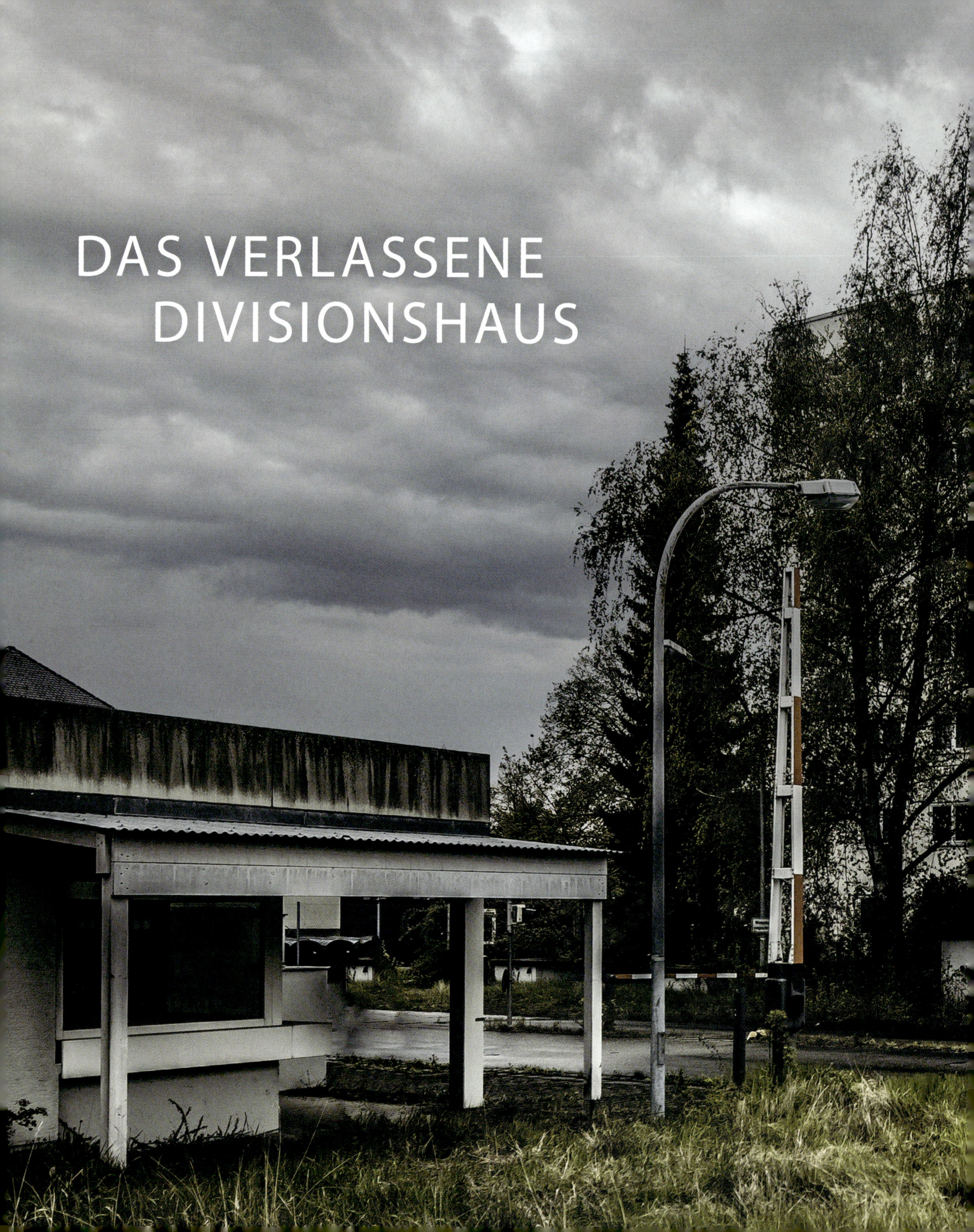

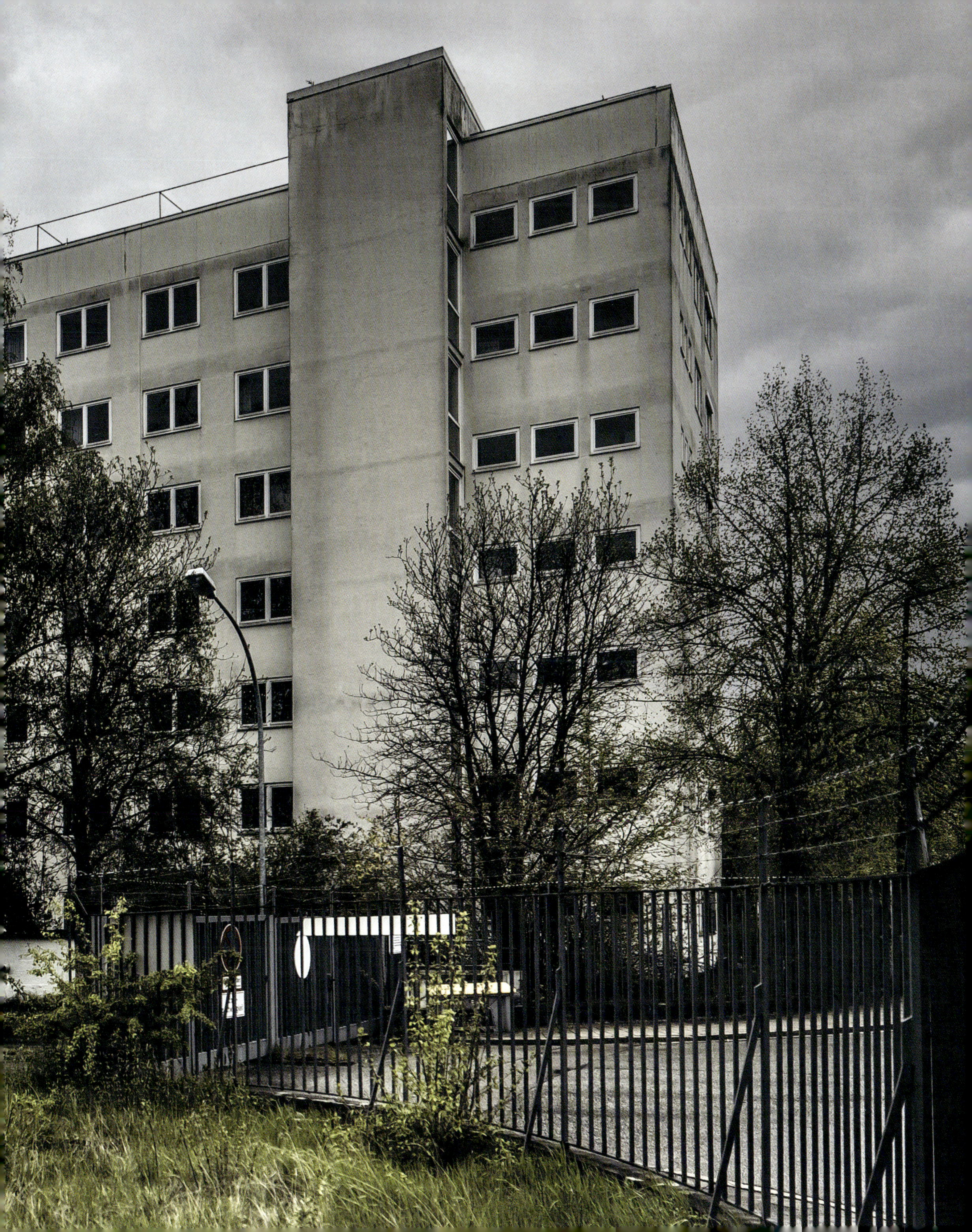

DAS VERLASSENE DIVISIONSHAUS

SHORT FACTS

Erkundet: im Frühjahr 2021
Baujahr: Keine Angabe
Verlassen seit: 2010
Noch begehbar: Ja
Denkmalschutz: Nein

Ab 1956 war die Division Spezielle Operationen, kurz DSO, in Regensburg stationiert. Diese Einheit der Bundeswehr ist auf besondere Auslandseinsätze wie die Evakuierung von Bundesbürgern aus Krisengebieten sowie andere schnelle Einsätze spezialisiert. Auch das in Calw stationierte Kommando Spezialkräfte (KSK) gehört zu der insgesamt rund 10.000 Soldaten umfassenden DSO.

2004 beschloss das Verteidigungsministerium, die Division zu verlegen.

Das Wappen der Division zeigt einen Adler, der aus blauem Himmel herabstürzt. 2004 beschloss das Verteidigungsministerium, die Division zu verlegen. Der Umzug des Divisionsstabes wurde entgegen dem Widerstand der Stadt zum 1. Oktober 2010 abgeschlossen. Das vollunterkellerte siebenstöckige Gebäude wurde geräumt. Von Zeit zu Zeit finden darin noch Übungen der Feuerwehr statt. Konkrete Pläne zur Nachnutzung des Geländes und des Gebäudekomplexes werden noch immer ausgearbeitet.

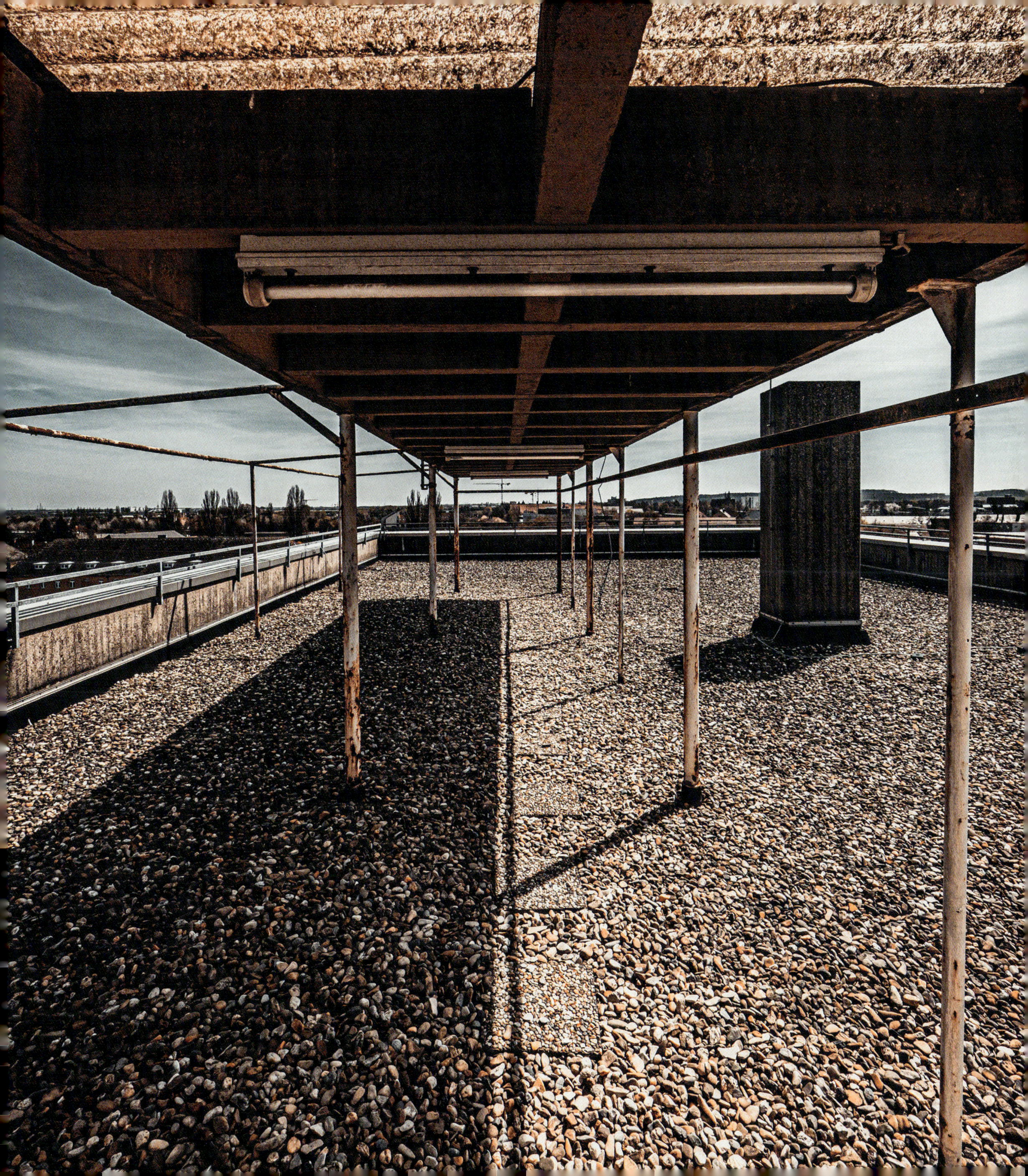

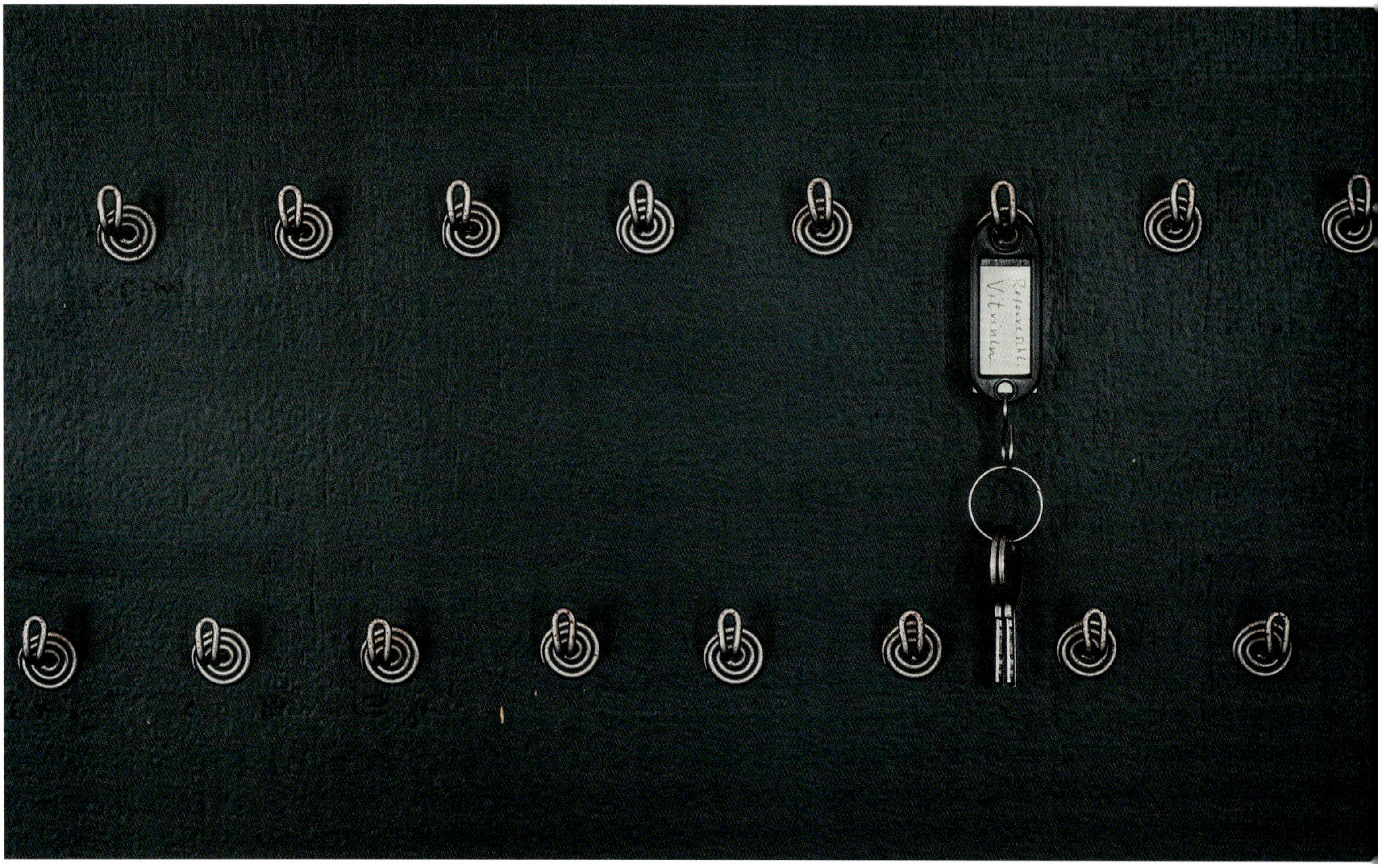

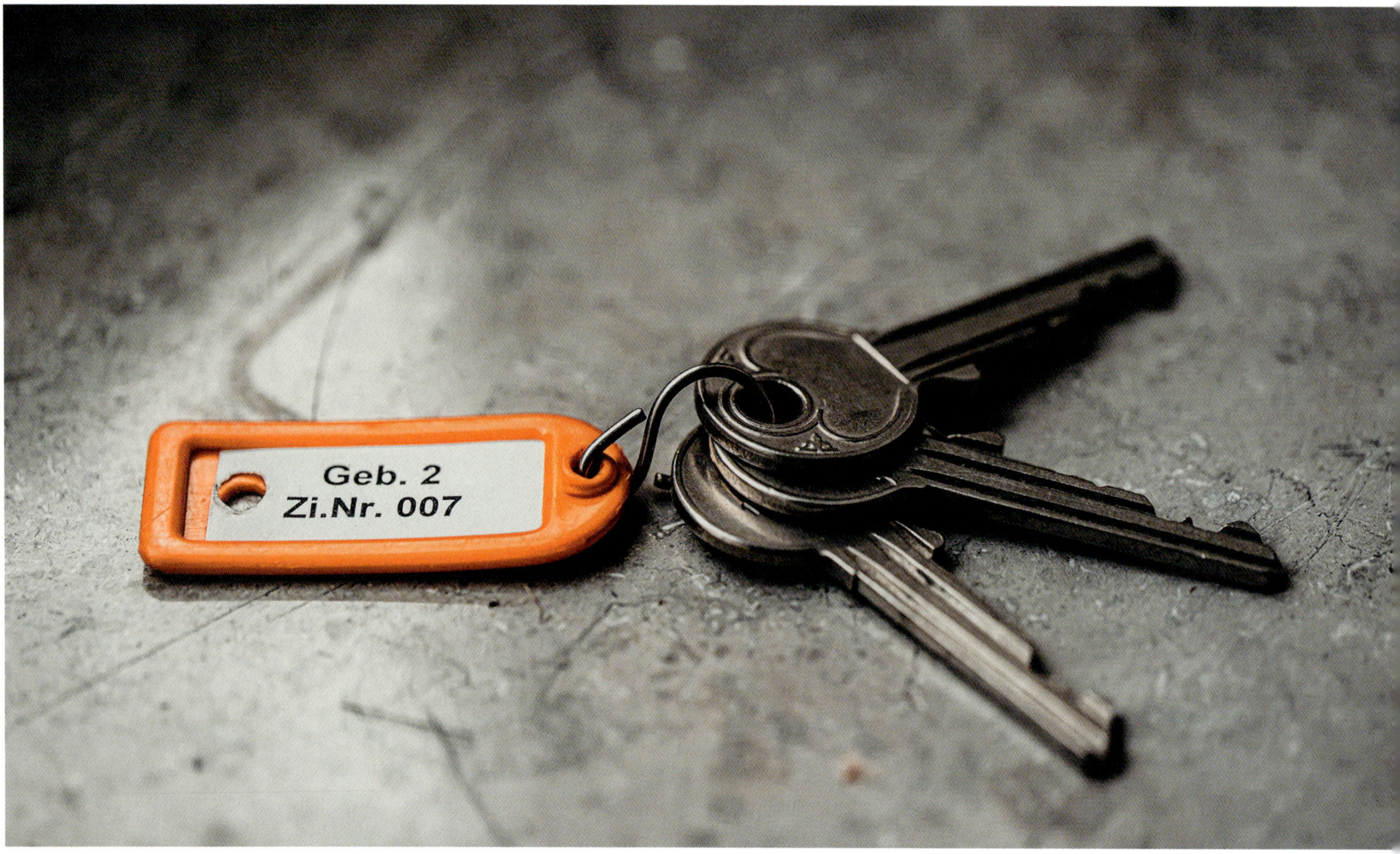
Geb. 2
Zi.Nr. 007

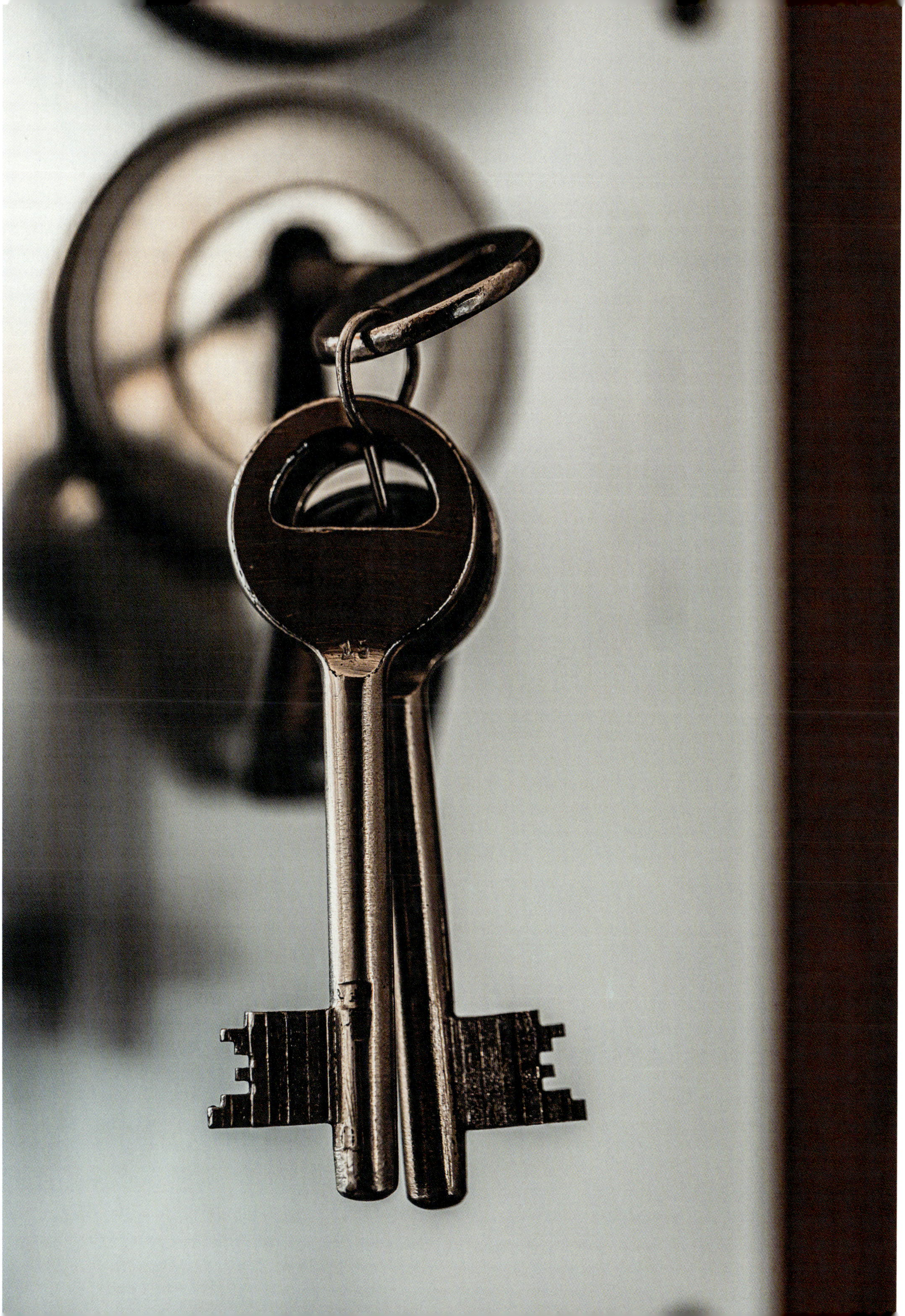

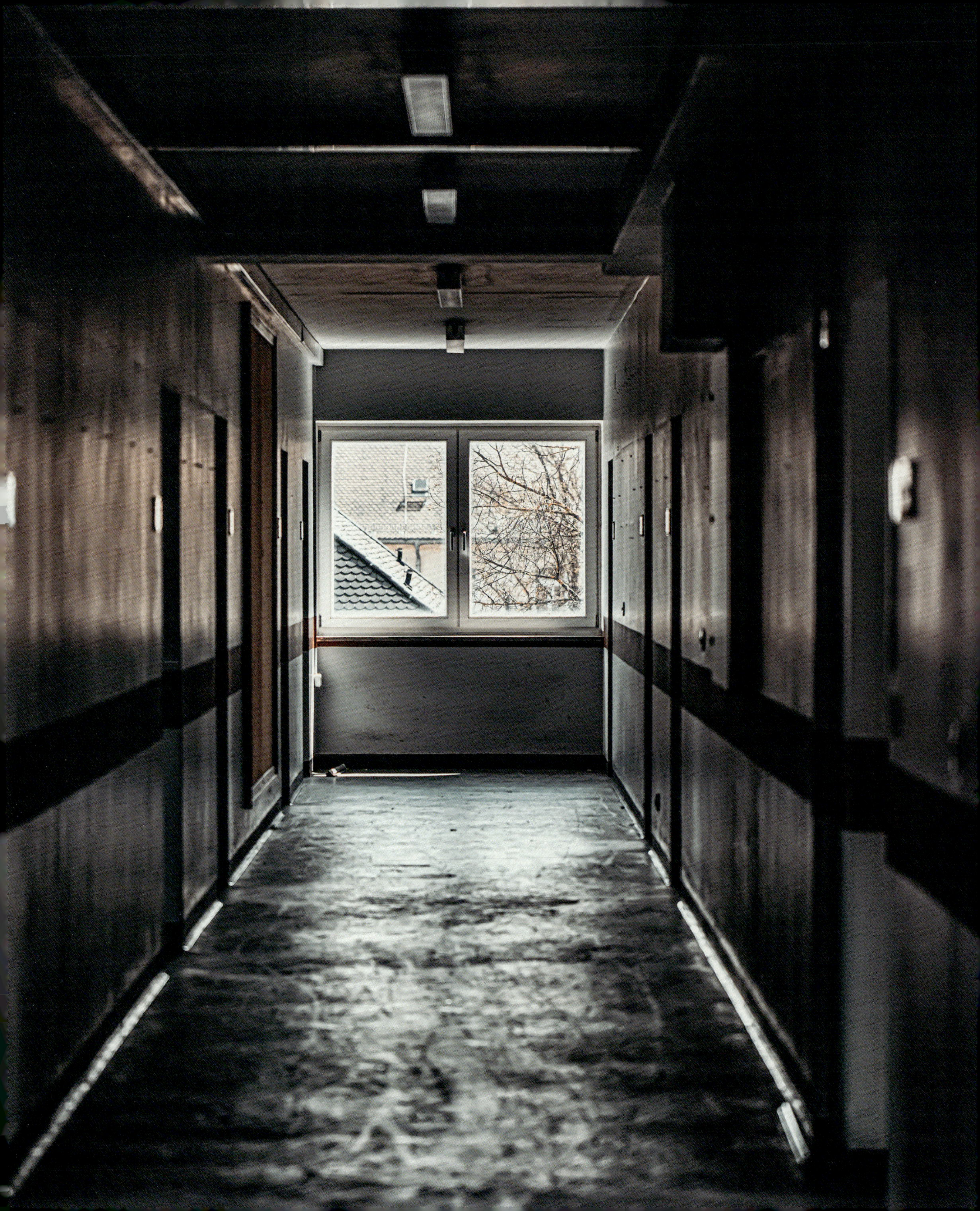

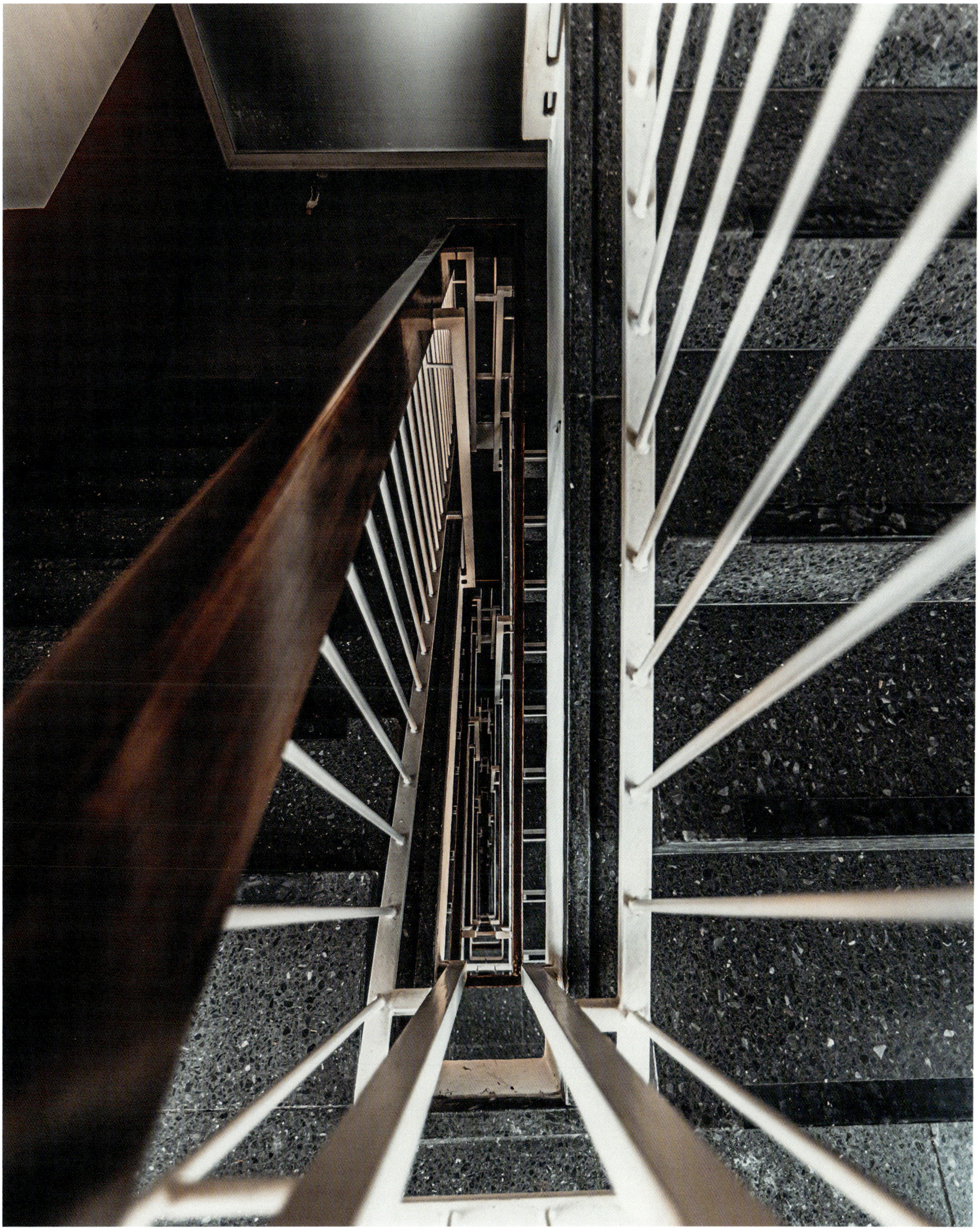

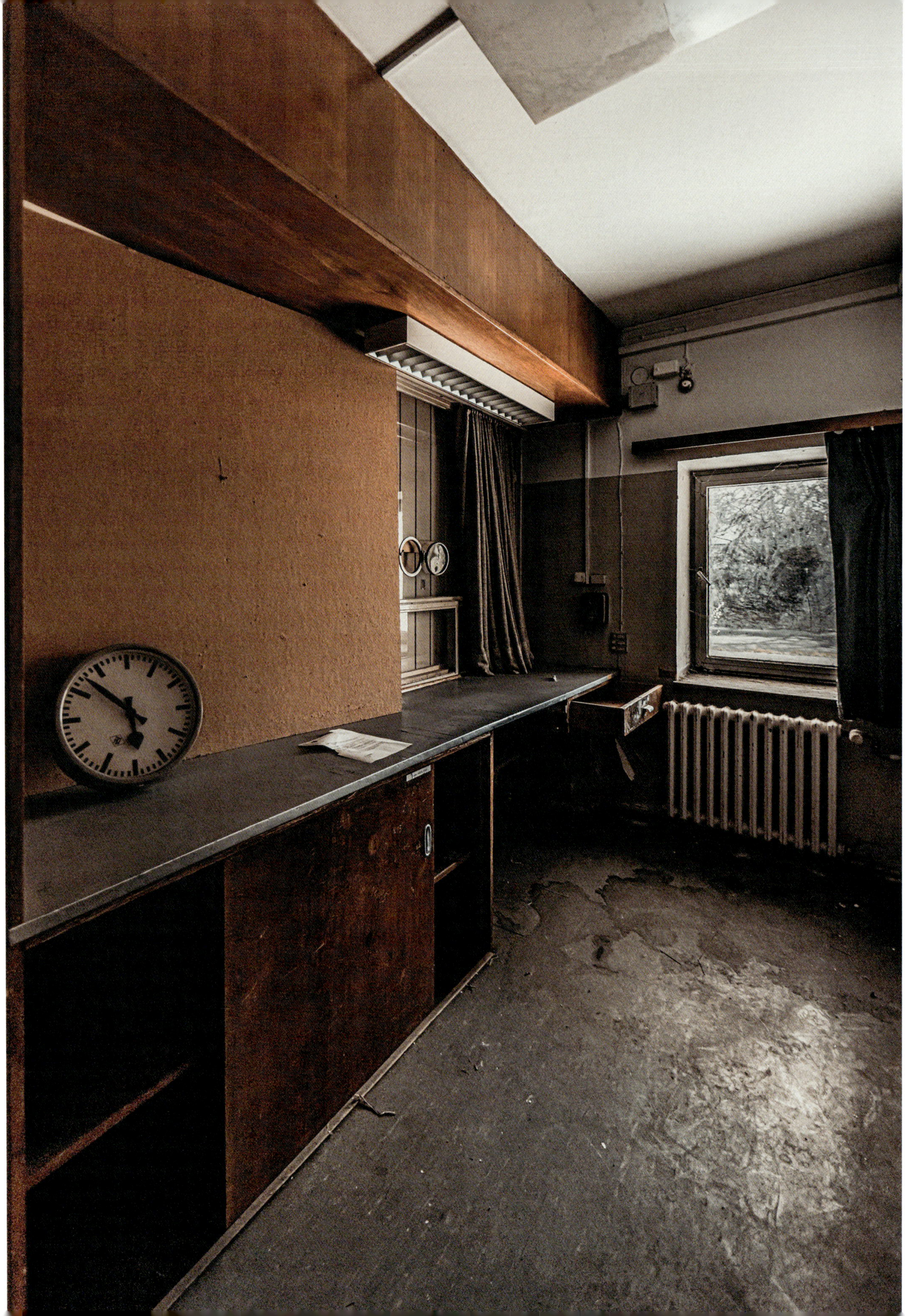

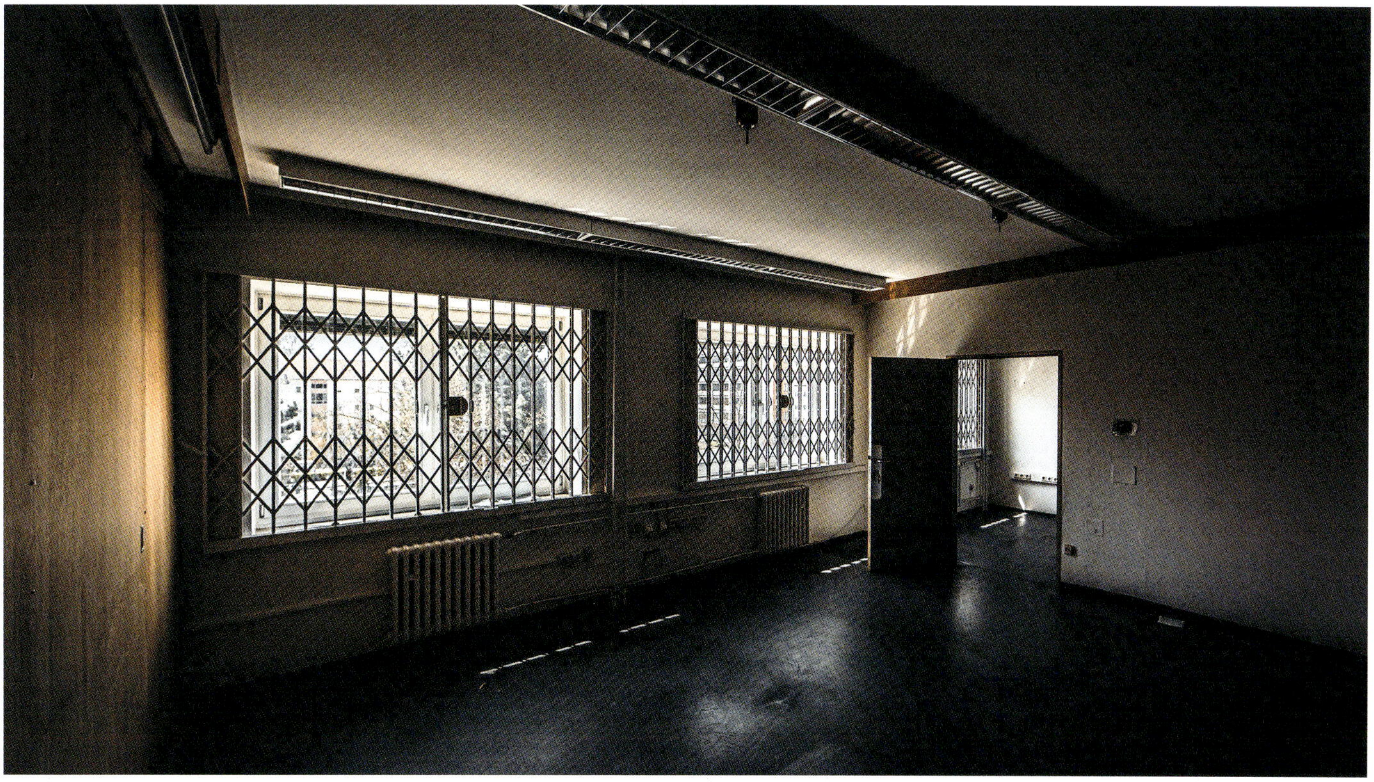

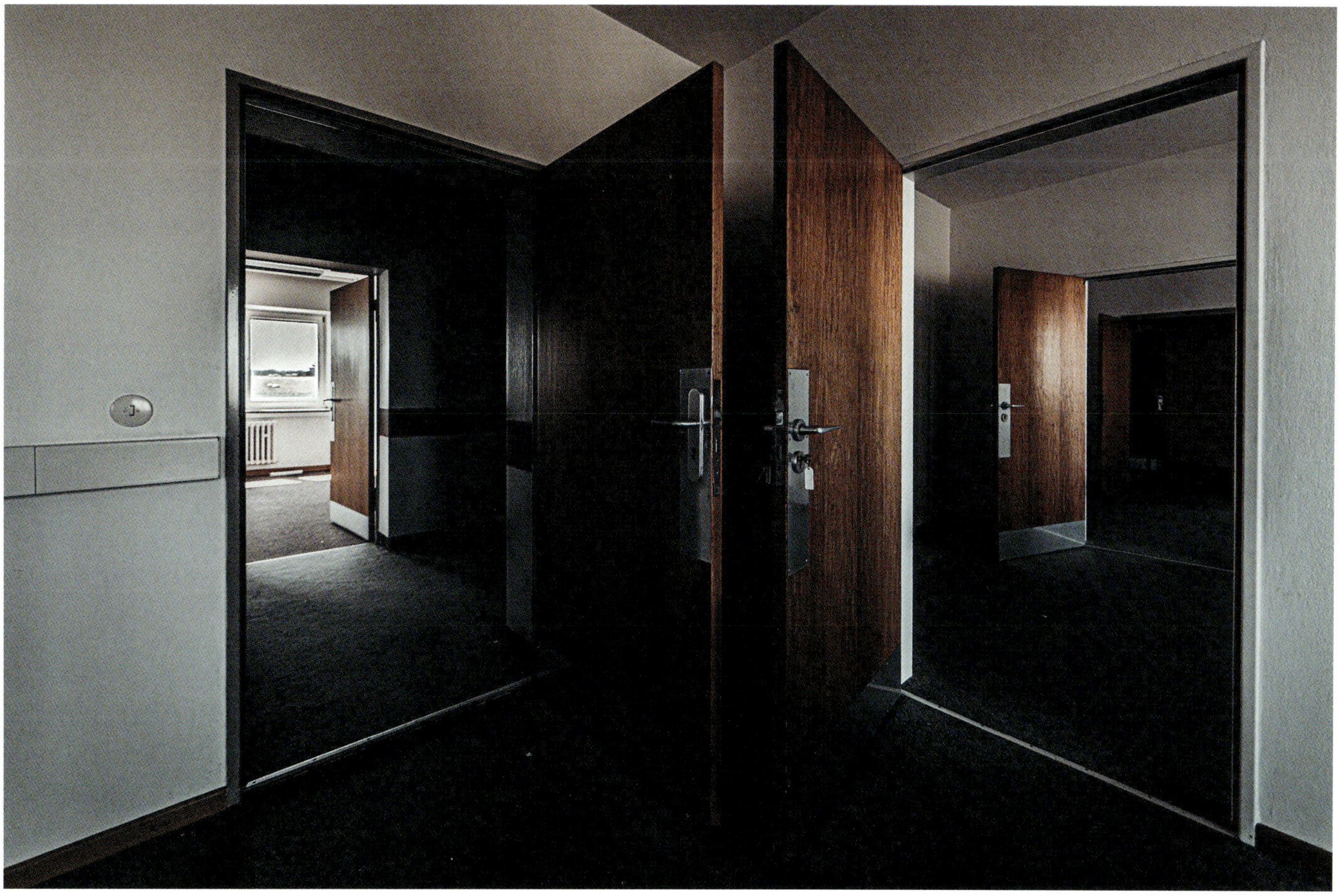

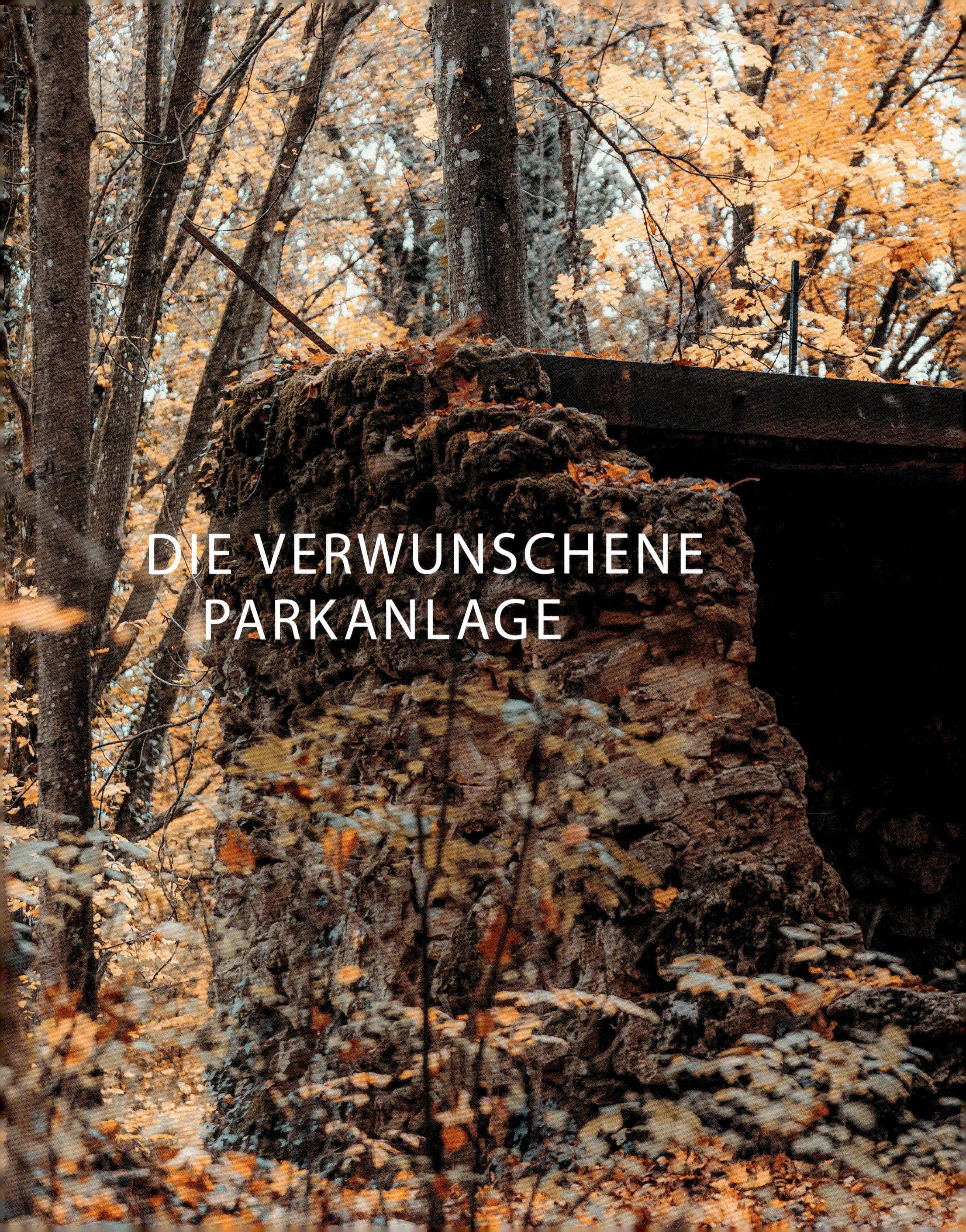

DIE VERWUNSCHENE PARKANLAGE

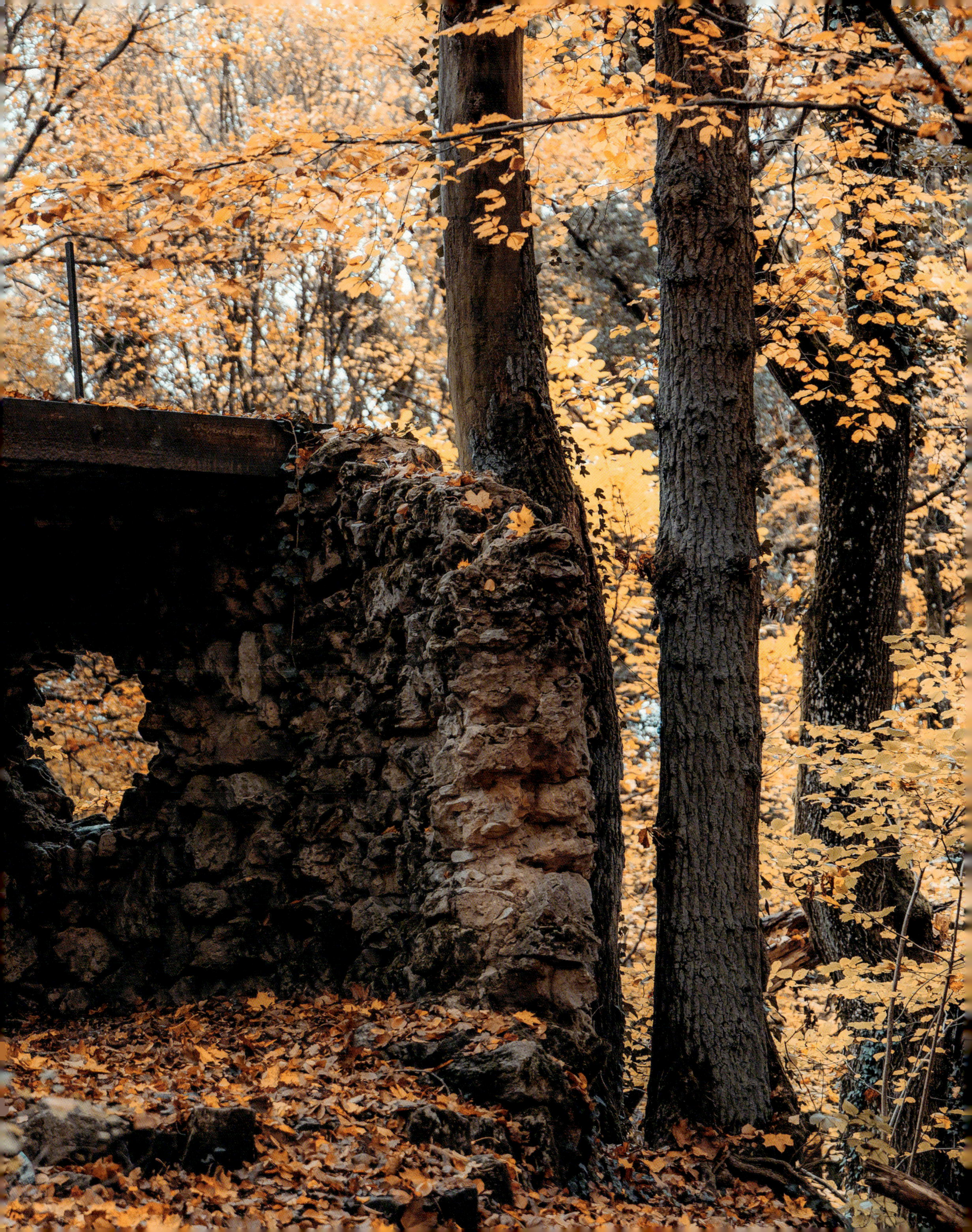

DIE VERWUNSCHENE PARKANLAGE

SHORT FACTS

Erkundet: im Herbst 2020
Baujahr: um 1900
Verlassen seit: Keine Angabe
Noch begehbar: Ja
Denkmalschutz: Nein

Vor langer Zeit wurde auf diesem Berg ein wunderschöner Park angelegt. Er gehörte zu einer Villa, die vor allem im Sommer zur privaten Freizeitgestaltung genutzt wurde. Als die Anlage erbaut wurde, befand sie sich anders als heute noch nicht in einem Wald. Es gab nur einzelne Bäume inmitten von Feldern und Wiesen. Es wurden Wege angelegt und verschiedene kleinere und größere Gebäude errichtet. Unter anderem baute man einen Pavillon auf einem kleinen Hügel, um von dort den schönen Blick ins Tal genießen zu können. Die heute rostigen und verbogenen Brückenskelette waren früher prachtvoll und führten zu dem Pavillon. Von der einst herrlichen Parkanlage ist bis auf einige wenige Ruinen nicht viel übrig geblieben. Man kann nur erahnen, wie schön es hier einmal gewesen sein muss.

Von der einst herrlichen Parkanlage ist bis auf einige wenige Ruinen nicht viel übrig geblieben. Man kann nur erahnen, wie schön es hier einmal gewesen sein muss.

Wann diese Gartenanlage genau erbaut wurde, ist nicht bekannt. Es ist davon auszugehen, dass die zwei Brücken und der Pavillon um 1900 errichtet wurden. Man erzählt sich, dass man hier an besonders schönen Sommertagen gerne Tee getrunken hat, der von den Dienstboten aus der Sommervilla heraufgebracht wurde.

Neben dem Pavillon befand sich der Wasserspeicher der Villa, die etwas weiter unten am Hang stand. Außerdem erbaute man für einen noch besseren Ausblick einen großen Aussichtsturm, der mehrere Meter hoch war. Dieser wurde allerdings schon vor längerer Zeit abgerissen, da er massiv einsturzgefährdet war. Im Laufe der Zeit wurde der Pavillon immer wieder beschädigt, Scheiben wurden eingeworfen und sogar hölzerne Treppenstufen abgebaut. Die Pflege und Instandhaltung des Pavillons war daher eine nicht endende Herausforderung. Heute ist er nur noch eine Ruine.

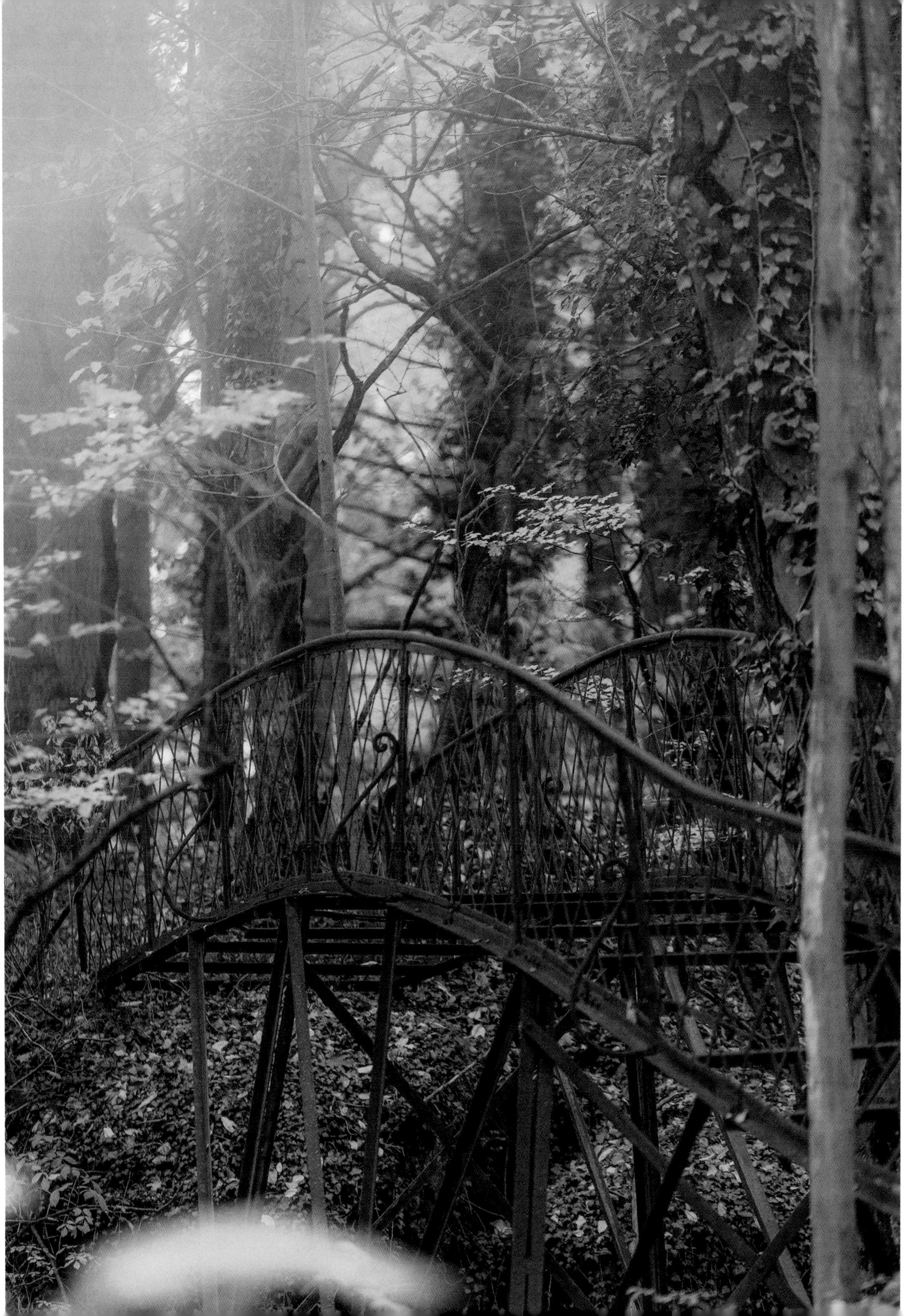

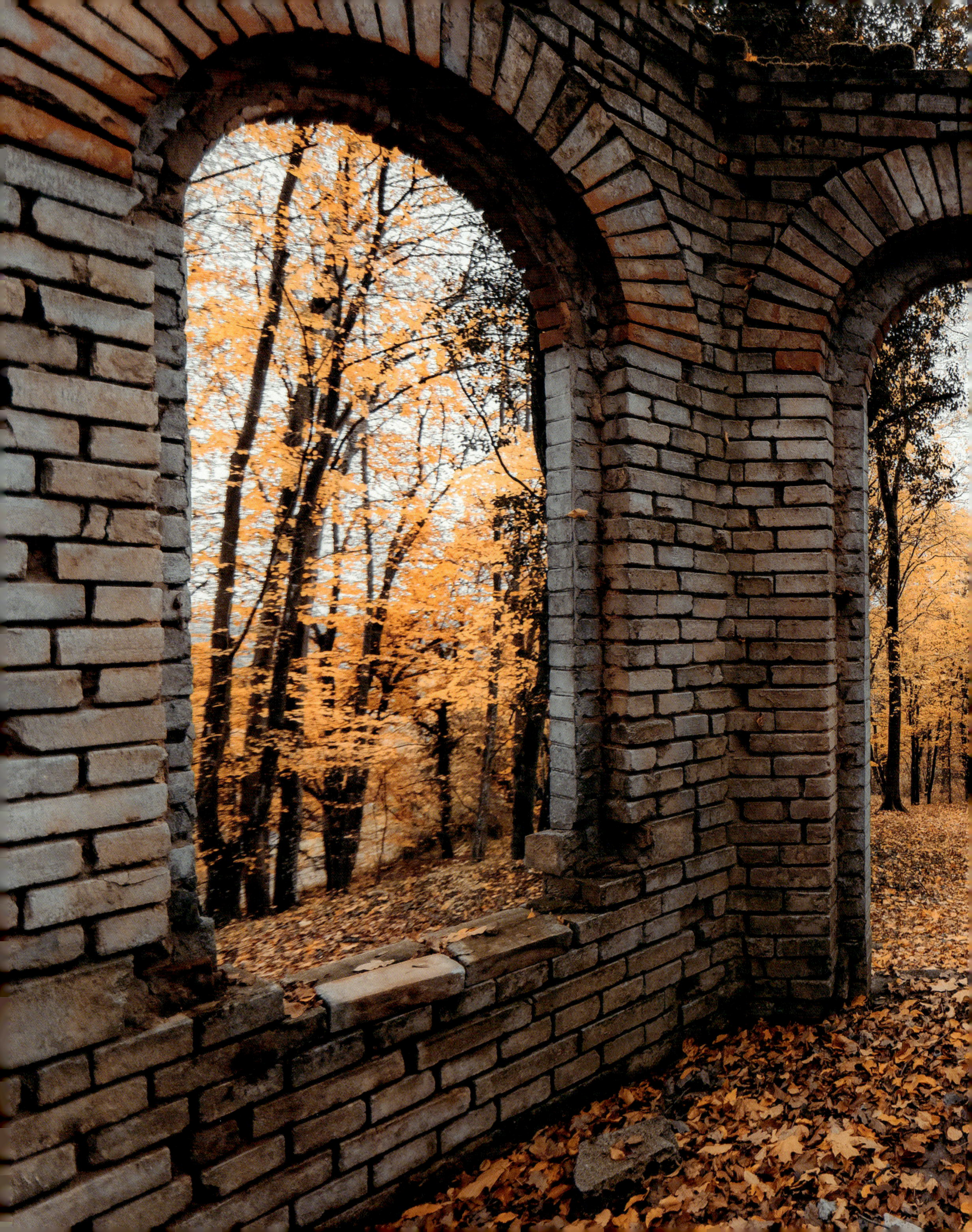

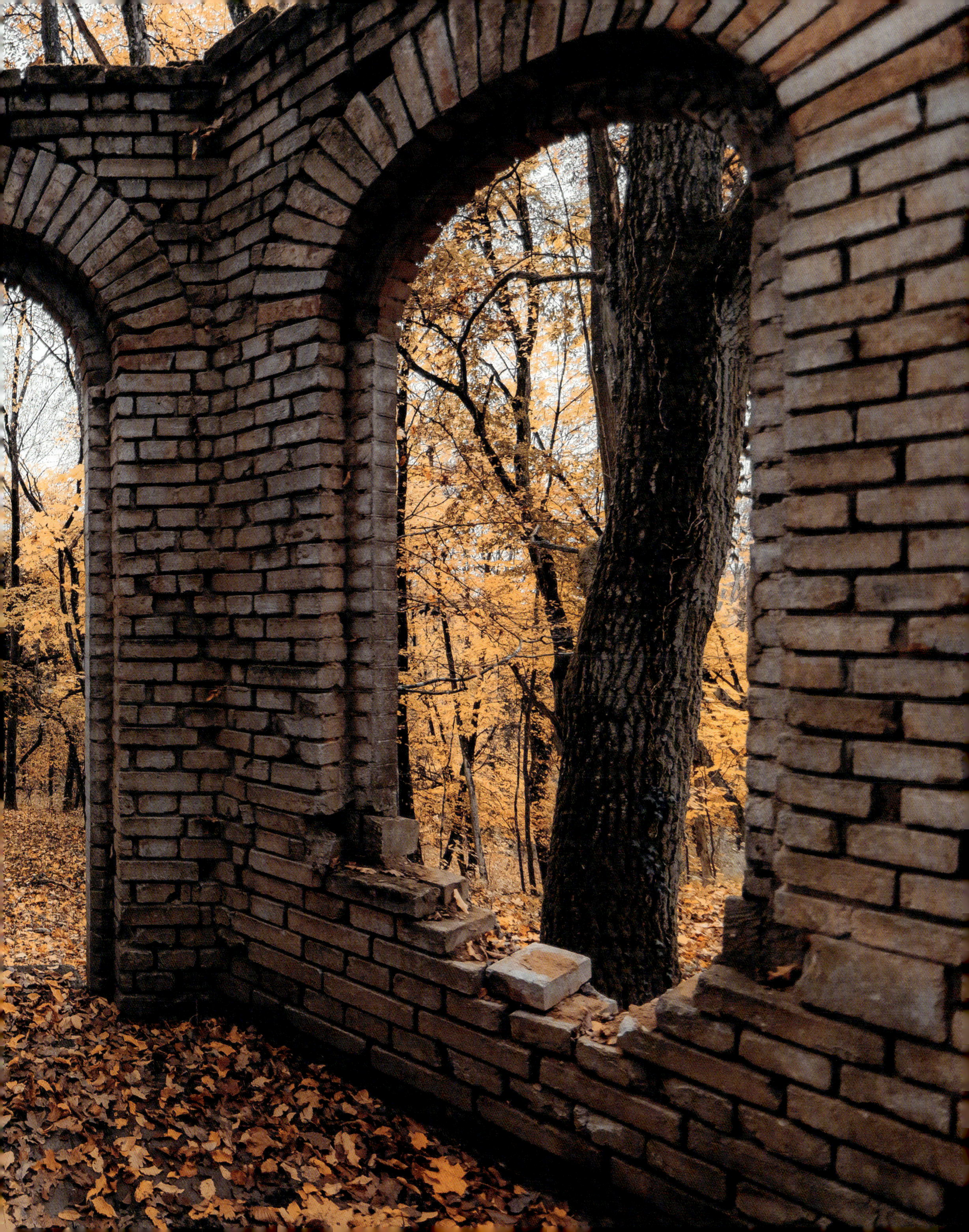

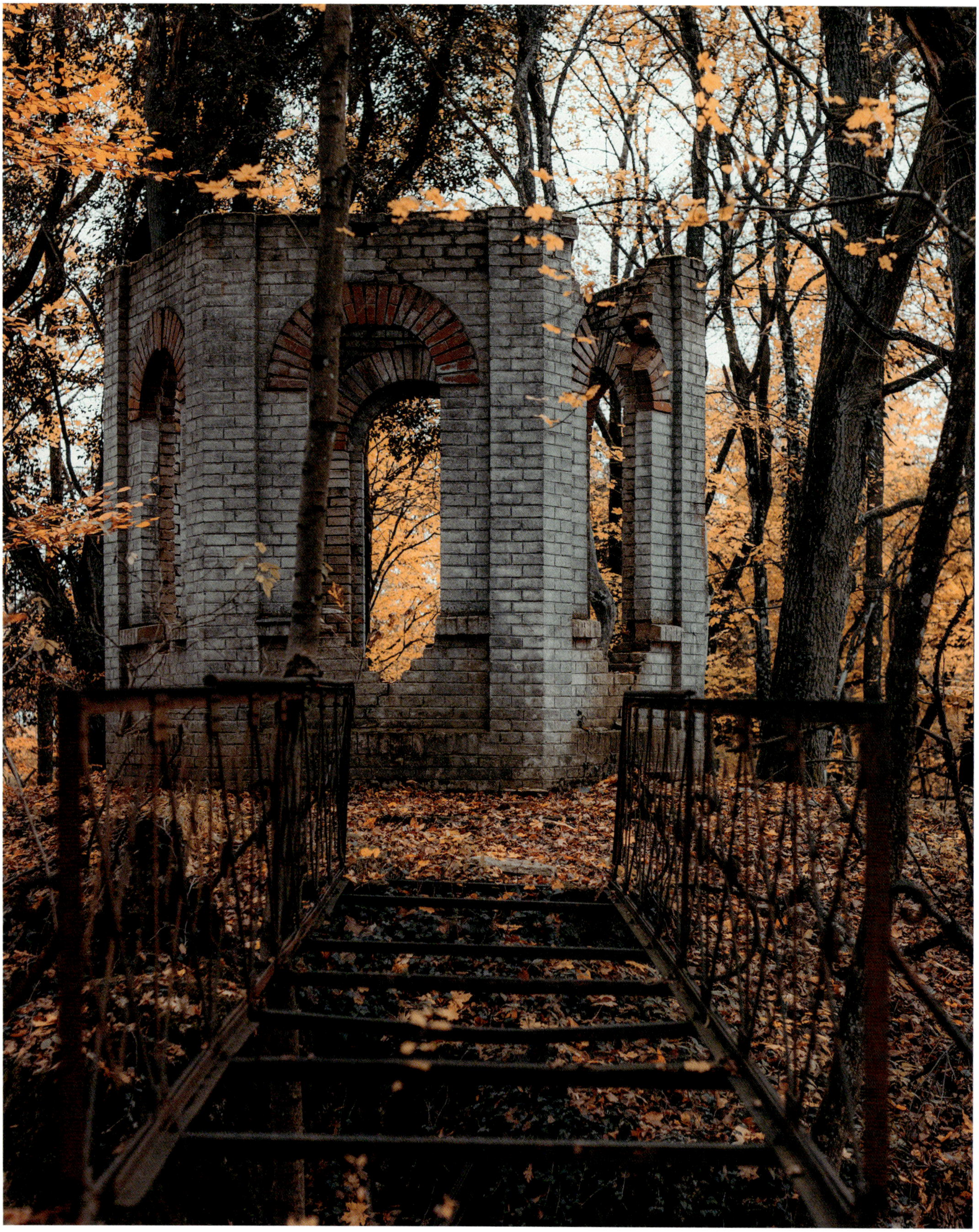

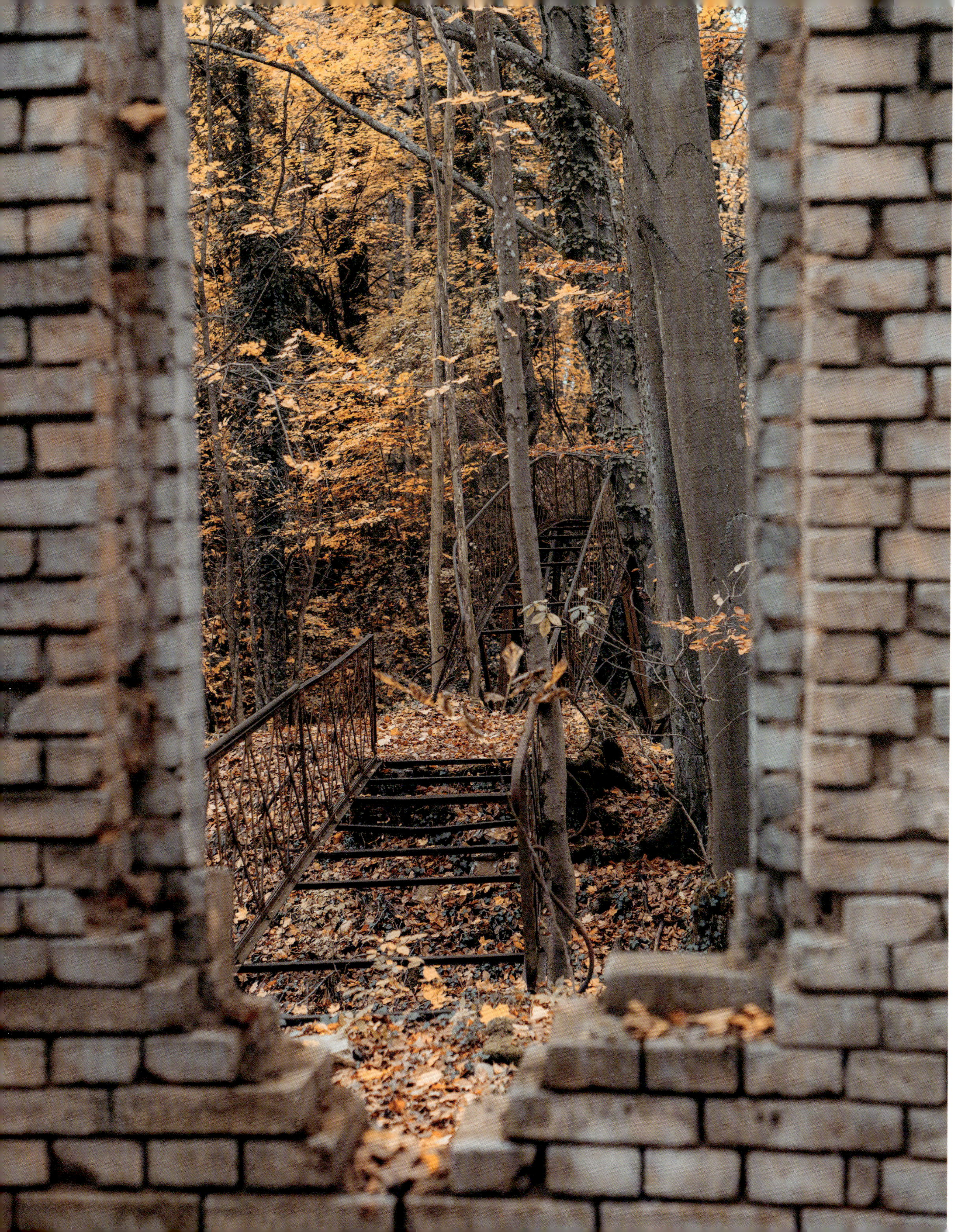

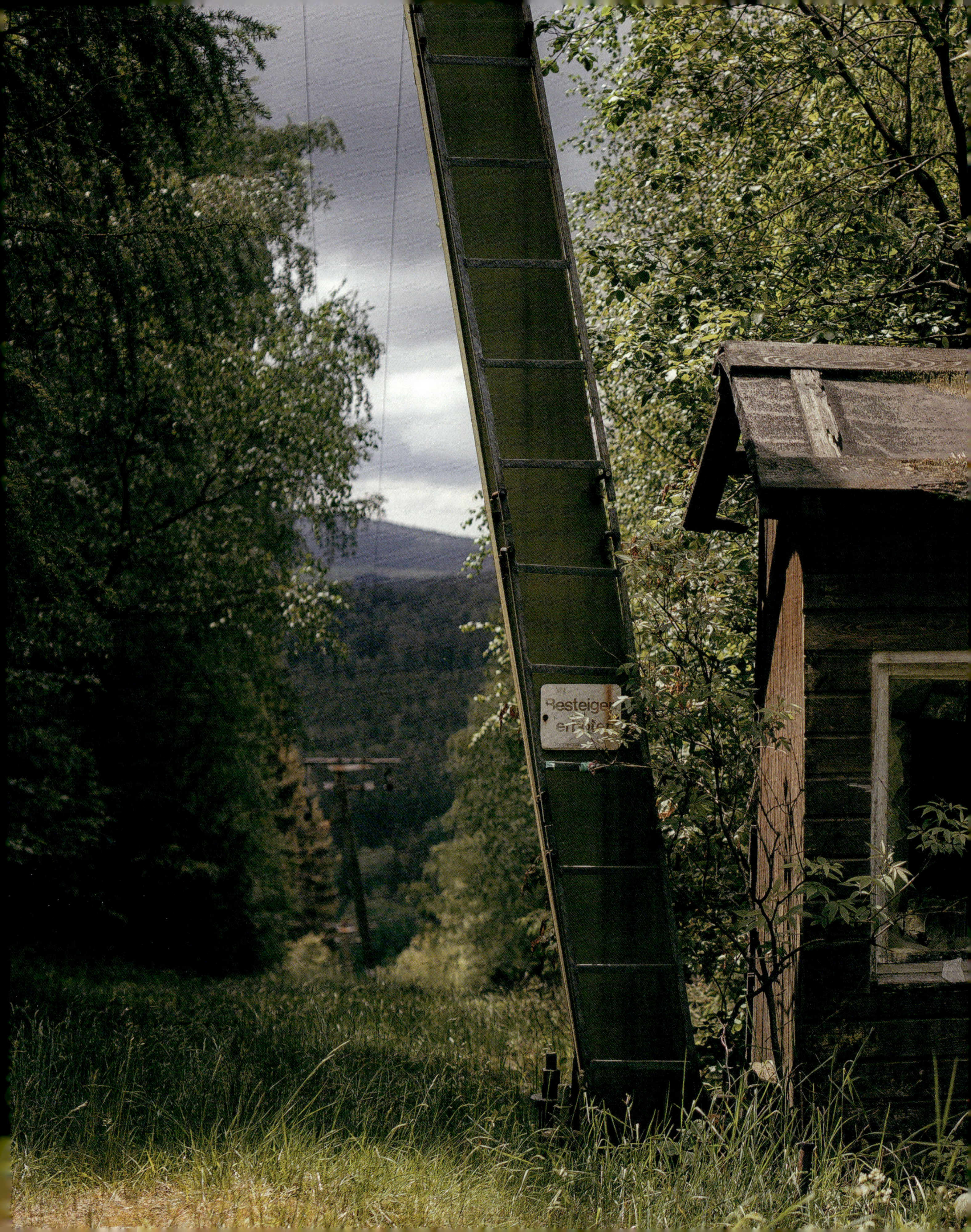

DIE VERWAISTE SOMMERRODELBAHN

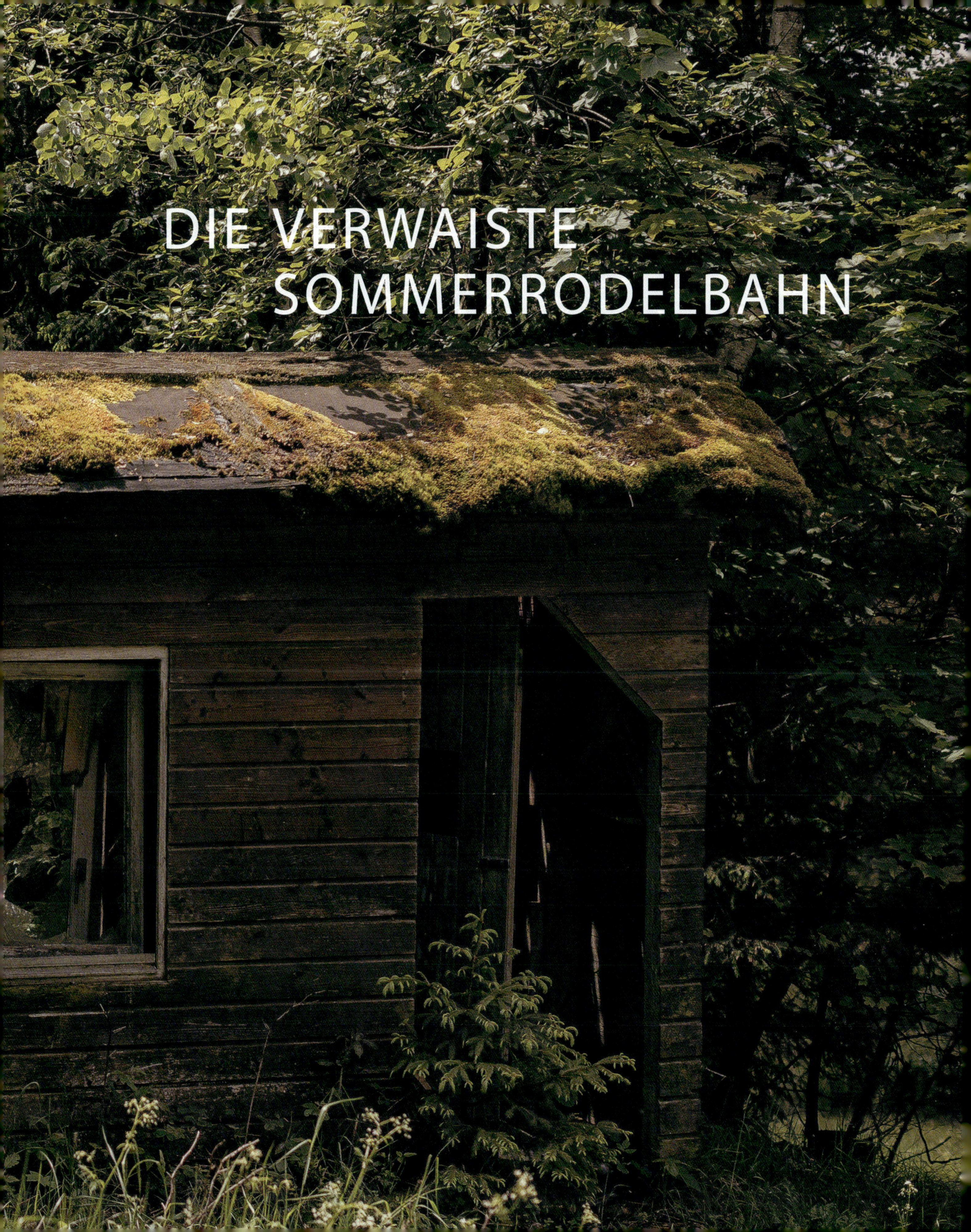

DIE VERWAISTE SOMMERRODELBAHN

SHORT FACTS

Erkundet: im Frühjahr 2021
Baujahr: 1984
Verlassen seit: Keine Angabe
Noch begehbar: Ja
Denkmalschutz: Nein

Es ist schon lange her, dass hier Kinder und Jugendliche mit den Bobs hinuntergefahren sind. Familien hat diese Anlage seit Jahren nicht gesehen. Das wunderschöne Ausflugsziel ist von den Freizeitkarten verschwunden. Die Fahrbahn ist in den letzten Jahren Teil der Landschaft geworden, sie ist fast komplett eingewachsen. Bedeckt von Moos, Gras, Sträuchern und Büschen, wird man sie in ein paar Jahren wohl kaum mehr erkennen können. Die letzten übrig gebliebenen Schlitten fristen ihr Dasein in der alten Bahn.

Ruhig ist es hier – zu ruhig dafür, dass man hier eigentlich viel Spaß haben sollte. Große Pläne hatte man in diesem Gebiet. Es sollte ein Ausflugsziel für Groß und Klein, für die ganze Familie sein. Doch der ausgewählte Ort und das immer unberechenbarere Wetter machten den Verantwortlichen schnell einen Strich durch die Rechnung. Das Geld fehlte bald an allen Ecken und Enden. Und so musste man leider aufgeben. Ein Verkauf der Anlage und die Hoffnung, sie irgendwann einmal wiederzubeleben, scheiterten bis heute. So bleiben nur noch die letzten Reste, die hier leise im Dornröschenschlaf vor sich hin schlummern.

So bleiben nur noch die letzten Reste, die hier leise im Dornröschenschlaf vor sich hin schlummern.

Einst war die alte Sommerrodelbahn ein Teil des größten Wintersportgebietes der Oberpfalz. Sie wurde 1984 erbaut, um das Gelände auch im Sommer touristisch nutzen zu können. Mit einer Länge von knapp 500 Metern schlängelt sie sich mit unzähligen Kurven den Hang hinab.

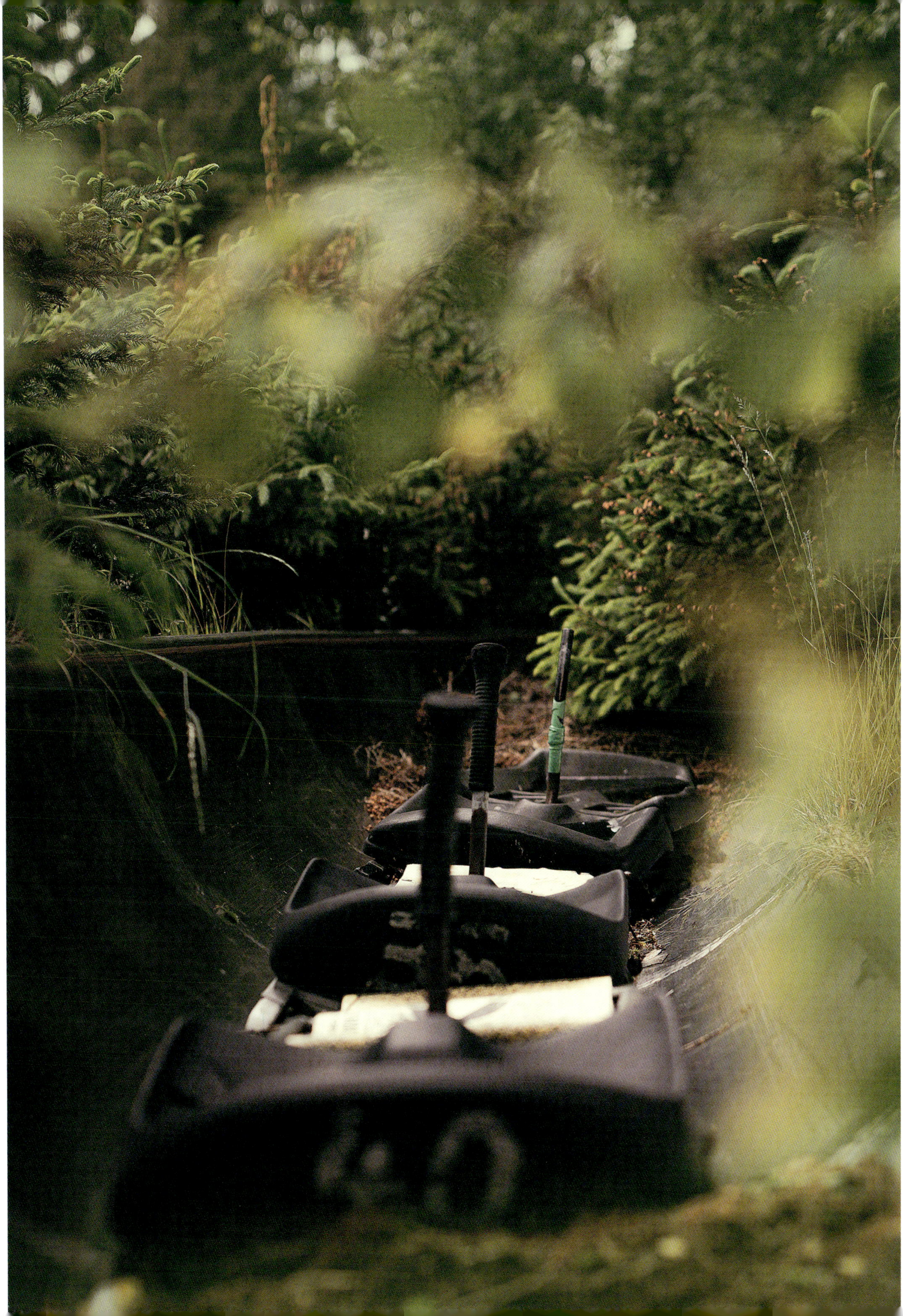

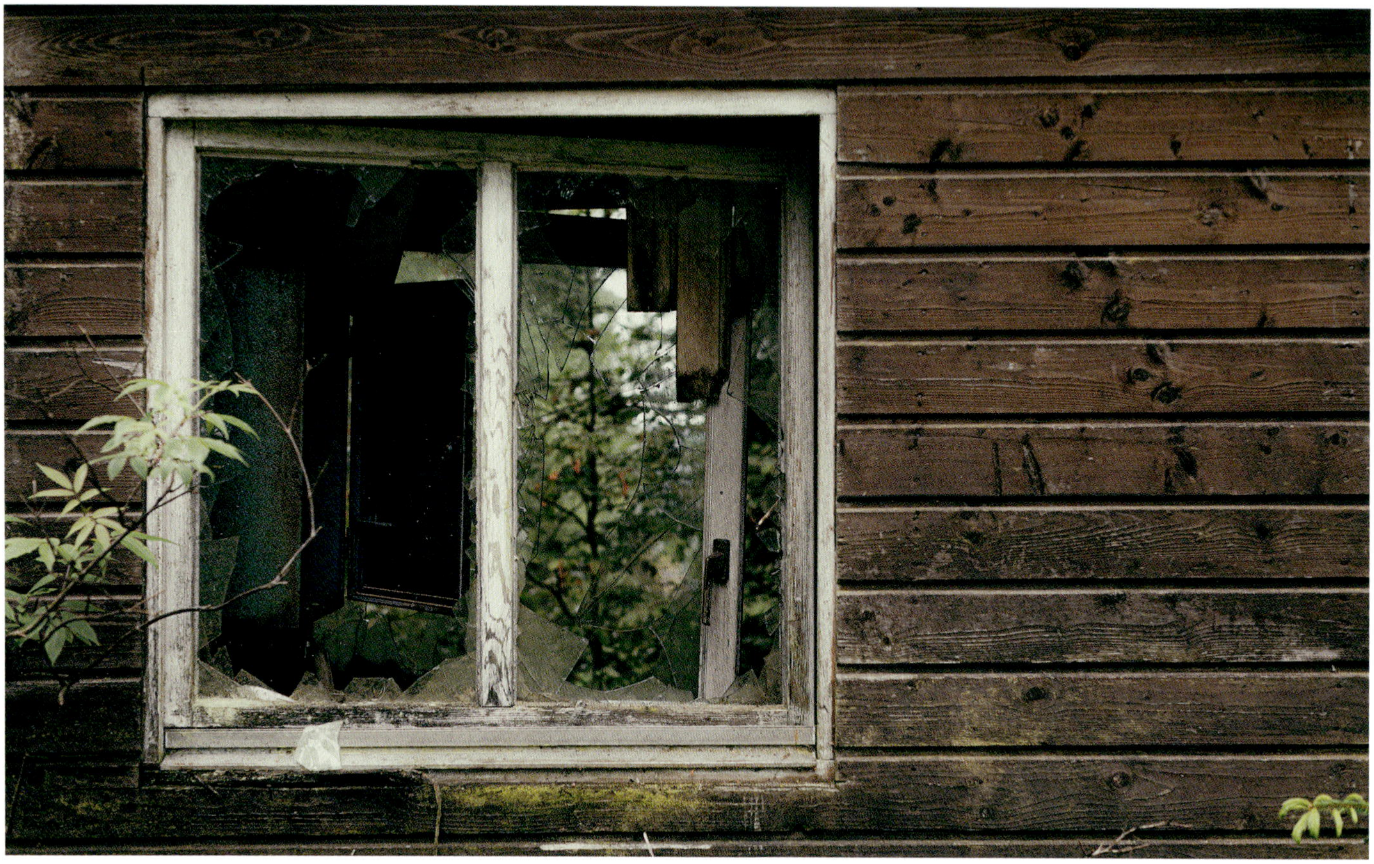

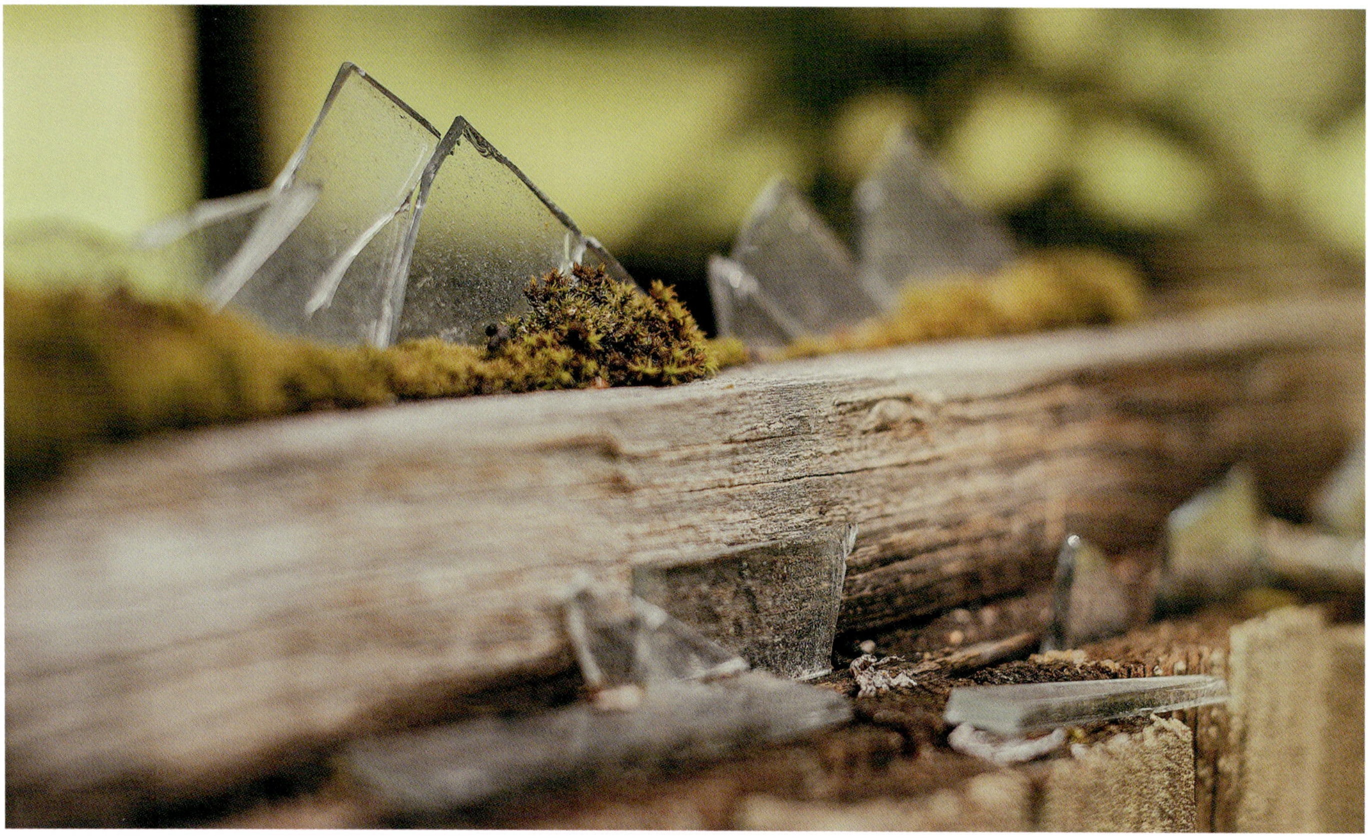

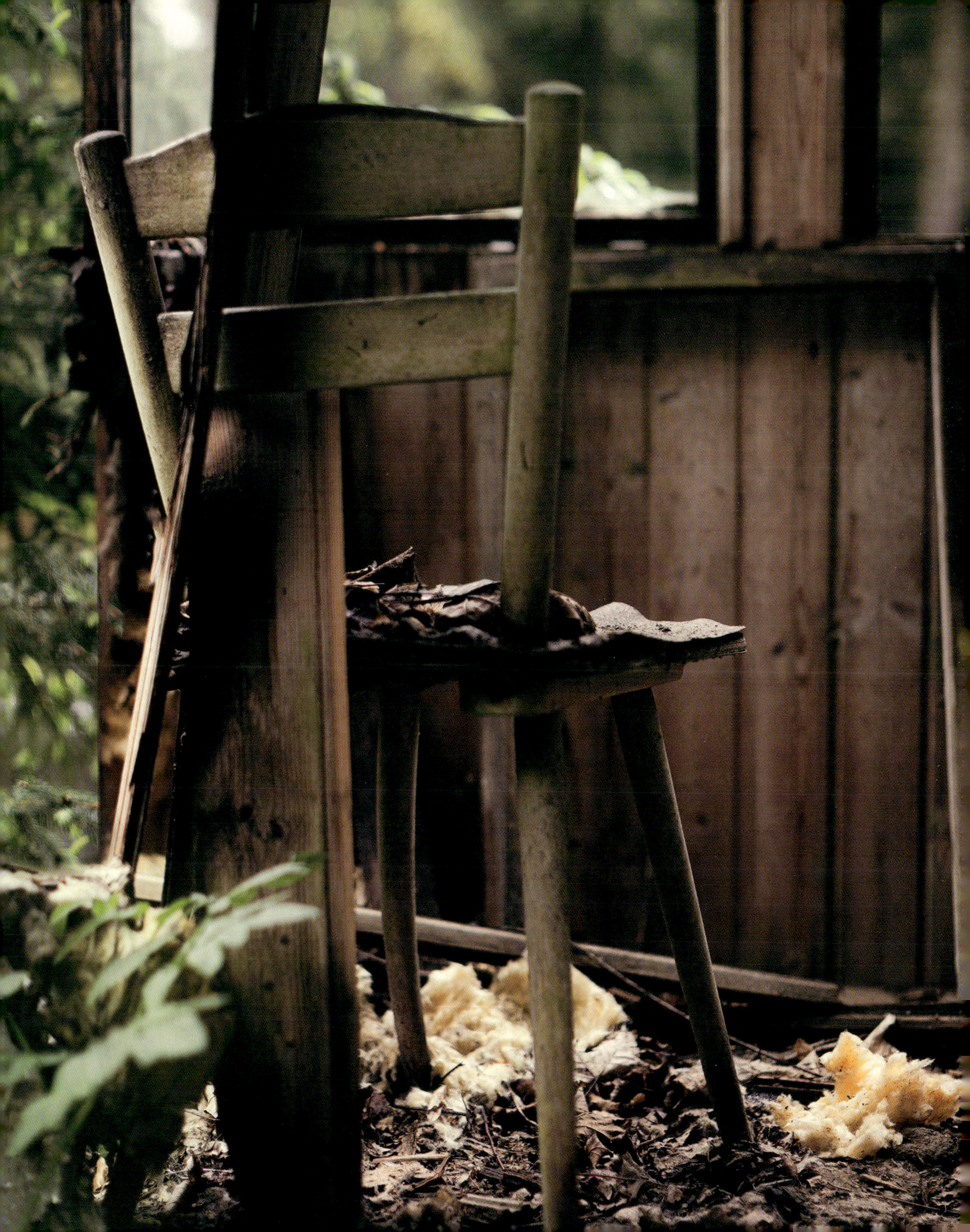

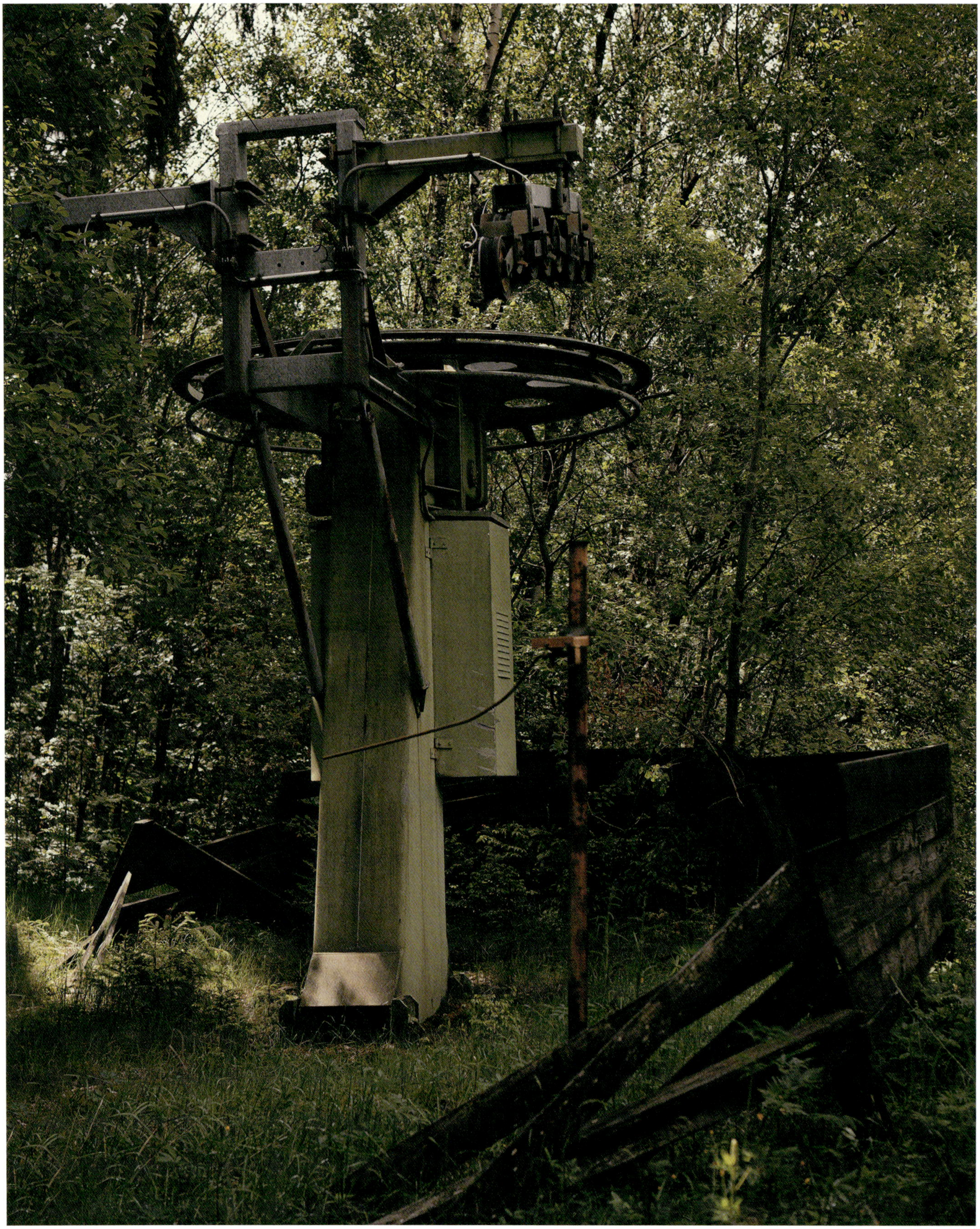

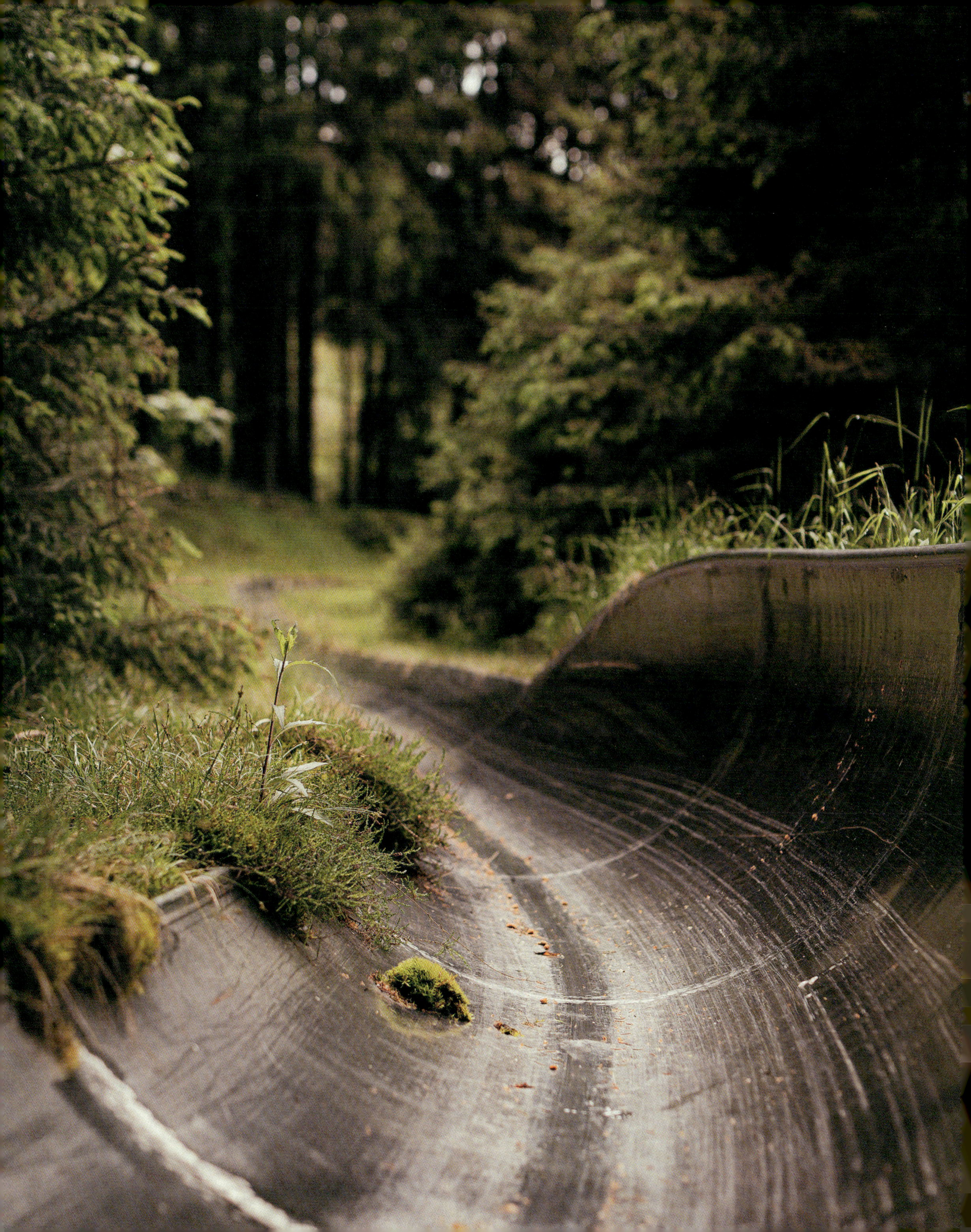

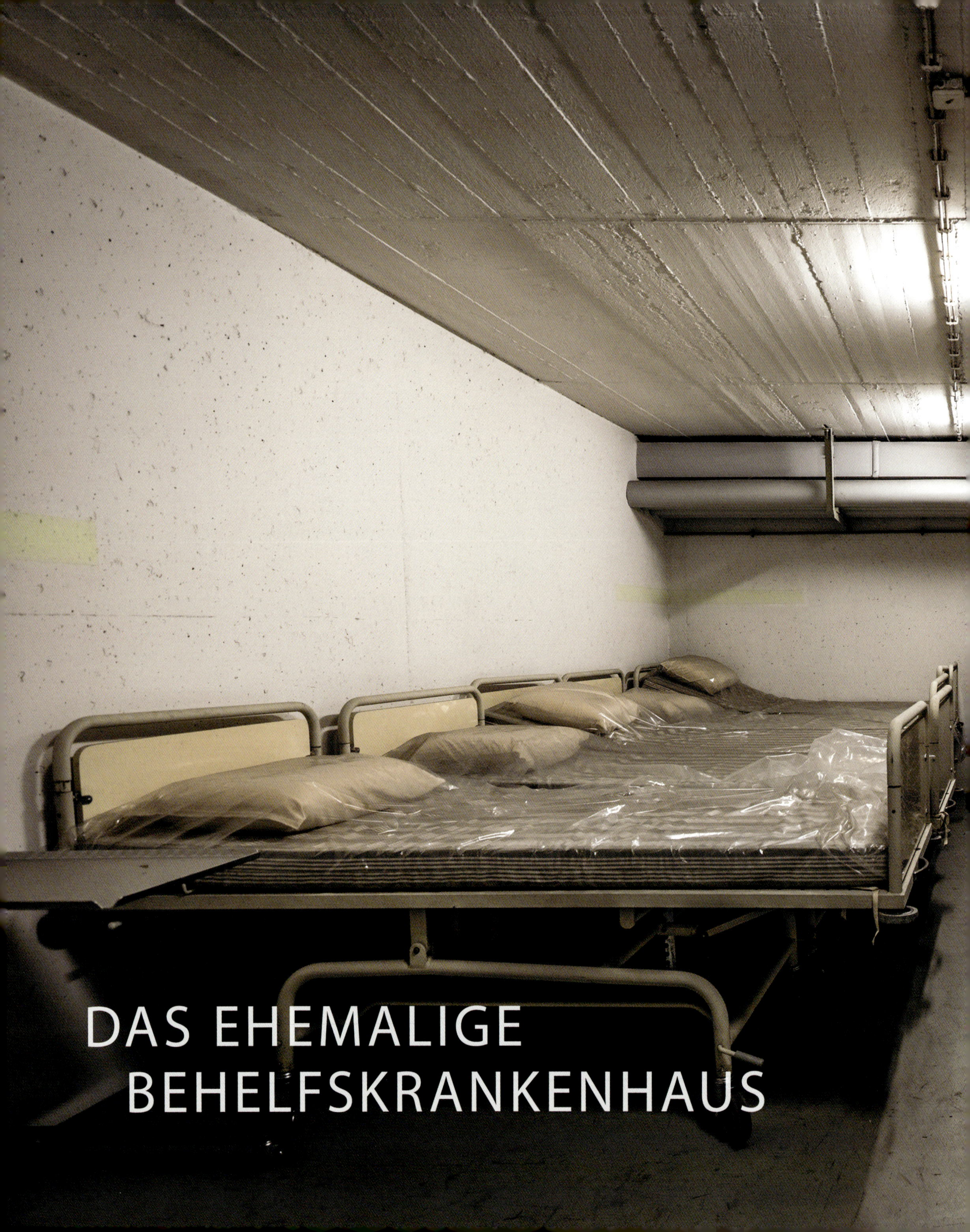

DAS EHEMALIGE BEHELFSKRANKENHAUS

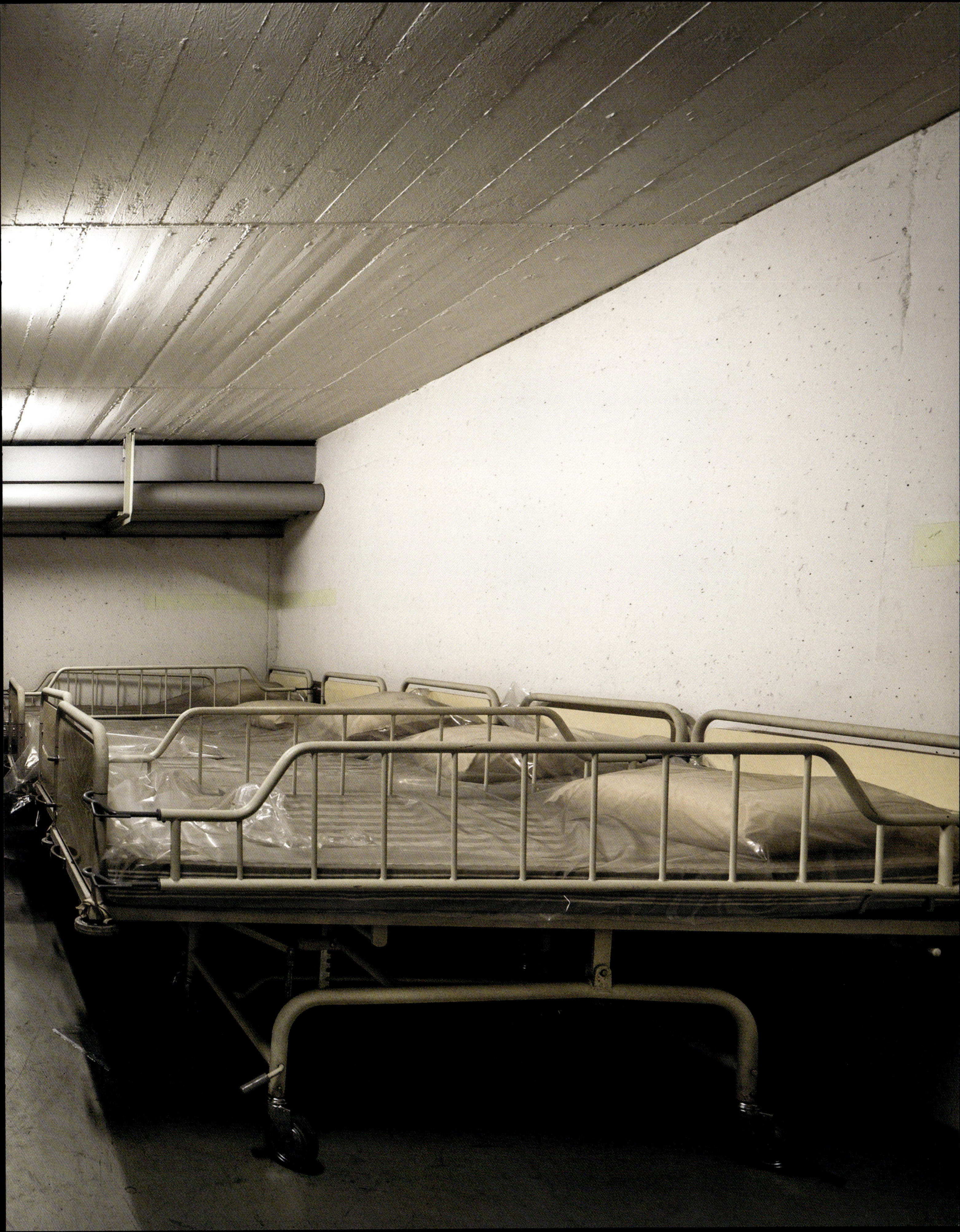

DAS EHEMALIGE BEHELFSKRANKENHAUS

SHORT FACTS

Erkundet: im Frühjahr 2021
Baujahr: 1960er-Jahre
Verlassen seit: Keine Angabe
Noch begehbar: Nein
Denkmalschutz: Nein

Das Hilfskrankenhaus wurde Mitte der 1960er-Jahre unter einer Schule errichtet, um die medizinische Versorgung der zivilen Bevölkerung im Kriegs- bzw. Katastrophenfall zu sichern. Nach zehn Jahren Bau- und Installationszeit wurde das Bauwerk vollausgestattet und einsatzbereit an die Vertreter des Bundesamtes des zivilen Bevölkerungsschutzes und die Regierung der Oberpfalz übergeben. Das Hilfskrankenhaus mit rund 720 Krankenbetten und 180 Personalbetten war ausgestattet mit Operationssälen, Laboratorien, Röntgenstationen, sanitären Anlagen, einer Großküche, einer Wäscherei, einer Entgiftungsstation, Be- und Entlüftung nebst Gasfilteranlagen, Heizung, einer Notstrom- und Notwasseranlage und vielem mehr. Zwei oberirdische Eingänge und zwei Notausgänge ließen nicht im Geringsten erahnen, dass sich hier ein imposantes vier Millionen Deutsche Mark teures Projekt befindet. Es handelt sich um einen trümmer- und strahlensicheren Schutzbau, der mit modernstem Mobiliar ausgerüstet wurde. Ziel war es, Menschen hier über eine längere Zeit ohne Kontakt zur Außenwelt unterzubringen.

Ein trümmer- und strahlensicherer Schutzbau, der mit modernstem Mobiliar ausgerüstet wurde.

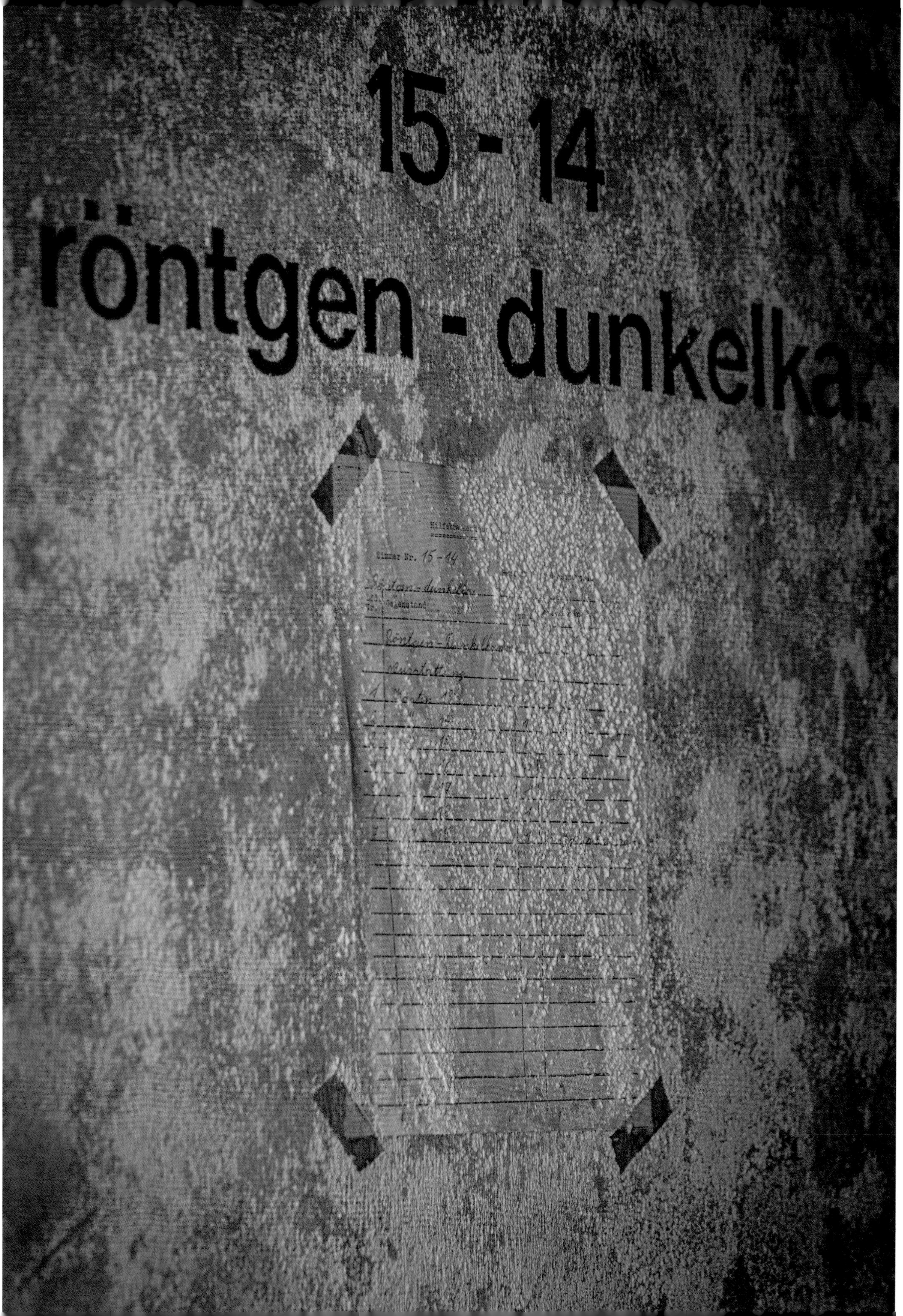
15 - 14
röntgen - dunkelka

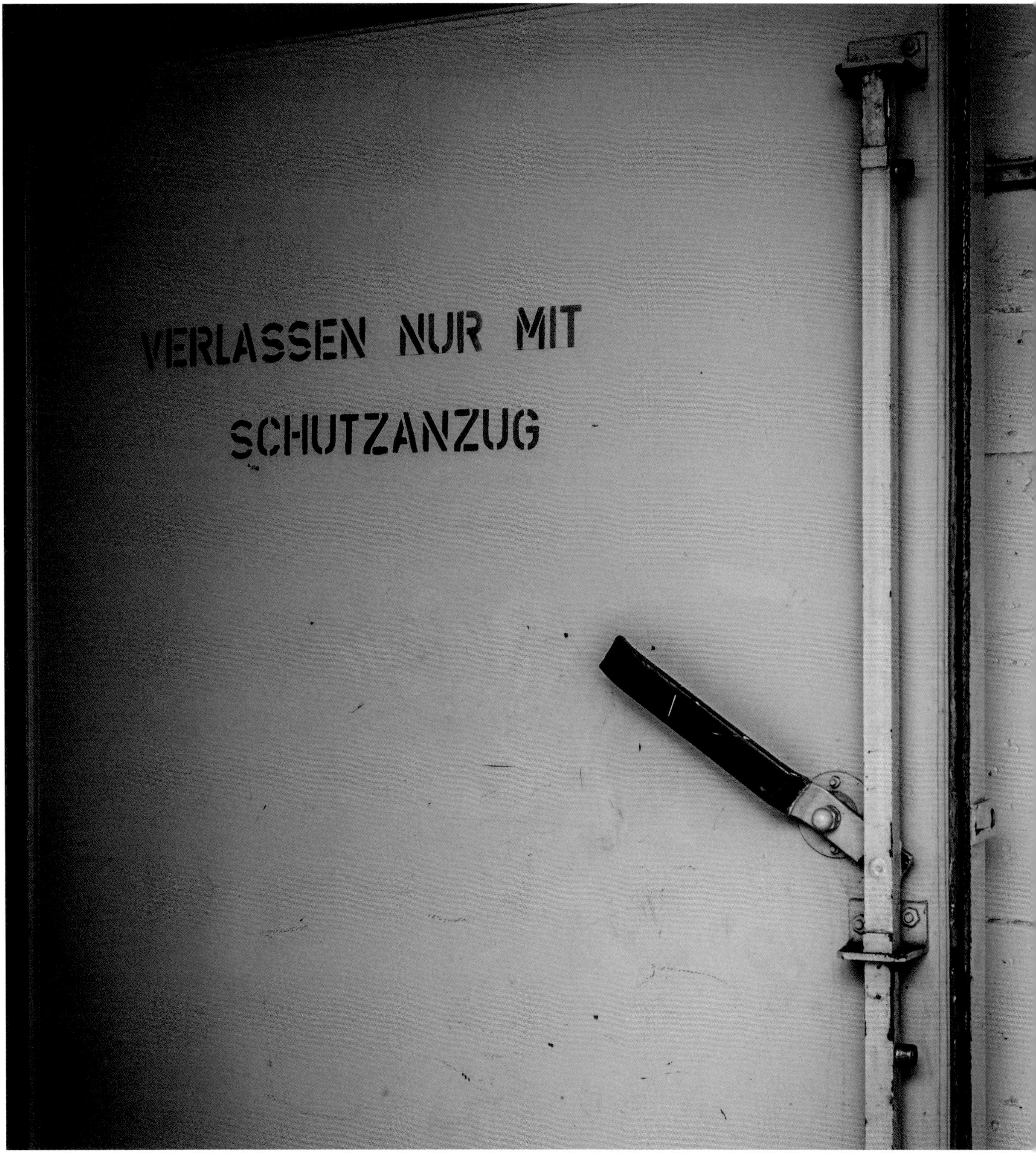
VERLASSEN NUR MIT
SCHUTZANZUG

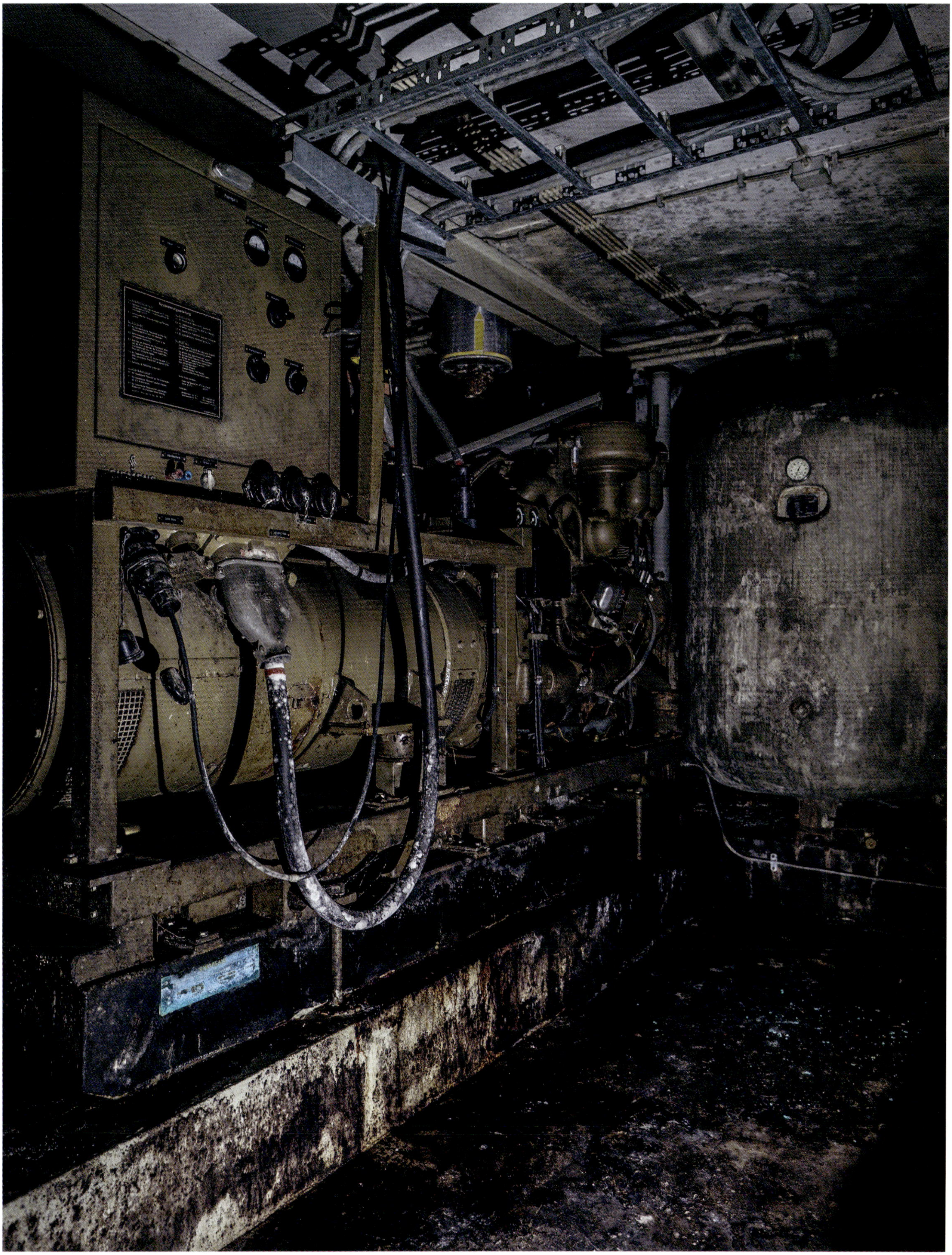

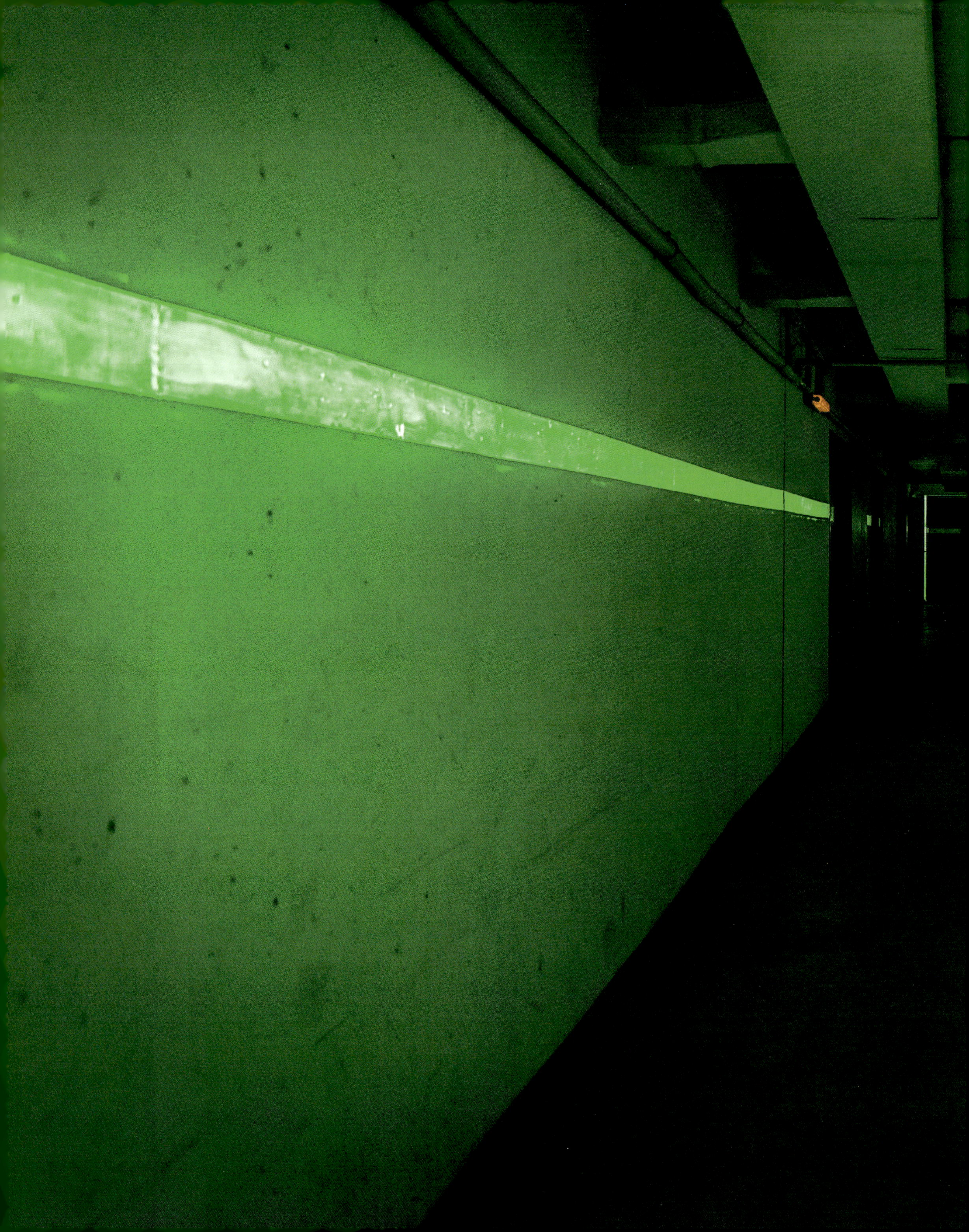

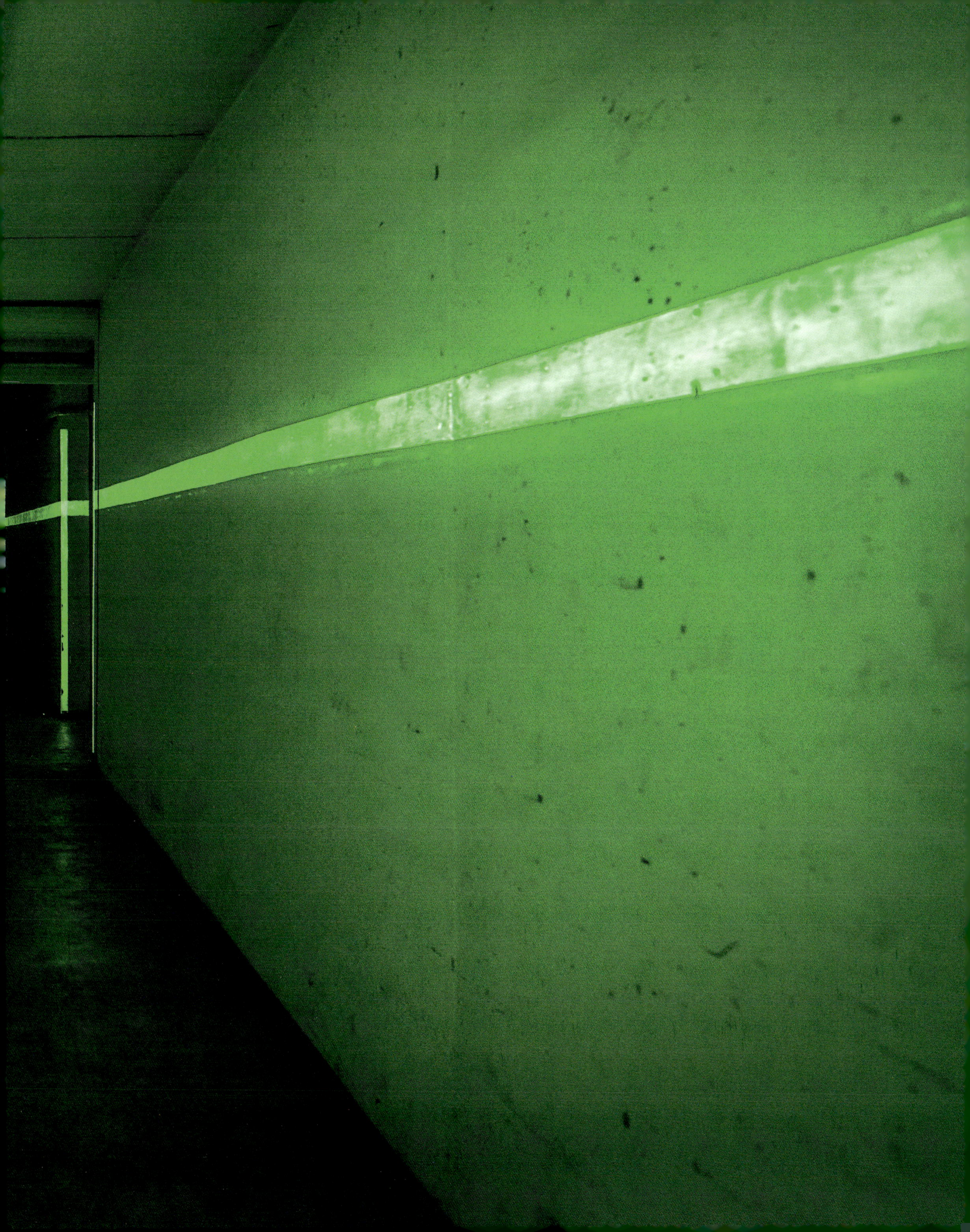

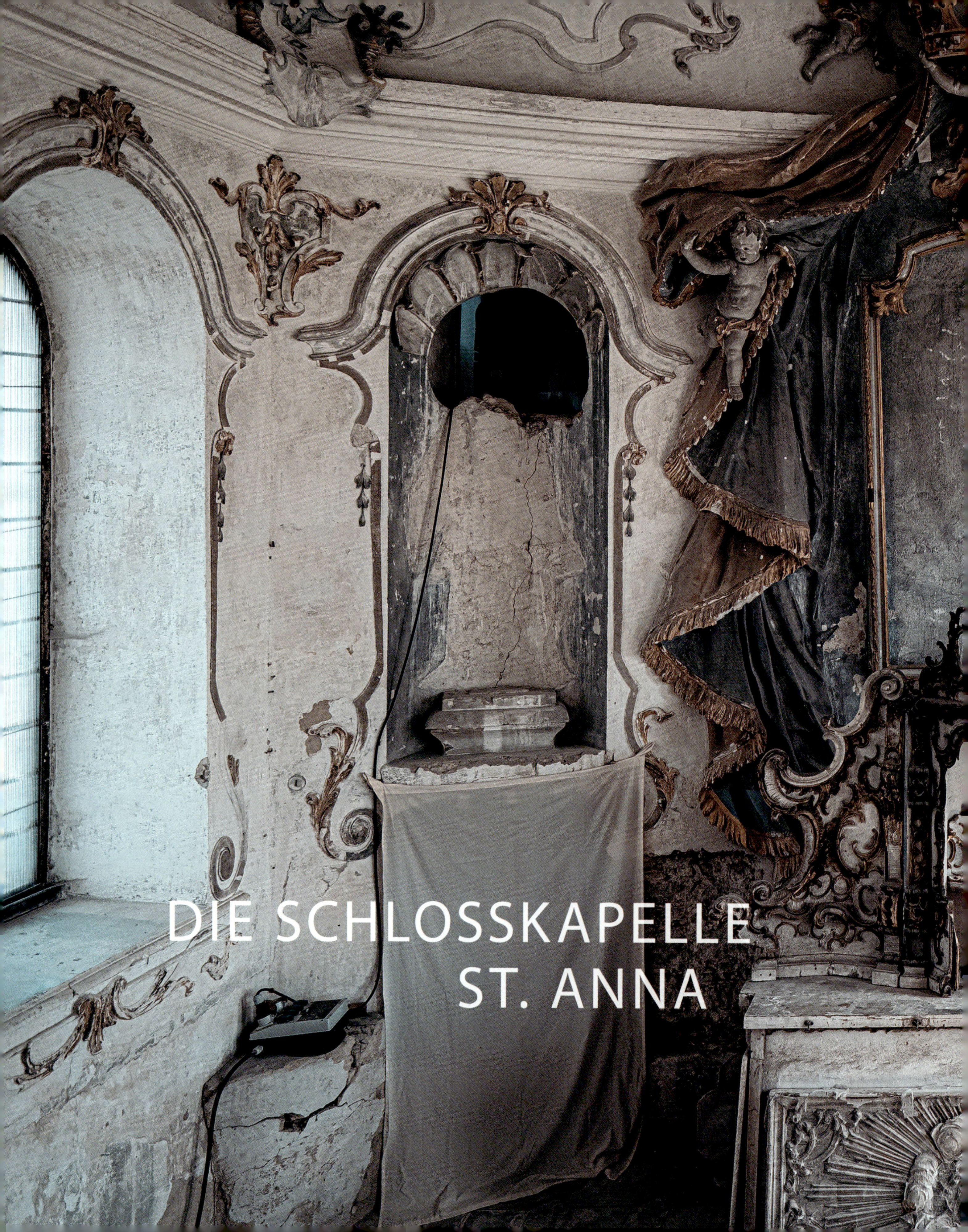

DIE SCHLOSSKAPELLE ST. ANNA

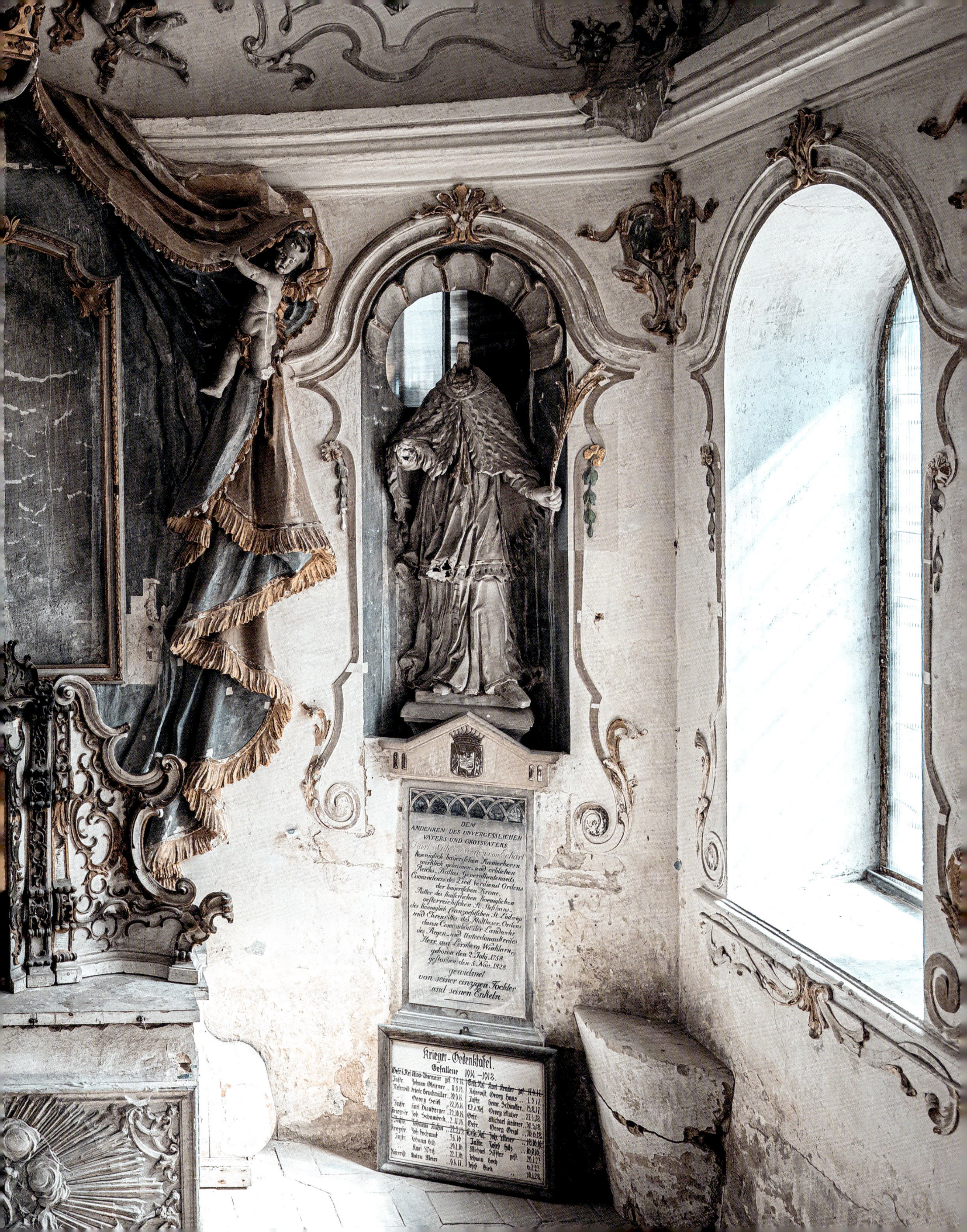
DEM
ANDENKEN DES UNVERGESSLICHEN
VATERS UND GROSSVATERS
gewidmet
von seiner einzigen Tochter
und seinen Enkeln.
Krieger-Gedenktafel
Gefallene 1914–1918.

DIE SCHLOSSKAPELLE ST. ANNA

SHORT FACTS

Erkundet: im Frühjahr 2021
Baujahr: 1735
Verlassen seit: ca. 1960
Noch begehbar: Ja
Denkmalschutz: Ja

Diese beeindruckende Schlosskapelle, im frühen Rokokostil gestaltet, befindet sich im östlichen Flügel des alten Schlosses Pirkensee, das zwischen 1731 und 1735 erbaut wurde. Mit seinen unverwechselbaren Zwiebeltürmen gilt das Schloss seither als Wahrzeichen des Ortes. Die Kapelle selbst wurde 1735 errichtet. Betritt man die alte und mittlerweile schwer von der Zeit gezeichnete kleine Kapelle, so kommt man aus dem Staunen nicht mehr heraus und vergisst fast den lohnenswertesten aller Blicke – den an die Decke. Denn dort befindet sich eine kleine geschichtsträchtige Sensation – ein herrliches Deckenfresko von Cosmas Damian Asam. Das Fresko zeigt Maria mit Kind, umgeben von den Heiligen Josef, Zacharias, Anna, Elisabeth und Joachim. Ebenso sehenswert sind die geschnitzten Stuhlwangen, der Beichtstuhl und die beeindruckenden Stuckarbeiten. Der Tabernakel ist im Rocaille-Stil gehalten. Im Westen der Kapelle befindet sich die prächtige Herrschaftsempore, die einen tollen Blick über die gesamte Kapelle gewährt.

Dort befindet sich eine kleine geschichtsträchtige Sensation.

Nach dem Zweiten Weltkrieg wurden im Schloss Pirkensee Flüchtlinge untergebracht. Bis 1960 diente die Kapelle noch als Pfarrkirche und es wurden regelmäßig Messen für die Dorfbewohner abgehalten. Einige Zeit danach verkaufte man das Schloss an einen privaten Investor. Bis zum Jahr 1994 war es bewohnt, kurz darauf fanden umfangreiche Sanierungsarbeiten statt. Tragischerweise ereignete sich am 7. Oktober 1999 ein Großbrand, der große Teile des Schlosses zerstörte. Auch die Kapelle blieb nicht verschont und wurde stark beschädigt. Außen wurde das gesamte Schloss aufwendig restauriert, doch im Inneren geschah bis jetzt nur wenig.

2017 wurde das Schloss erneut an einen Investor verkauft. Es bestehen umfangreiche Pläne zur Sanierung, Instandhaltung und Weiternutzung des Haupthauses und der Schlosskapelle.

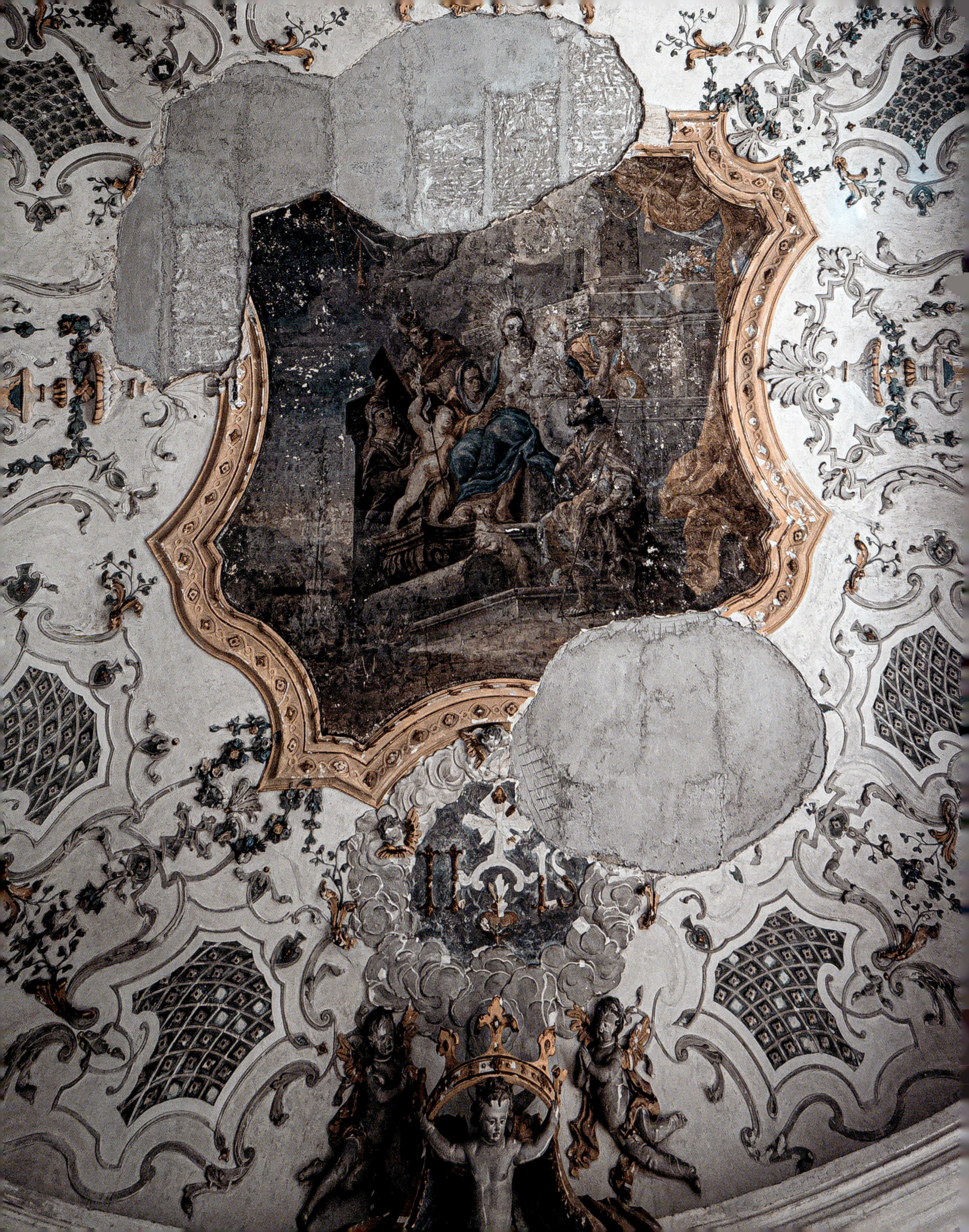

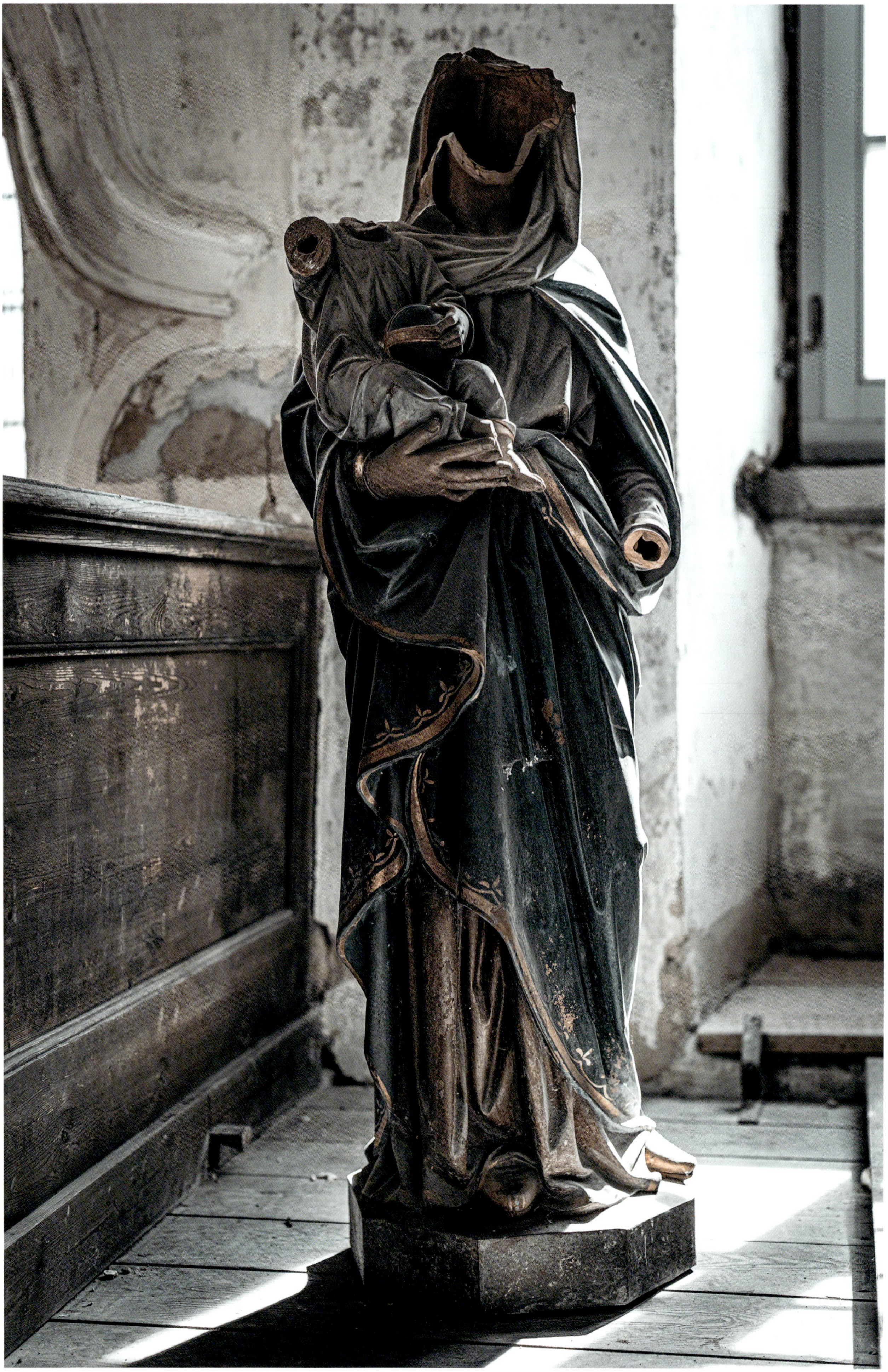

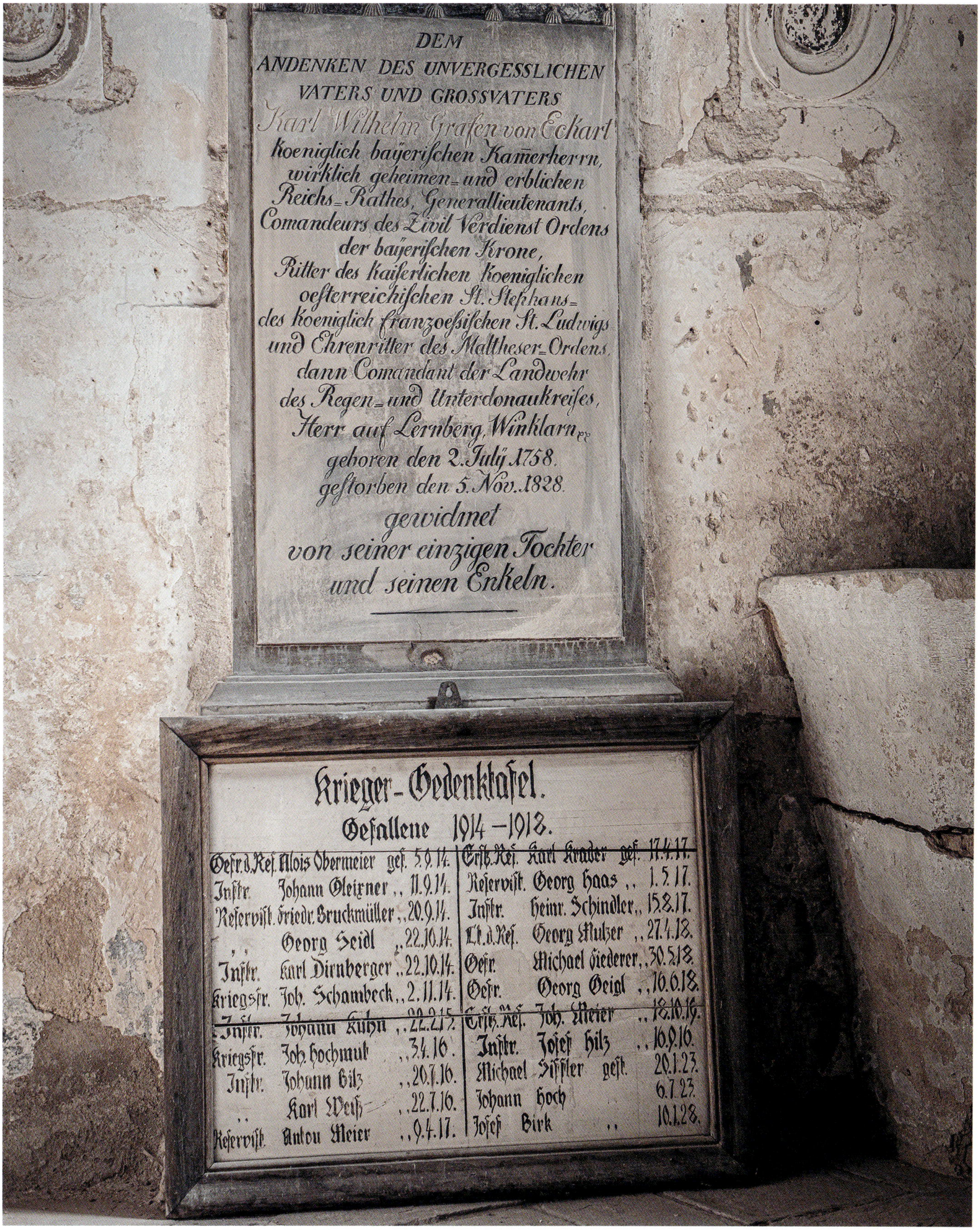
DEM
ANDENKEN DES UNVERGESSLICHEN
VATERS UND GROSSVATERS
Karl Wilhelm Grafen von Eckart
koeniglich bayerischen Kammerherrn,
wirklich geheimen- und erblichen
Reichs-Rathes, Generallieutenants,
Comandeurs des Zivil Verdienst Ordens
der bayerischen Krone,
Ritter des kaiserlichen koeniglichen
oesterreichischen St. Stephans-
des koeniglich franzoesischen St. Ludwigs
und Ehrenritter des Maltheser-Ordens,
dann Comandant der Landwehr
des Regen- und Unterdonaukreises,
Herr auf Lernberg, Winklarn
geboren den 2. July 1758,
gestorben den 5. Nov. 1828.
gewidmet
von seiner einzigen Tochter
und seinen Enkeln.
Krieger-Gedenktafel.
Gefallene 1914–1918.
Gefr. d. Ref. Alois Obermeier gef. 5.9.14.
Infktr. Johann Gleixner „ 11.9.14.
Reservist. Friedr. Bruckmüller „ 20.9.14.
„ Georg Seidl „ 22.10.14.
Infktr. Karl Dirnberger „ 22.10.14.
Kriegsfr. Joh. Schambeck „ 2.11.14.
Infktr. Johann Kuhn „ 22.2.15.
Kriegsfr. Joh. Hochmut „ 3.4.16.
Infktr. Johann Bilz „ 20.7.16.
„ Karl Weiß „ 22.7.16.
Reservist. Anton Meier „ 9.4.17.
Ersk. Ref. Karl Krader gef. 17.4.17.
Reservist. Georg Haas „ 1.5.17.
Infktr. Heinr. Schindler „ 15.8.17.
Lt. d. Ref. Georg Mulzer „ 27.4.18.
Gefr. Michael Siederer „ 30.5.18.
Gefr. Georg Geigl „ 16.6.18.
Ersk. Ref. Joh. Meier „ 18.10.16.
Infktr. Josef Hilz „ 16.9.16.
Michael Sissler gest. 20.1.23.
Johann Hoch 6.7.23.
Josef Birk „ 10.1.28.

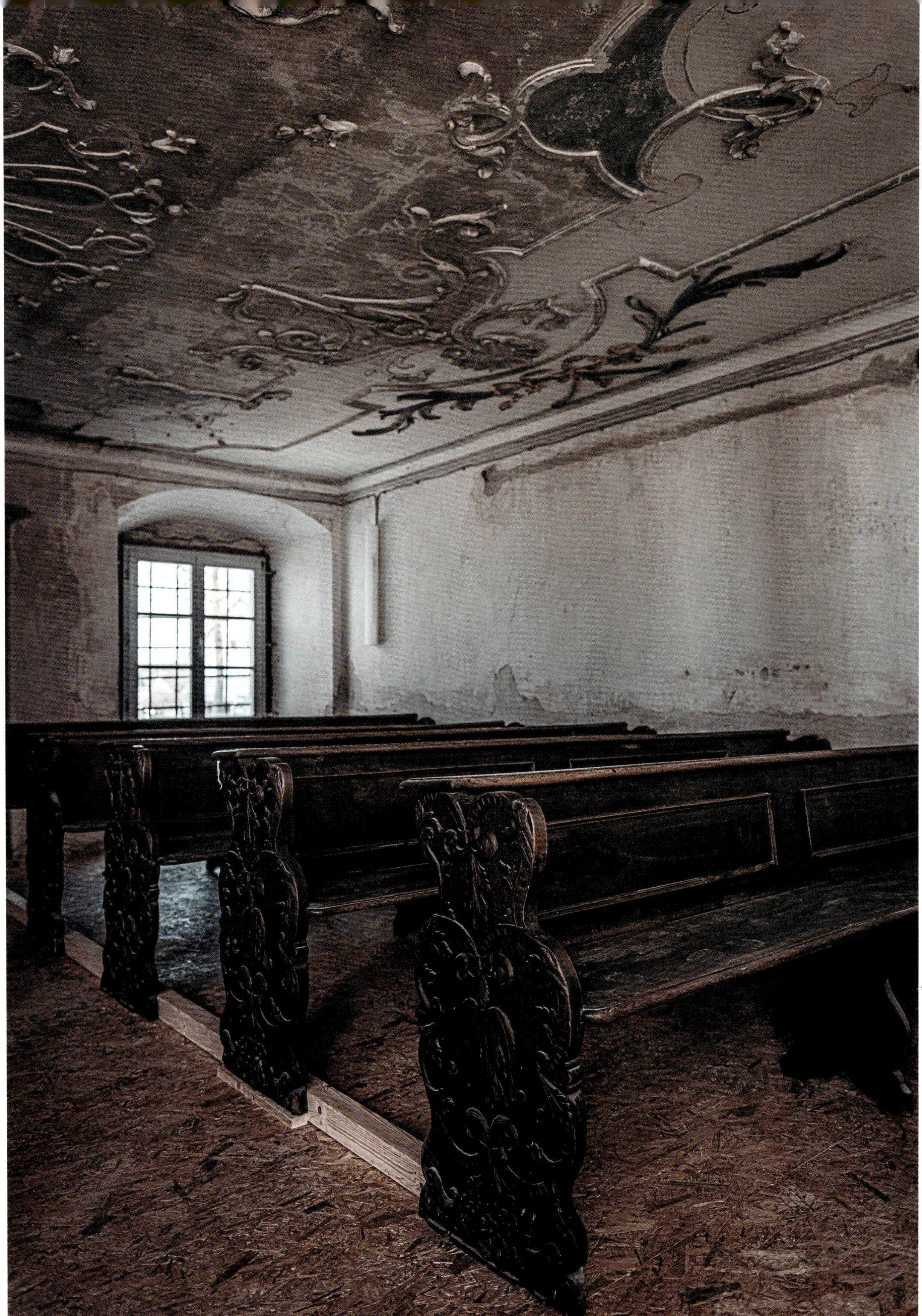

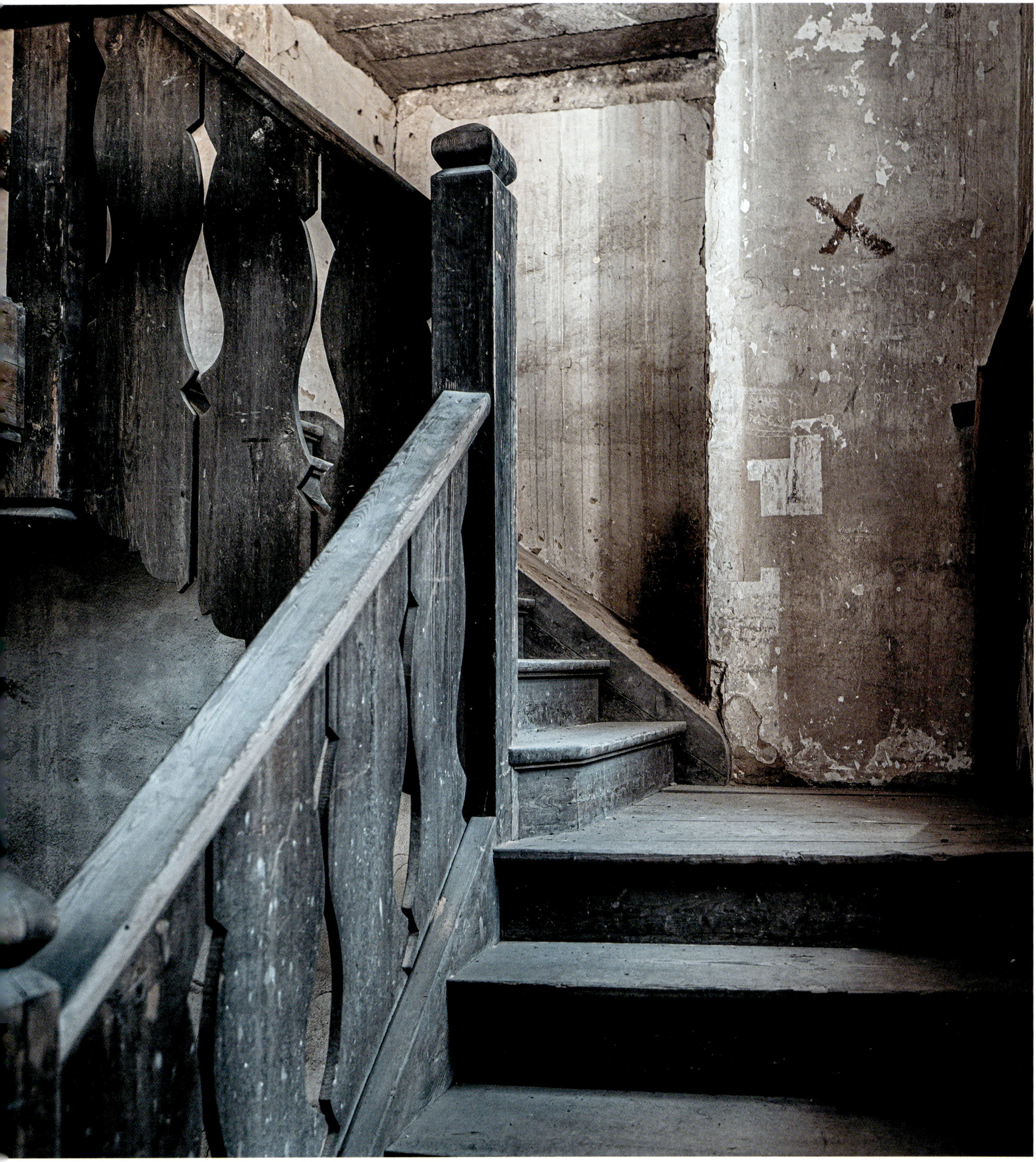

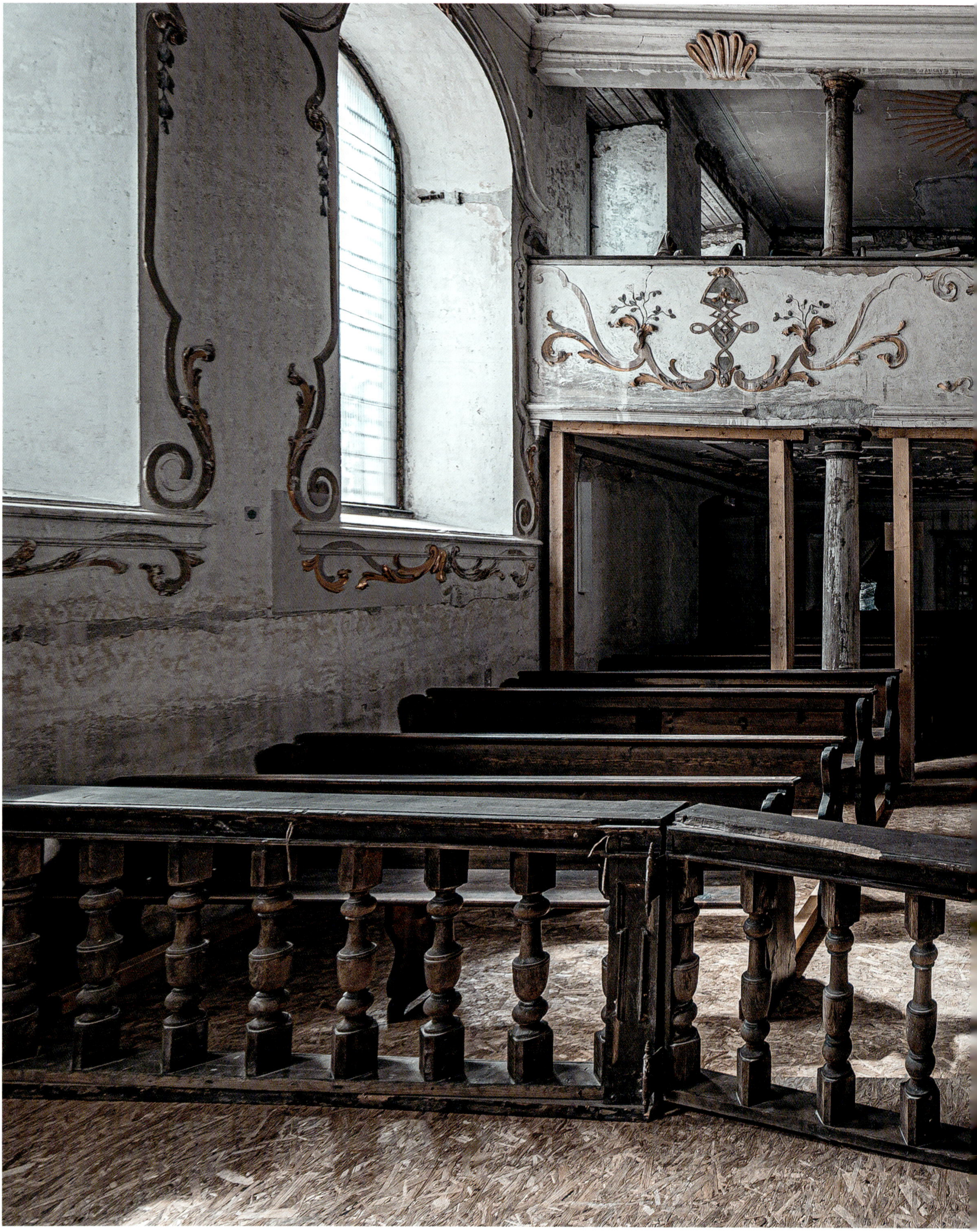

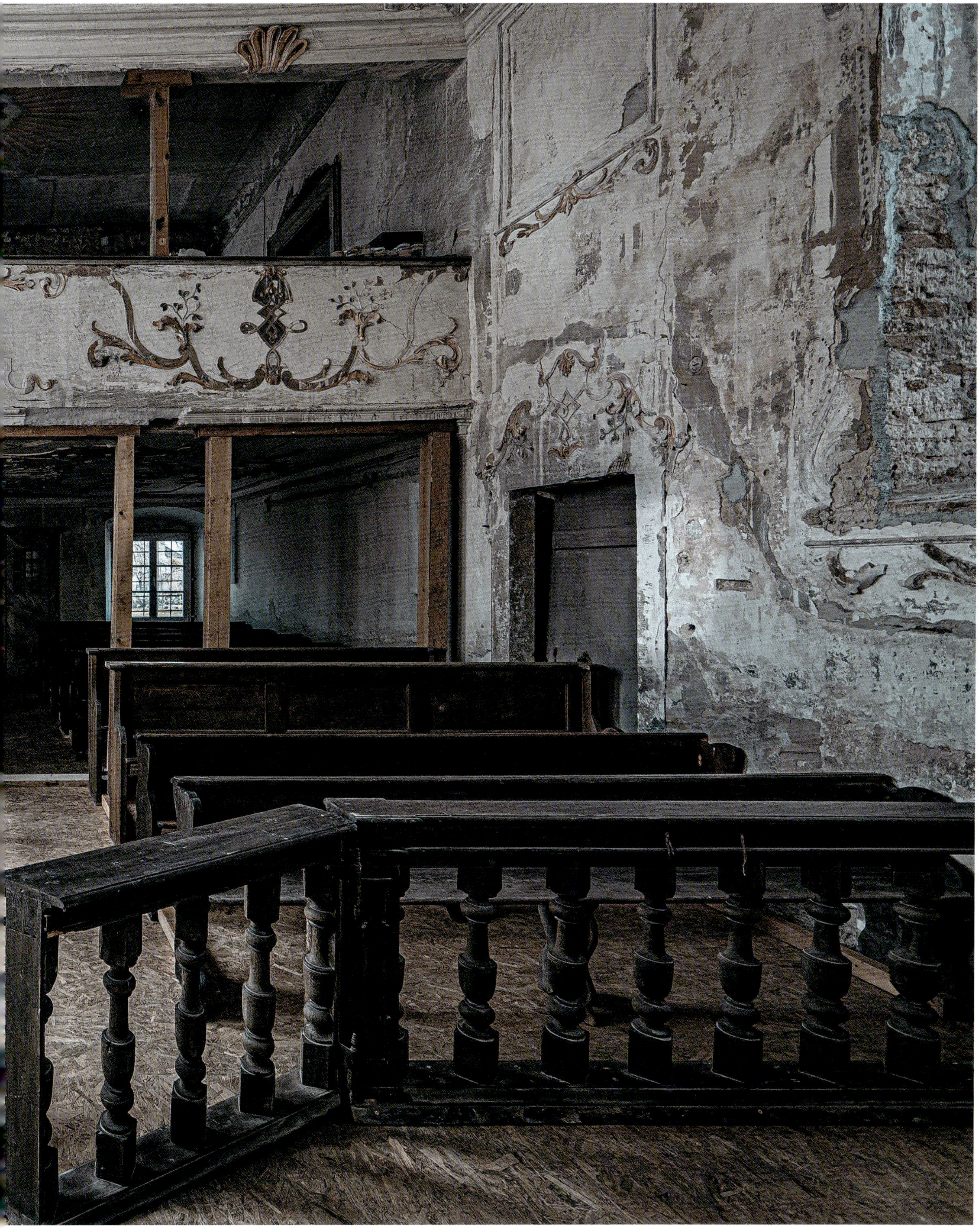

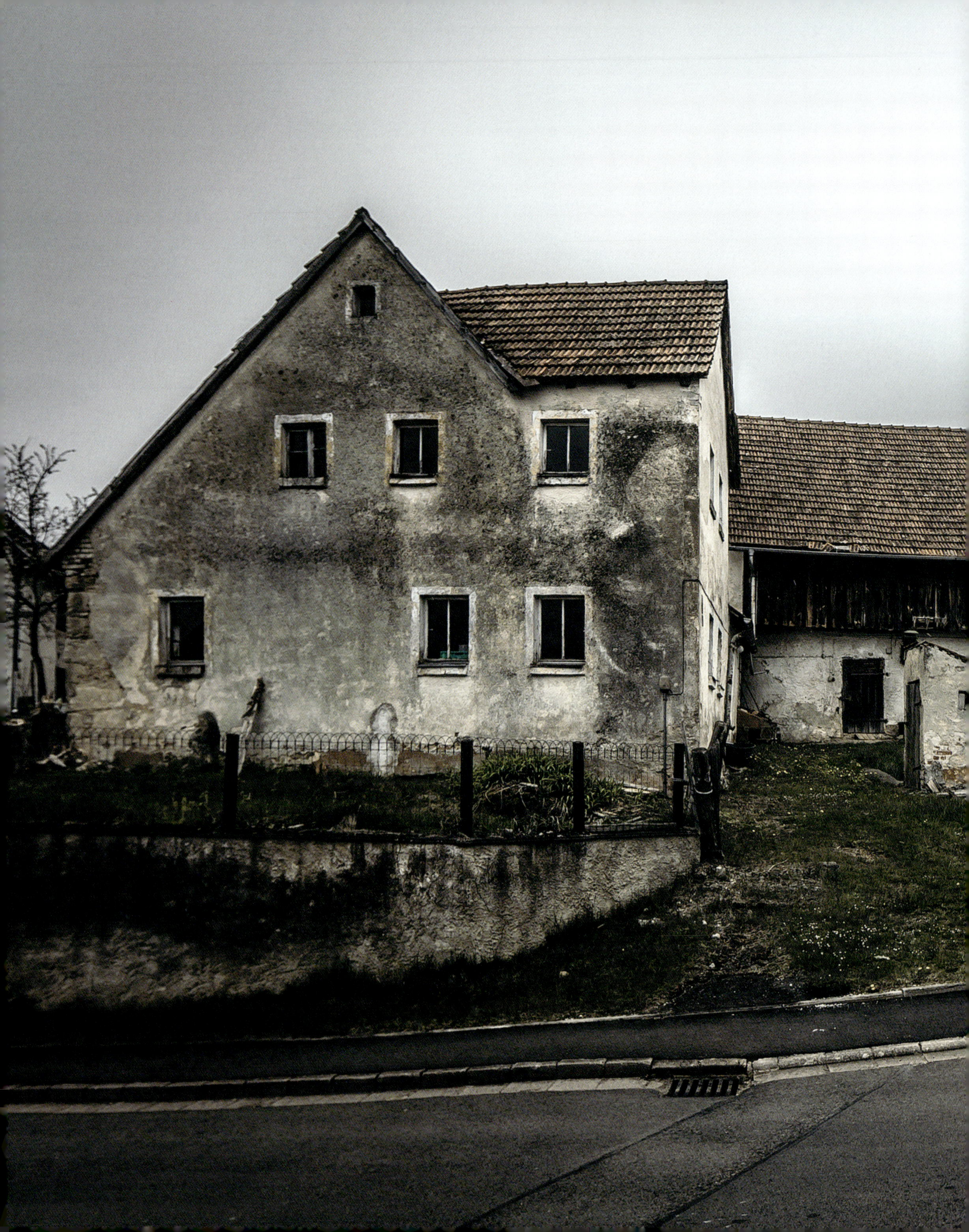

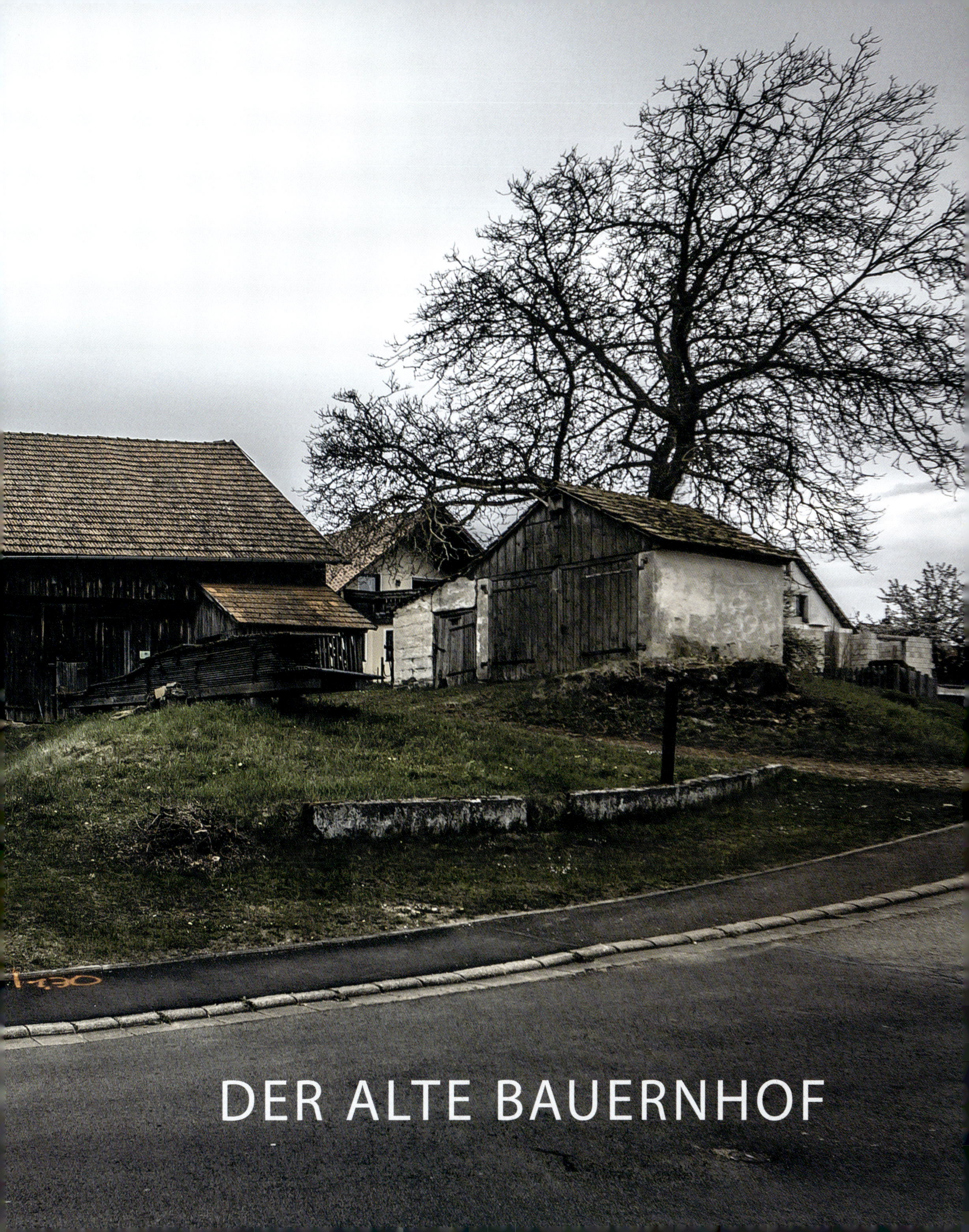

DER ALTE BAUERNHOF

DER ALTE BAUERNHOF

SHORT FACTS

Erkundet: im Frühjahr 2021
Baujahr: Ende des 18. Jahrhunderts
Verlassen seit: Mitte 2016
Noch begehbar: Nein
Denkmalschutz: Nein

Der Bauernhof, der heute inmitten eines stetig wachsenden Dorfes steht, wurde Ende des 18. Jahrhunderts erbaut. Damals befand sich dieser Hof vermutlich allein auf einer leichten Erhebung in herrlicher Landschaft. Das Wohnhaus besteht aus zwei Stockwerken, dessen Räume allesamt sehr klein gehalten sind. Sowohl die Zimmerdecken als auch die Türstöcke sind sehr niedrig und erzeugen ein Gefühl der Enge. Sanitäre Anlagen gab es in Form eines Holzverschlages über einer Grube nur außerhalb des Wohnhauses. Direkt mit dem Haus verbunden war der Stall, in dem je nach Jahreszeit verschiedene Tiere wie Schweine, Kühe, Hühner und Hasen gehalten wurden. Wohnstallhäuser waren weit verbreitet. Trotz Unannehmlichkeiten wie Lärm und Geruch überwogen doch die Vorteile wie die leichtere Erreichbarkeit der Tiere und auch deren Abwärme. Über all die Jahre wurde der Bauernhof stetig verändert, umgebaut und optimiert. Bis Mitte 2016 wurde noch ein kleiner Bereich des Wohnhauses bewohnt.

Sowohl die Zimmerdecken als auch die Türstöcke sind sehr niedrig und erzeugen ein Gefühl der Enge.

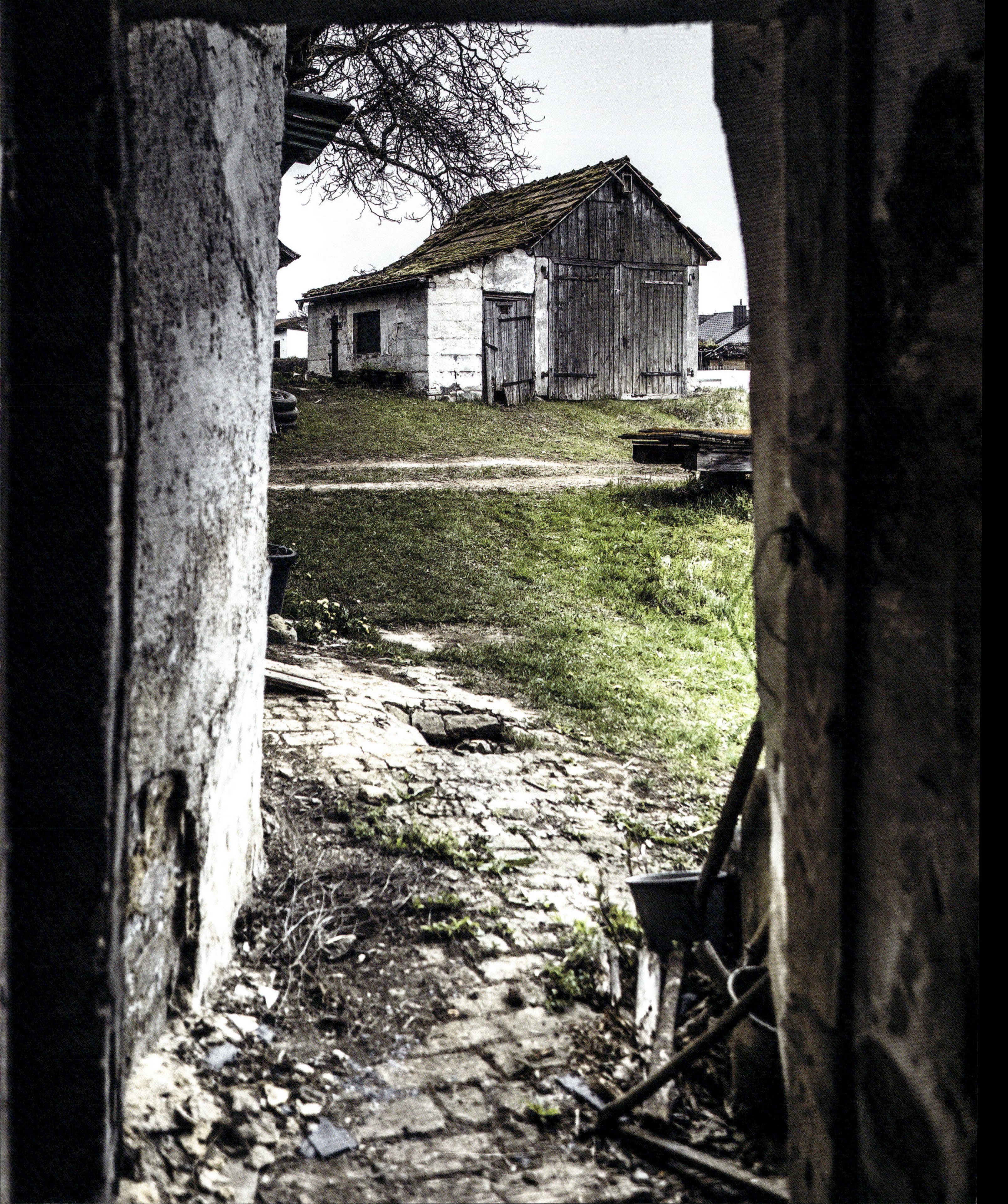

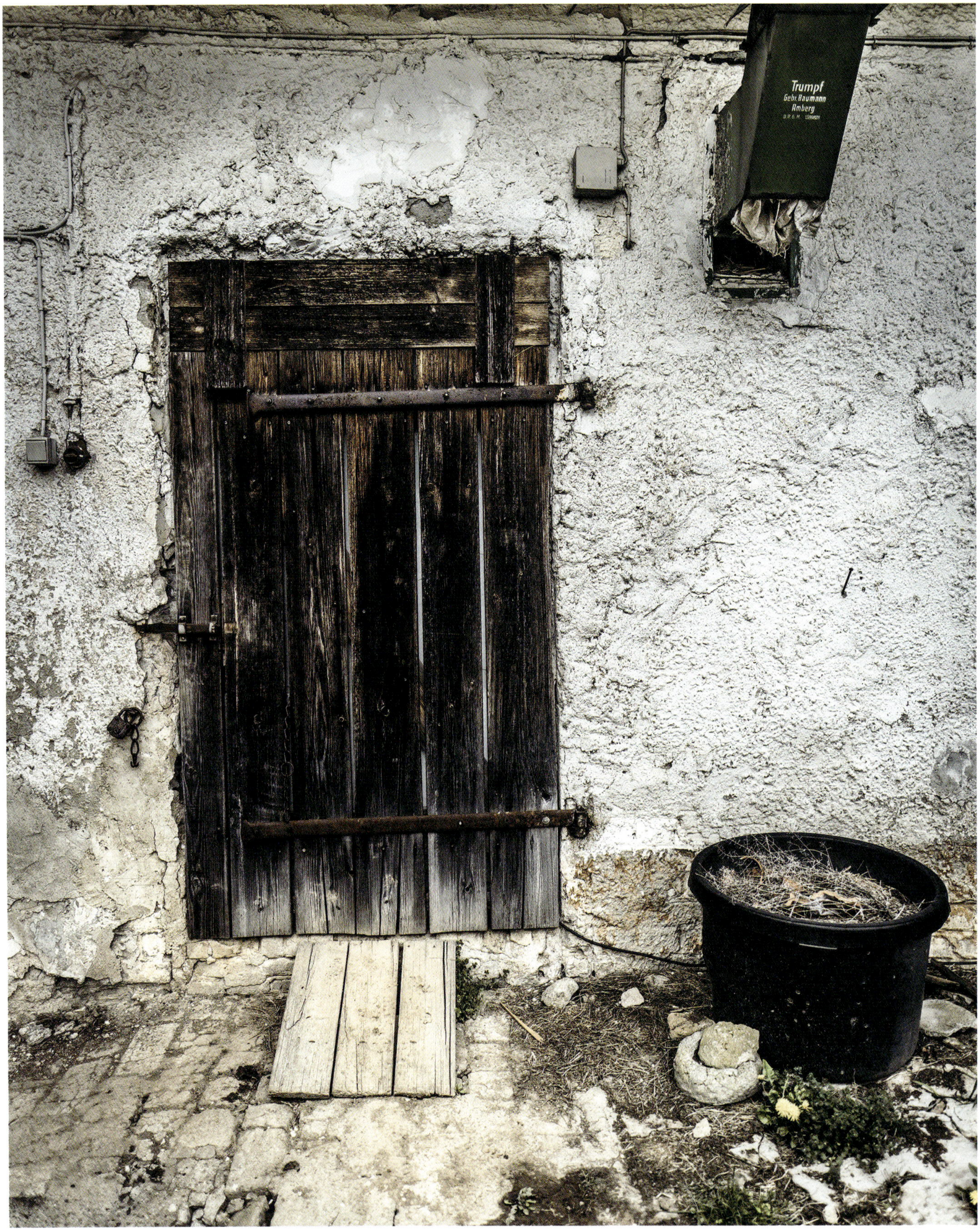
Trumpf
Gebr. Baumann
Amberg

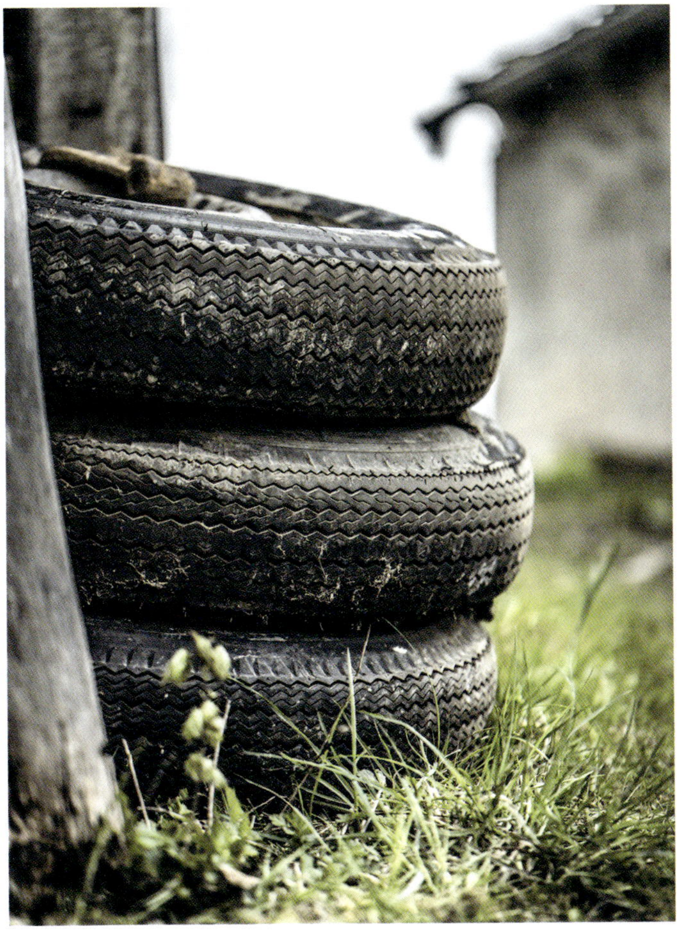
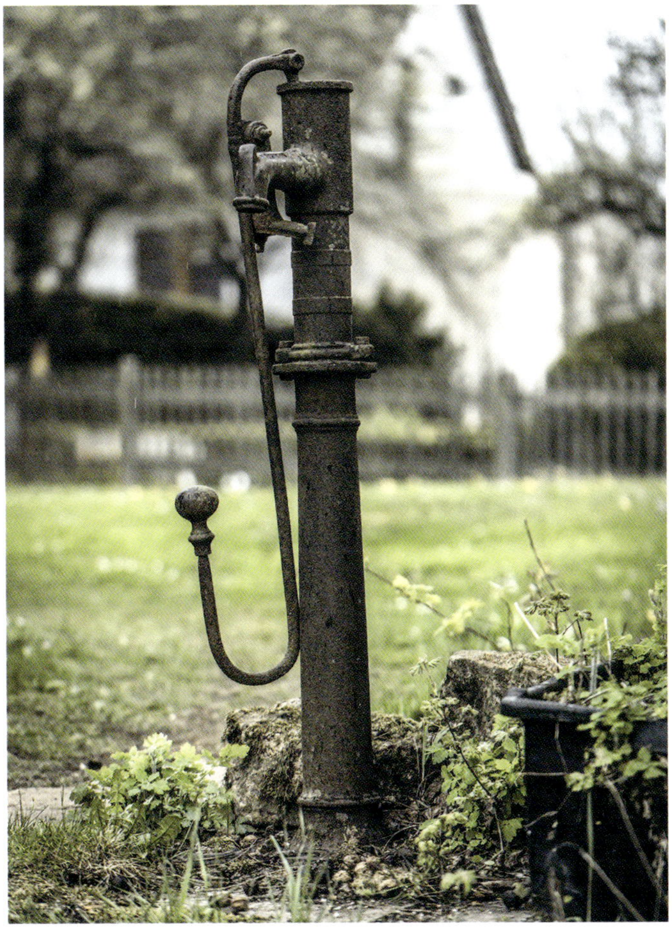
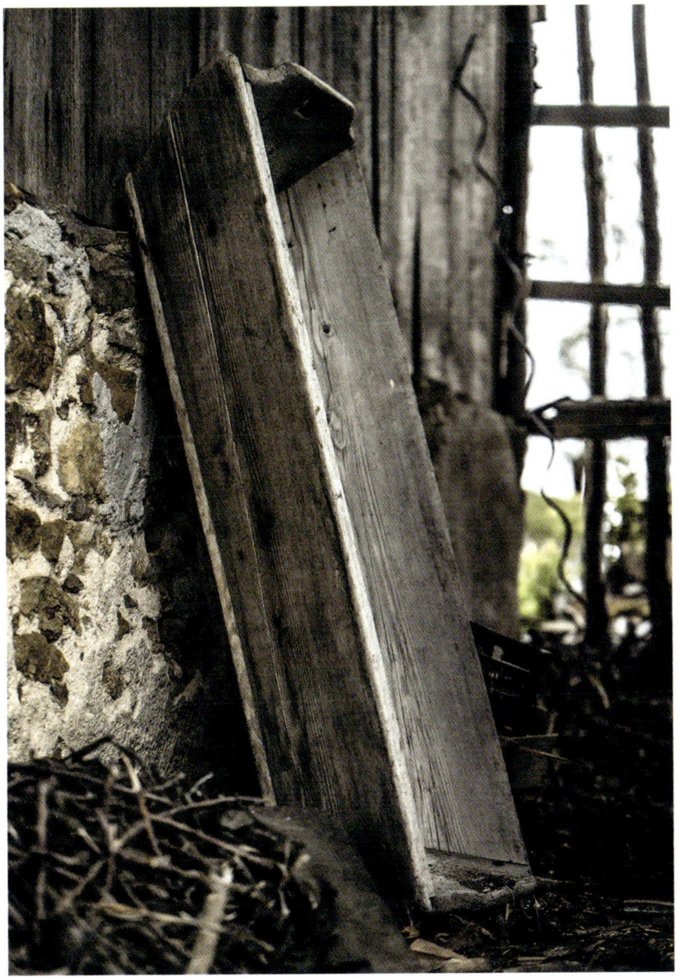
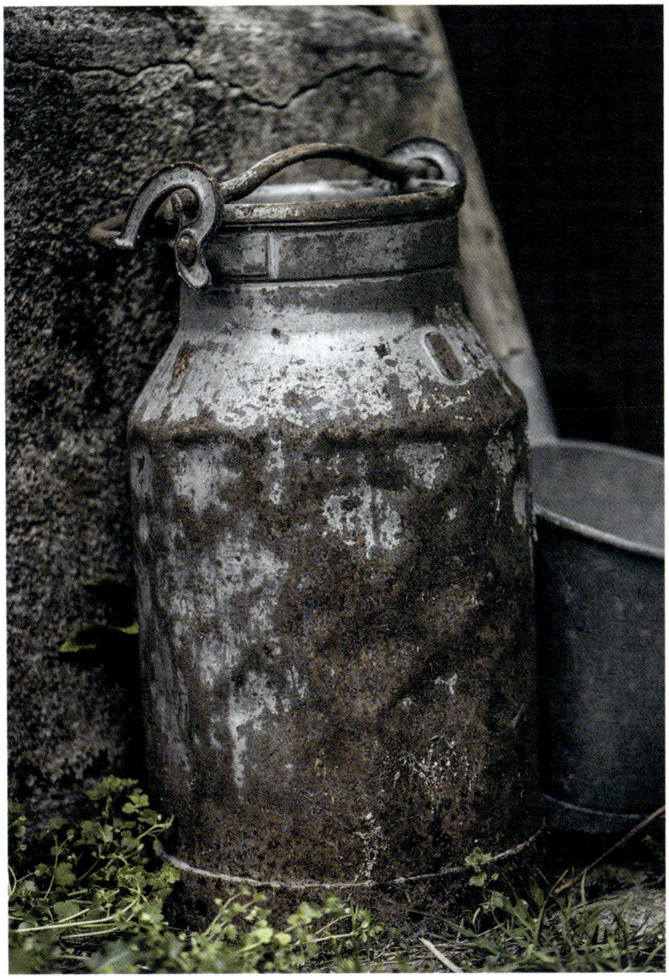

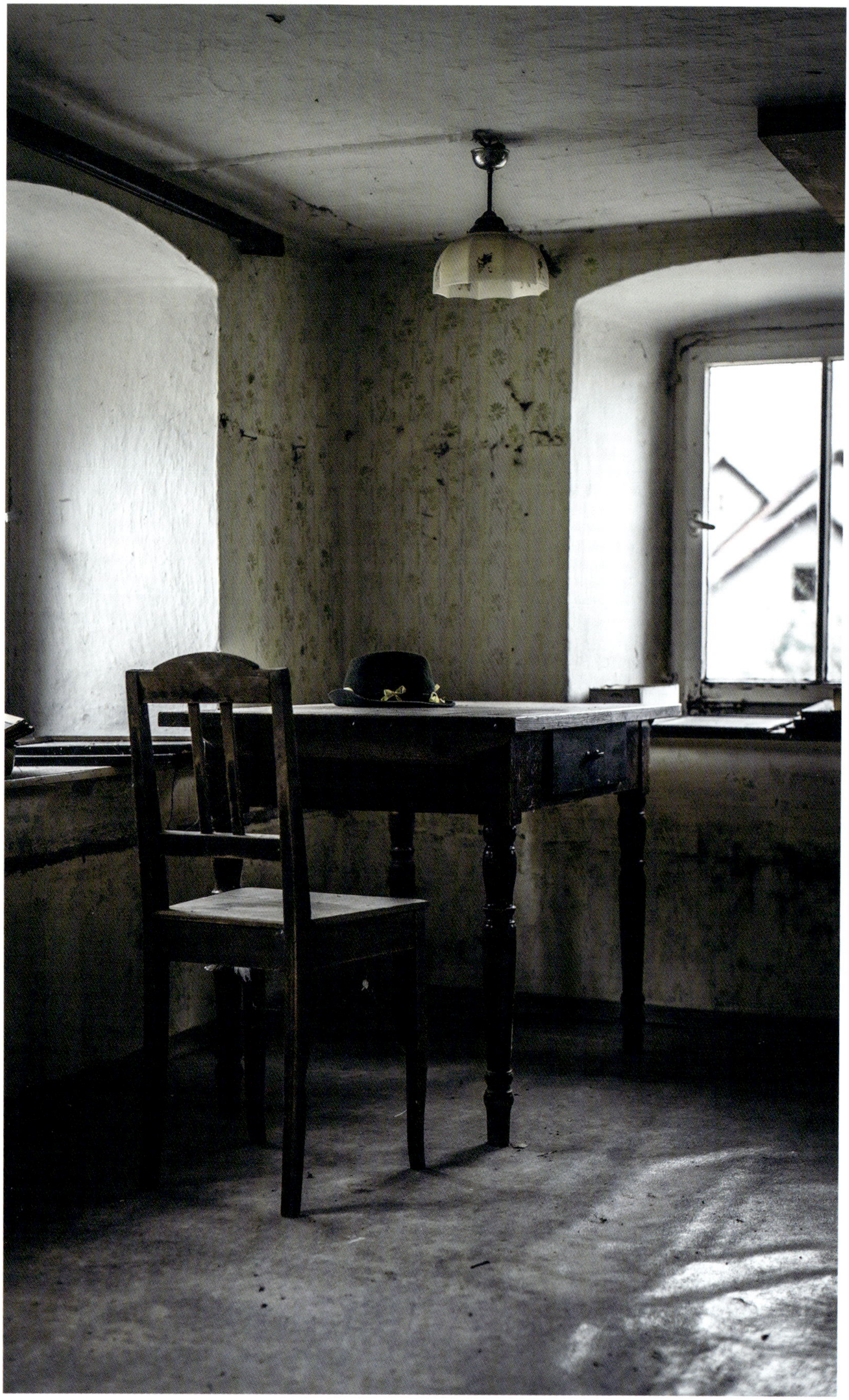

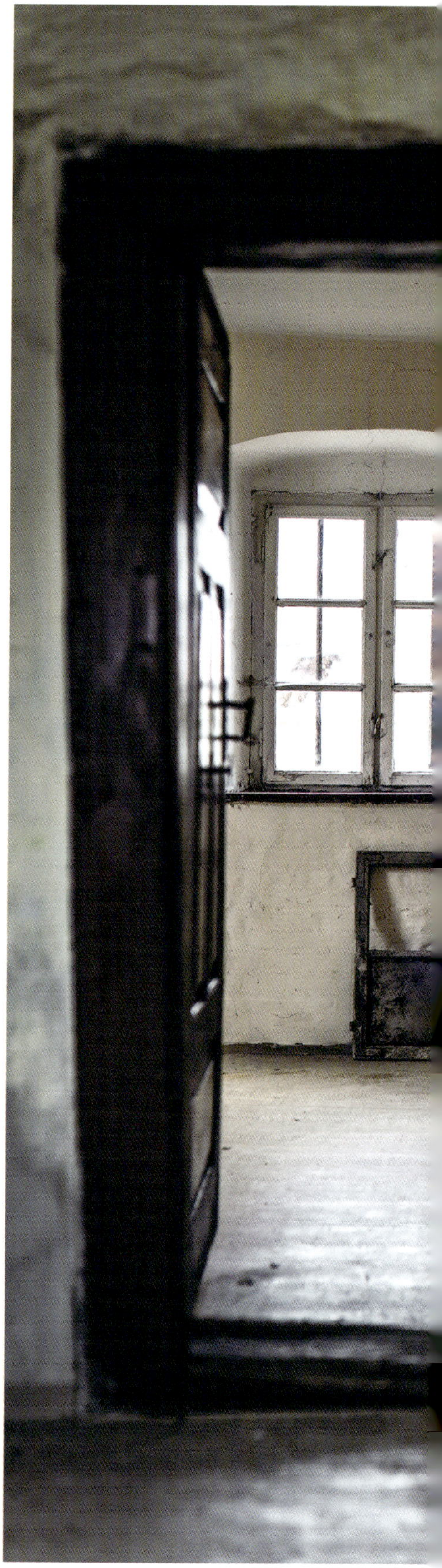

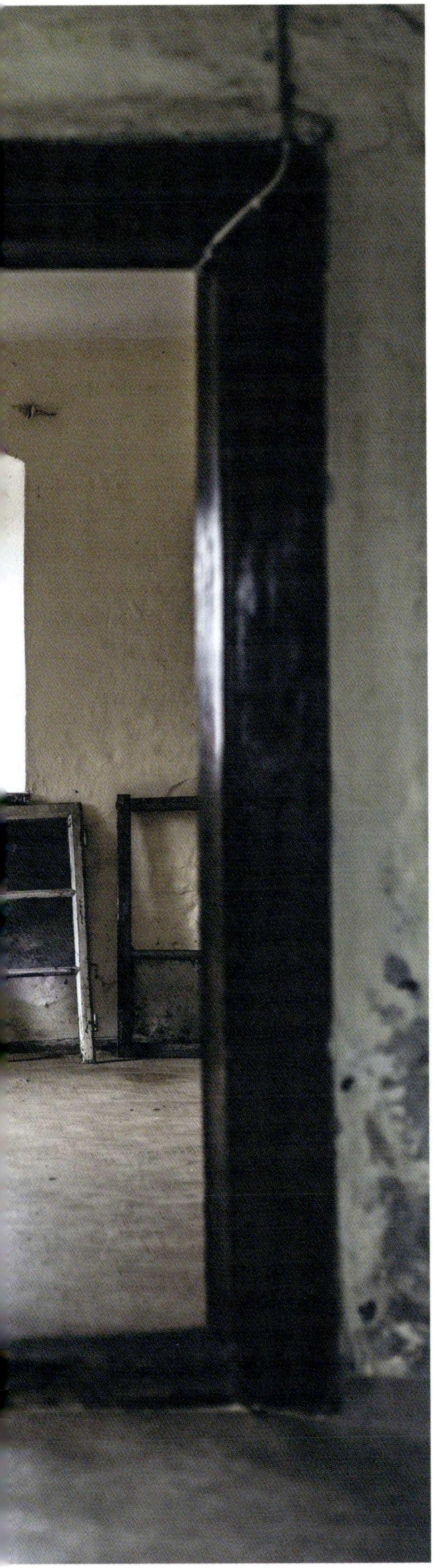

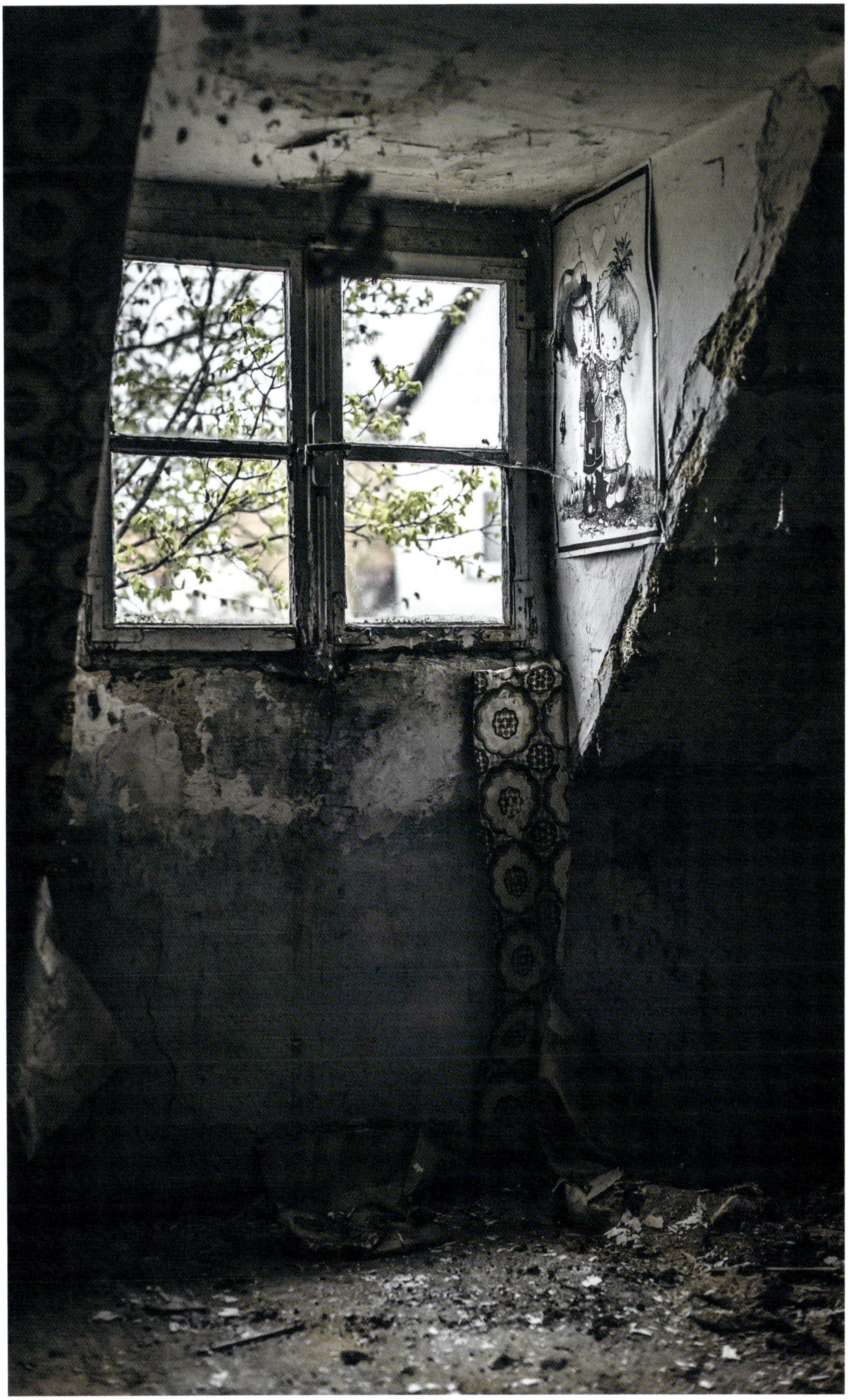

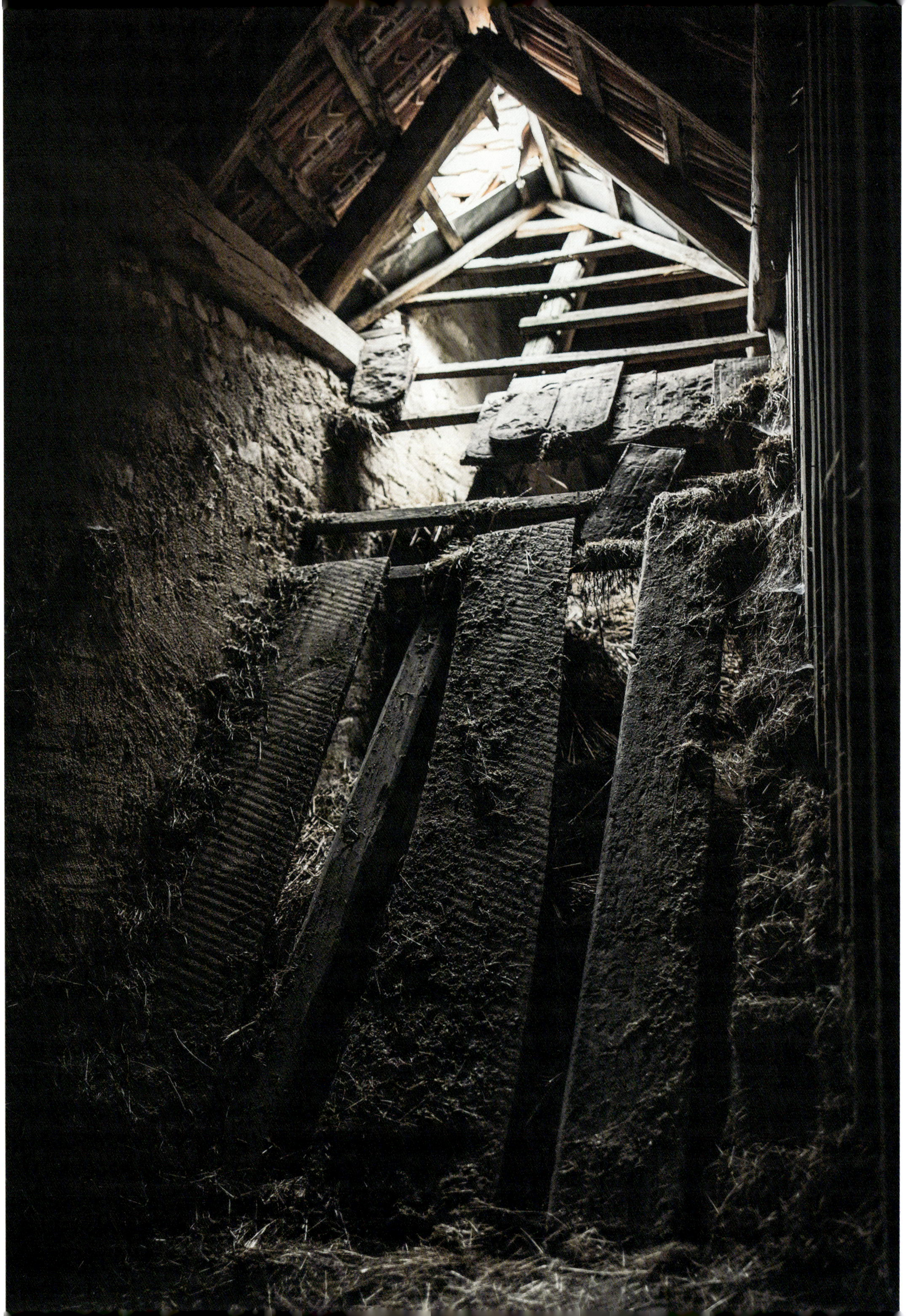

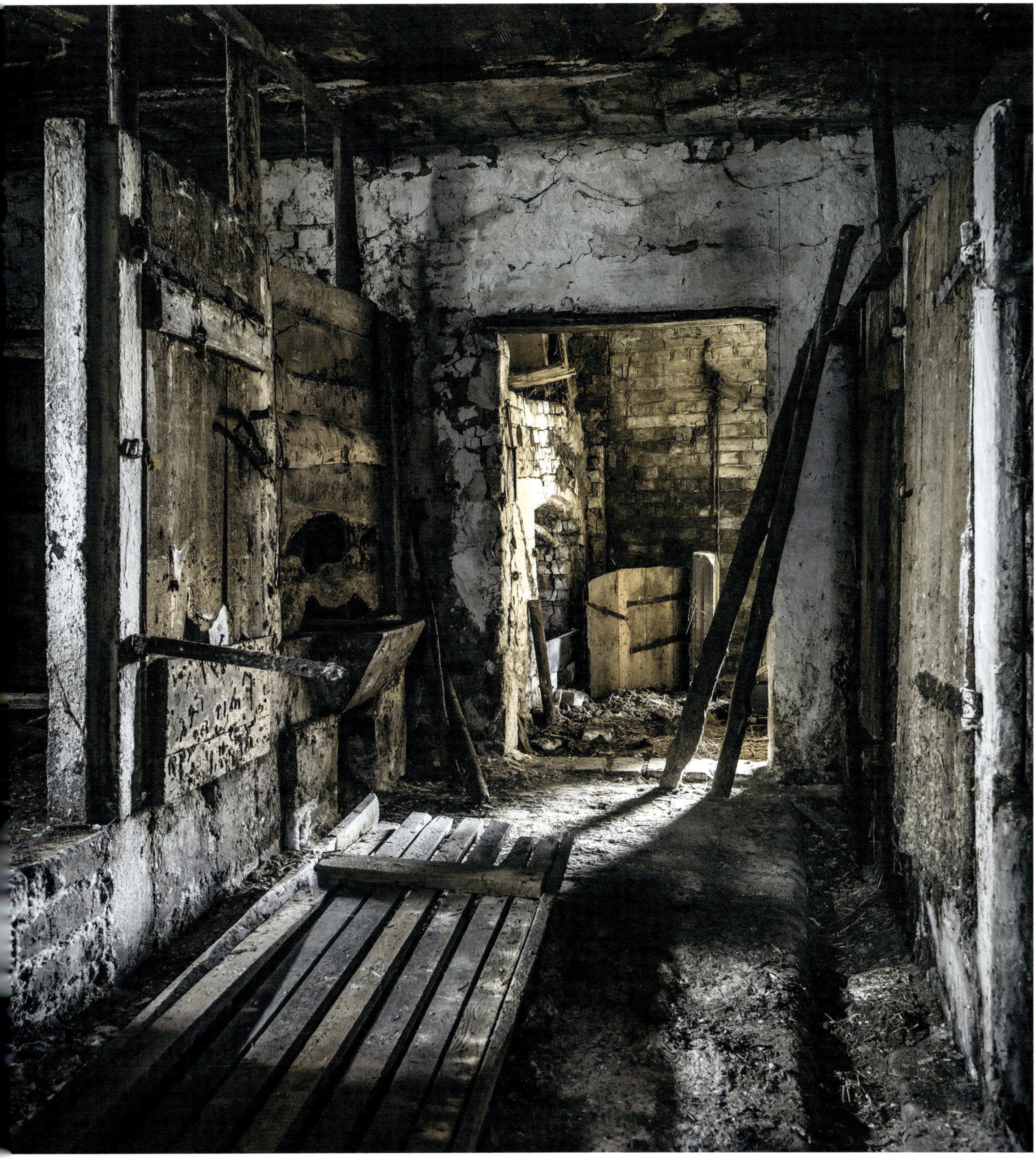

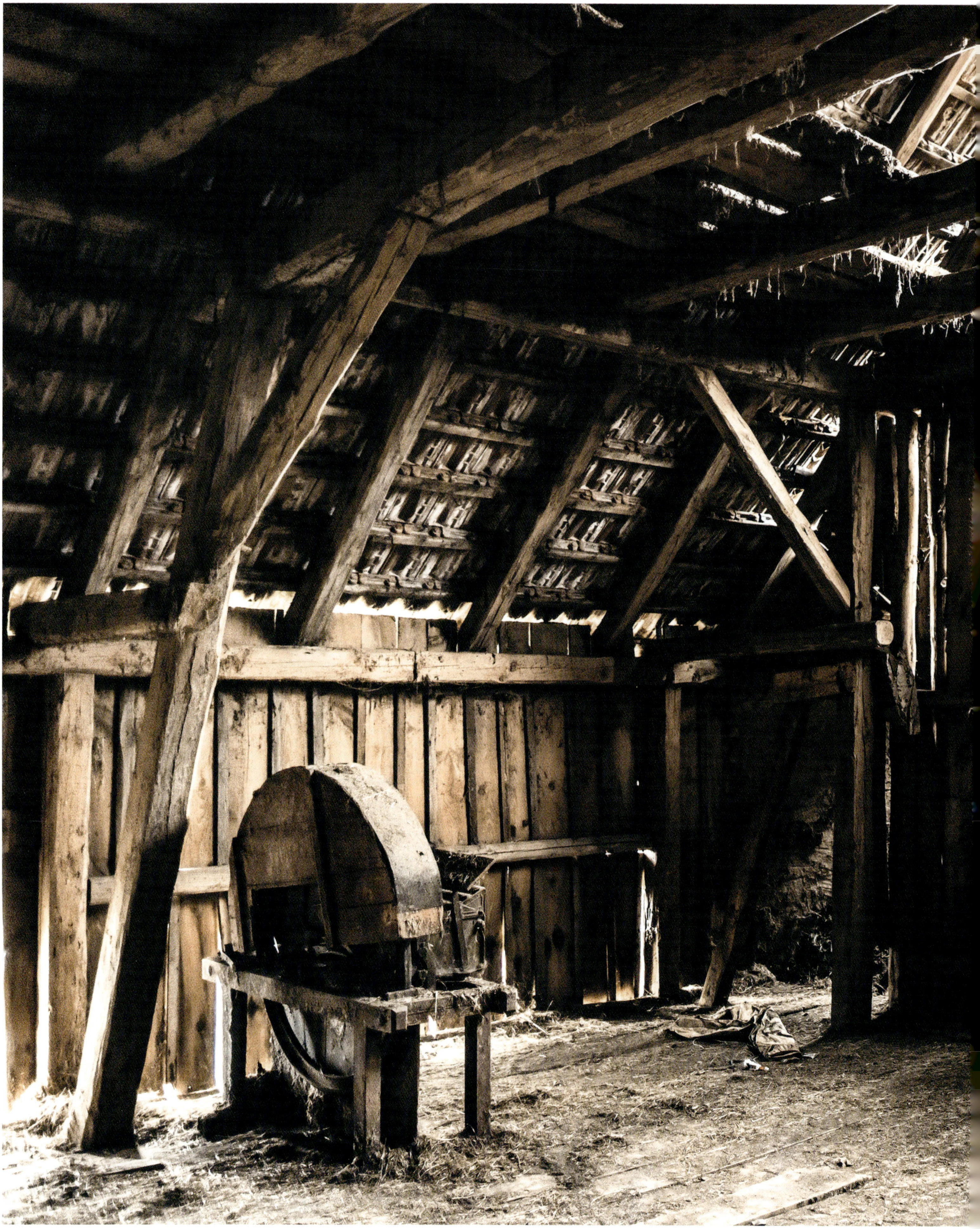

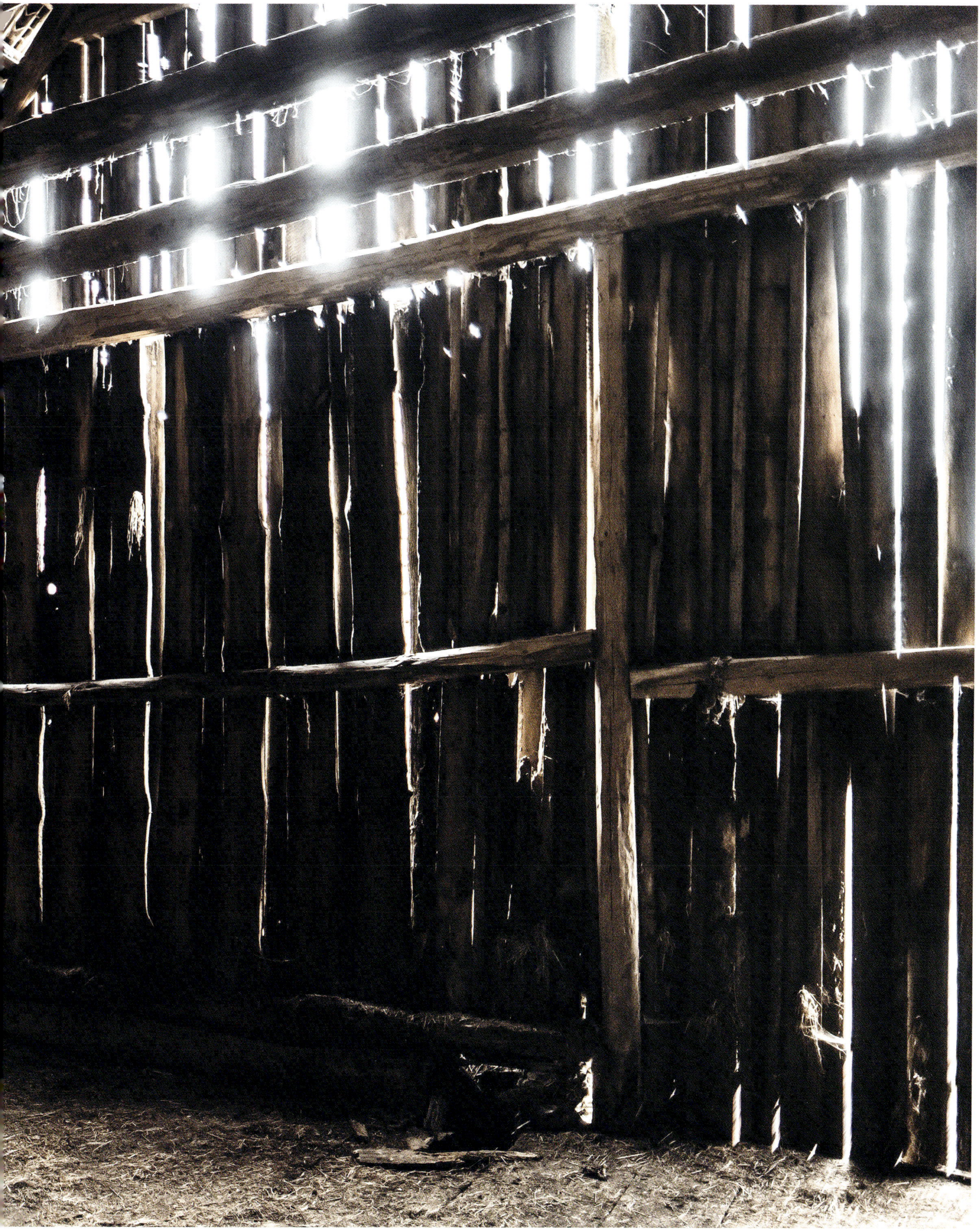

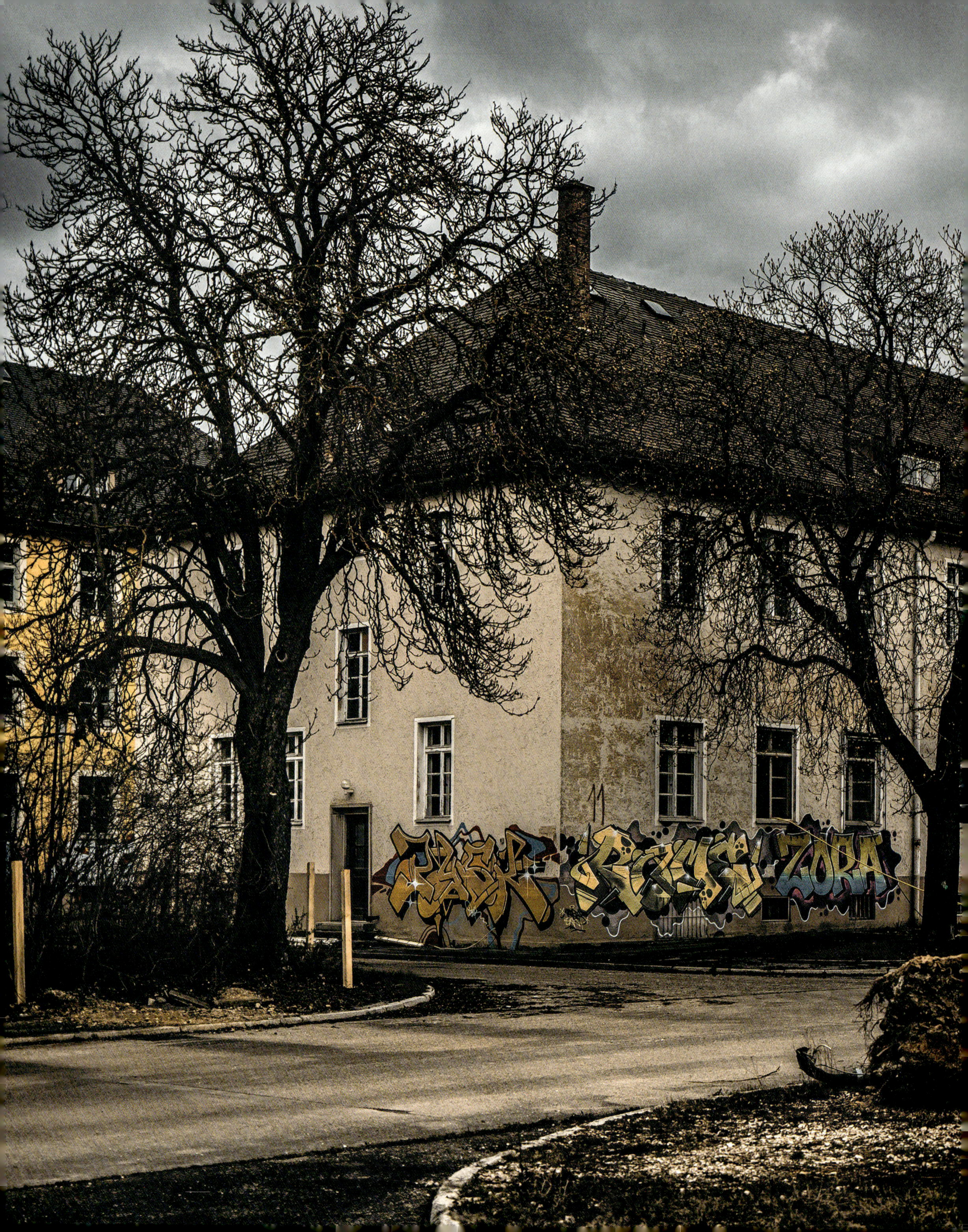
ZORA

DAS VERLASSENE KASERNENGELÄNDE

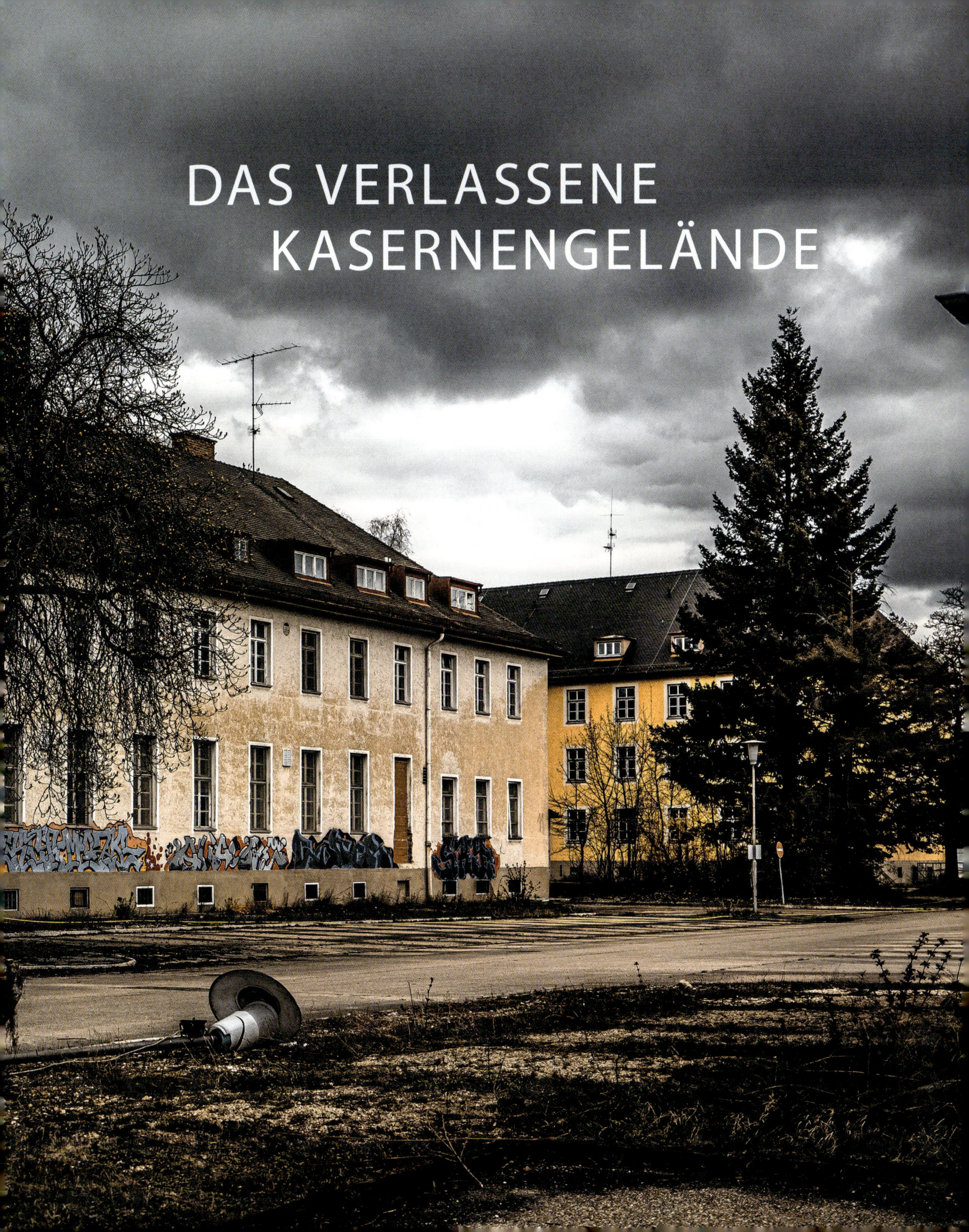

DAS VERLASSENE KASERNENGELÄNDE

SHORT FACTS

Erkundet: im Frühjahr 2021
Baujahr: 1930er-Jahre
Verlassen seit: 2009
Noch begehbar: Nein
Denkmalschutz: Nein

Wo einst Soldaten zum Morgenappell antraten und salutierten, bröckelt mittlerweile seit vielen Jahren der Putz von den alten, durchnässten und schimmligen Wänden. Früher waren hier unzählige Soldaten stationiert, heute ist das ehemalige Kasernengelände leer und verwaist. Erbaut wurde die Kaserne in den 1930er-Jahren im Zuge der Aufrüstung der Wehrmacht. Die Anlage hat eine Größe von über 15 Hektar. Auf dem Gelände befanden sich 37 Gebäude: unter anderem Lehrsäle, zwei Mannschaftsheime, mehrere Unterkunftsgebäude, ein Offizierskasino, eine Ausbildungshalle, eine Sporthalle mit Sportplatz, zwei Kantinen, zwei Tankstellen, eine ABC-Übungshalle, ein Kleinkaliber-Schießstand, ein Sanitätsgebäude, mehrere Instandsetzungshallen, Werkstätten sowie Kammergebäude.

Nach dem Ende des Zweiten Weltkriegs übernahm zunächst die US-Armee das Gelände. Später ging es an die Bundeswehr und wurde bis 2009 als Standort für verschiedene Logistikeinheiten genutzt. Die US-Armee betrieb hier zu den Hochzeiten des KFOR-Einsatzes ein Convoi-Support-Center. Verschiedenste Materialien wurden aus den USA über Rammstein eingeflogen und auf dem Landweg als Schwertransporte in den Kosovo befördert. Hier an der Kaserne war ein Zwischenstopp, der vor allem als Möglichkeit zu schlafen, zu tanken und für dringende Wartungsarbeiten diente.

Wo einst Soldaten zum Morgenappell antraten und salutierten, bröckelt mittlerweile seit vielen Jahren der Putz von den alten, durchnässten und schimmligen Wänden.

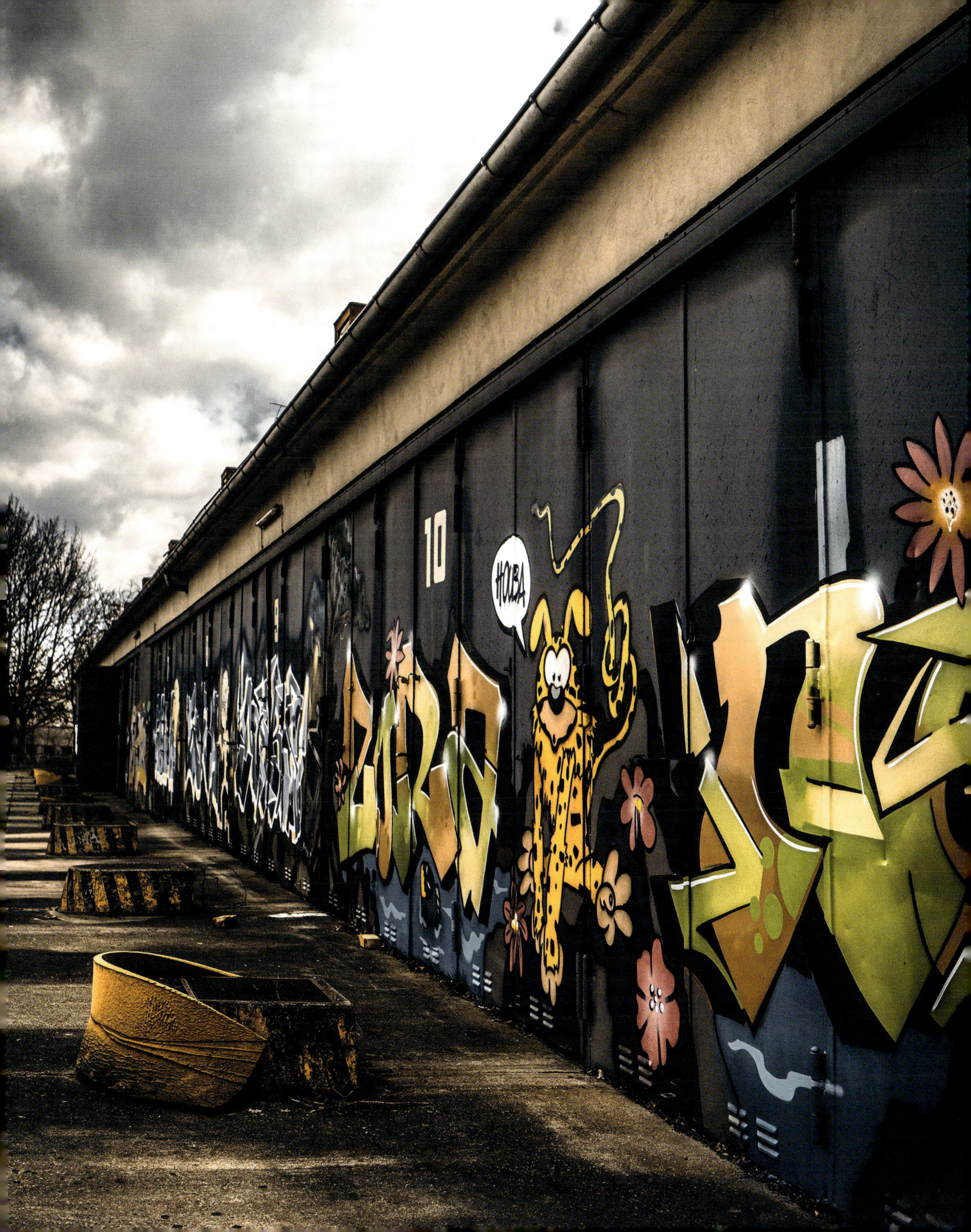
10
HOUBA

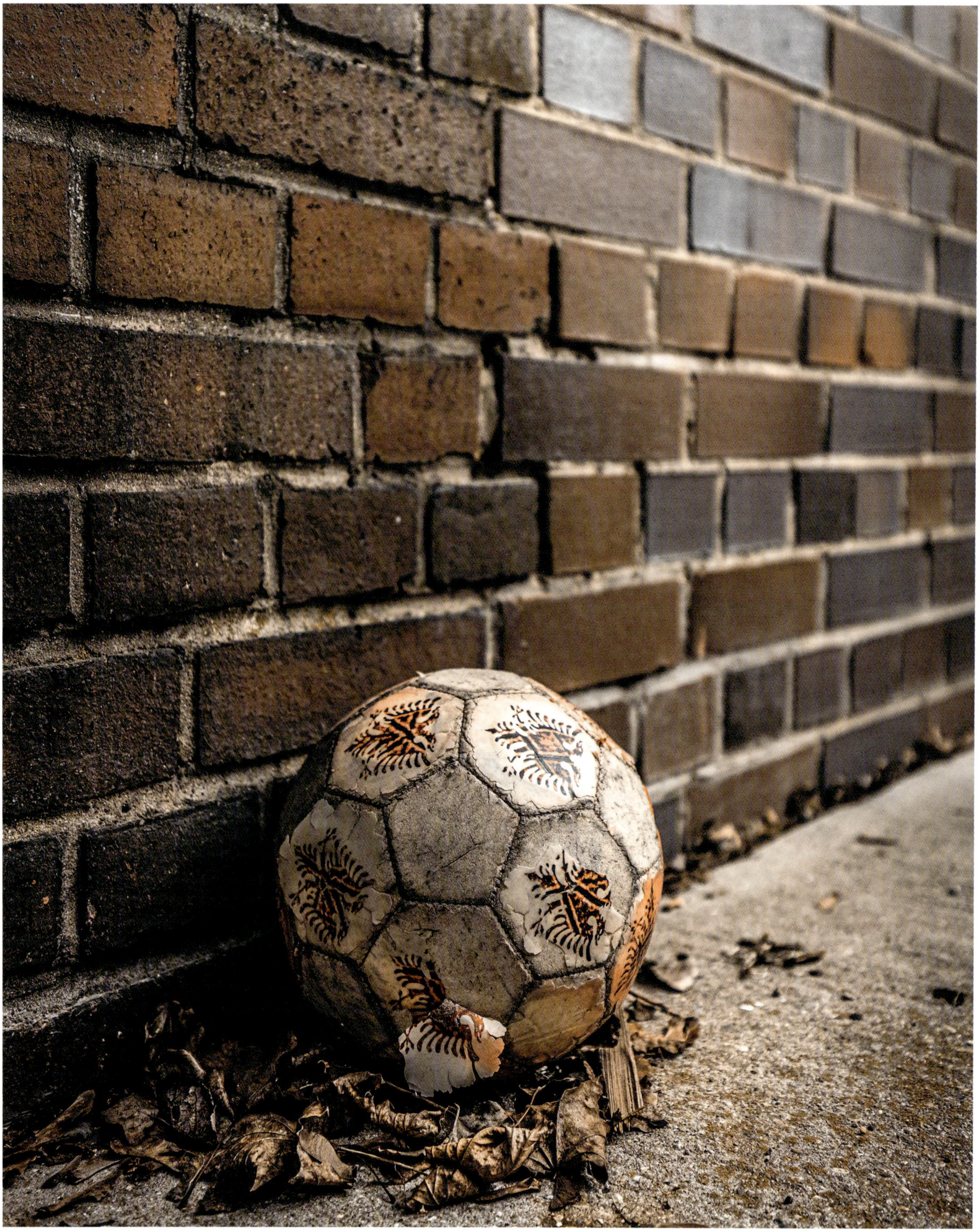

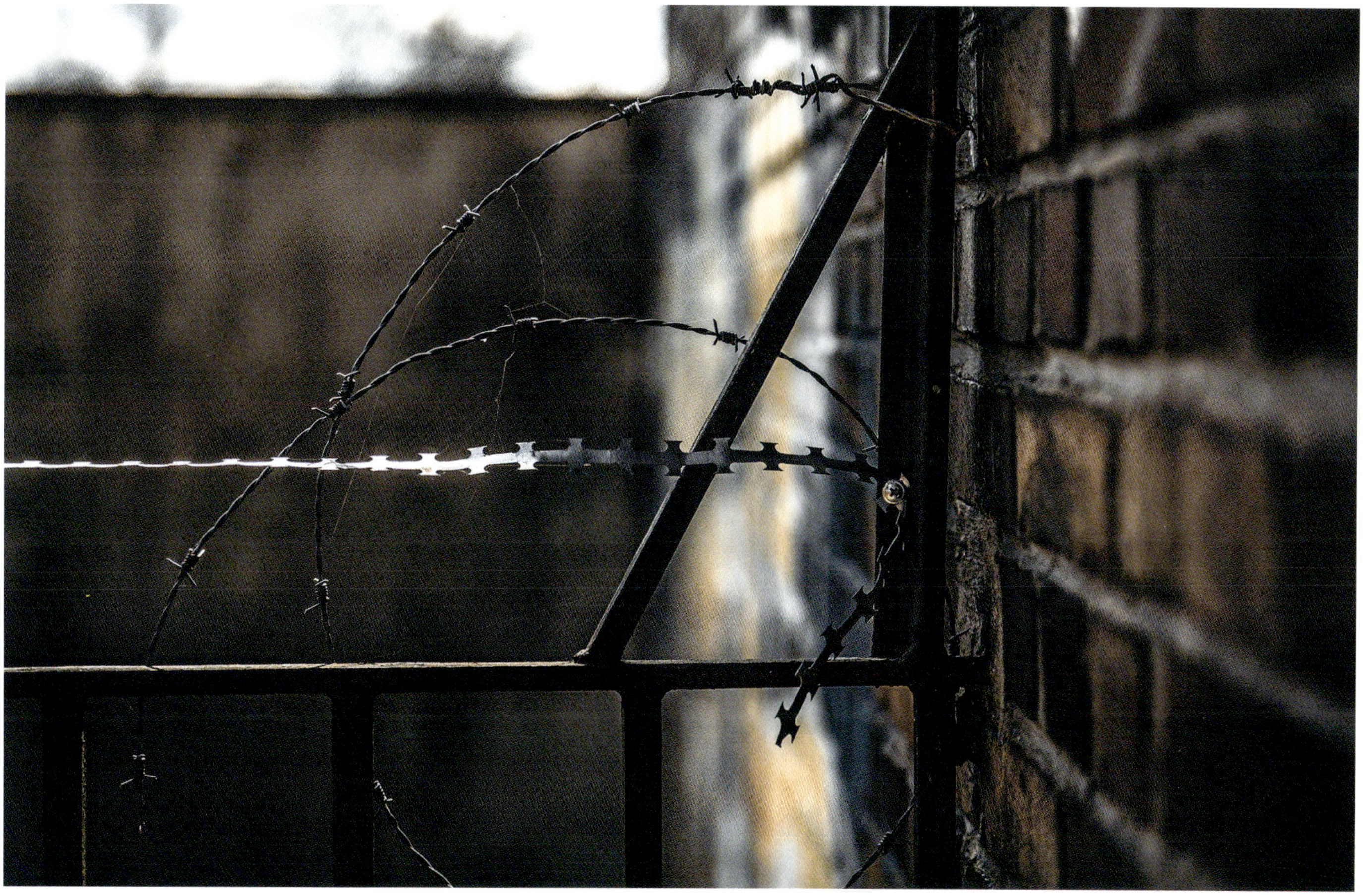

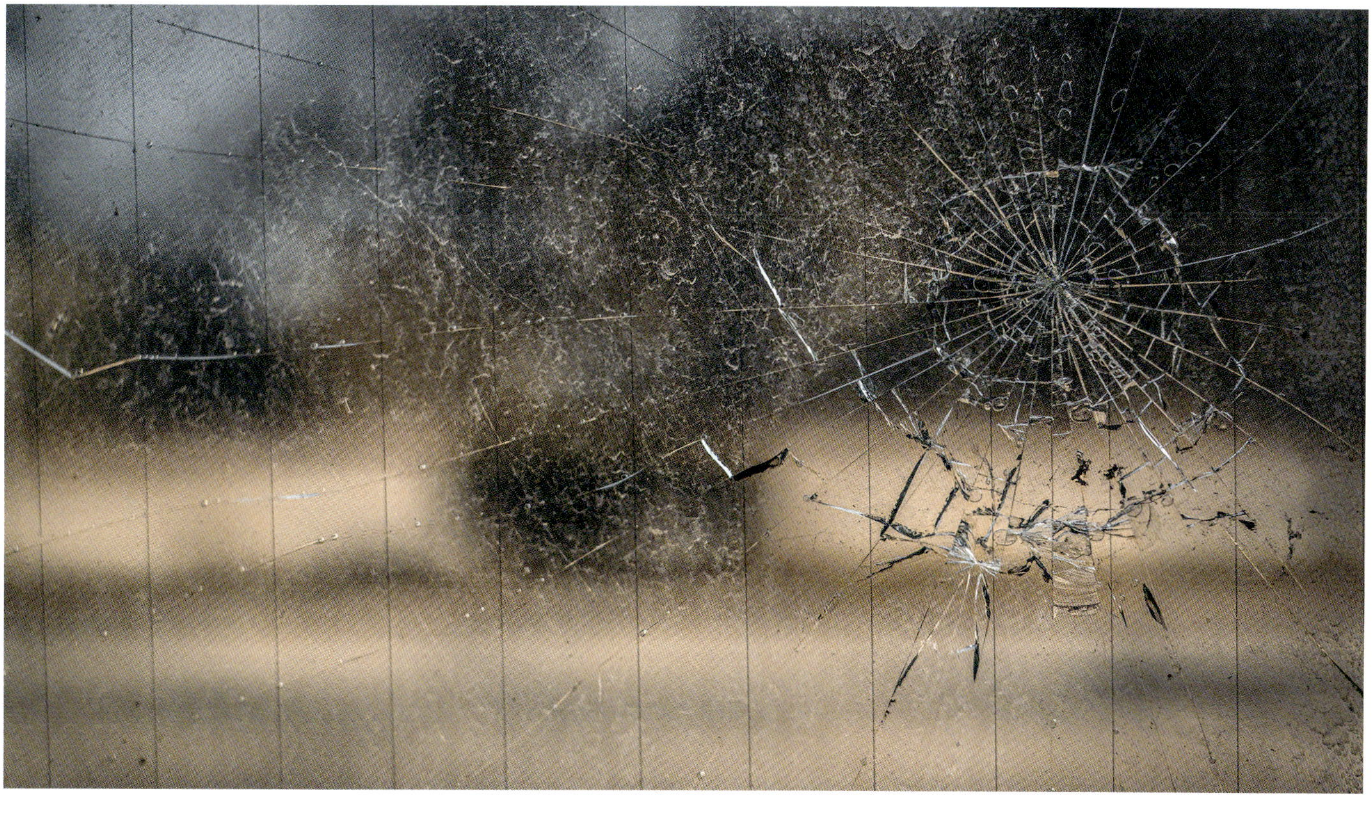

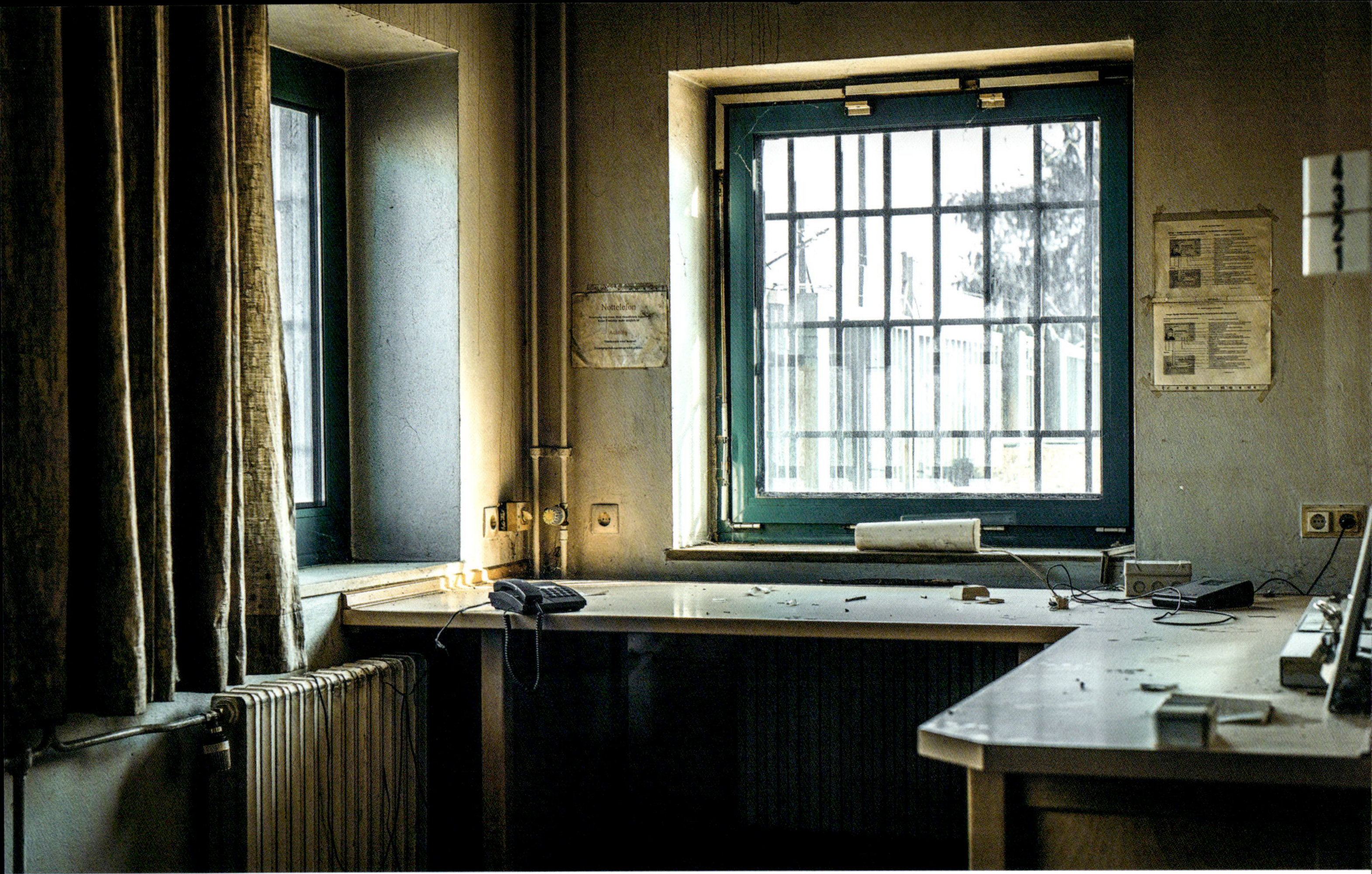

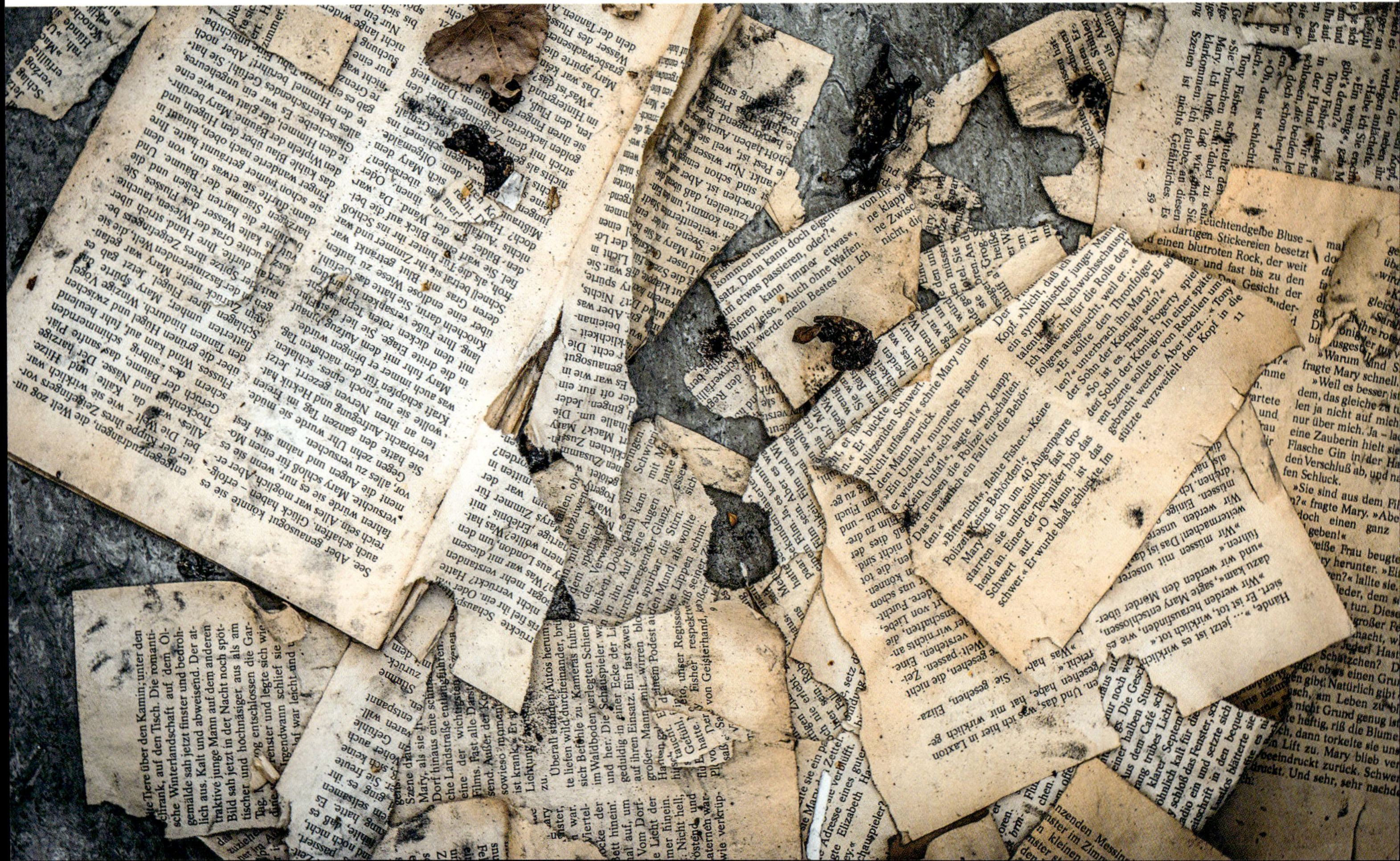

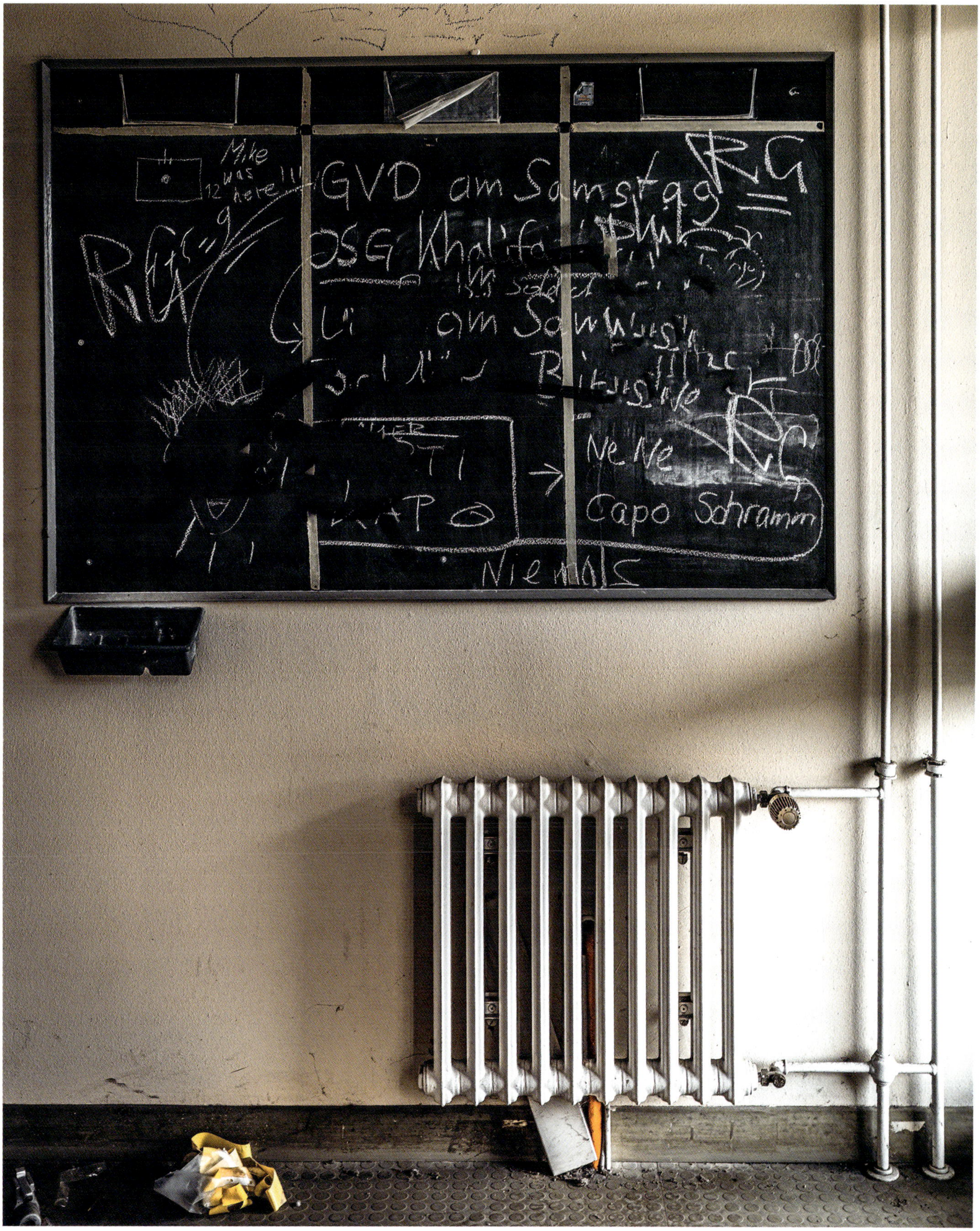
Mike was here!!!
GVD am Samstag
RG
Ne Ne
Capo Schramm
Niemals

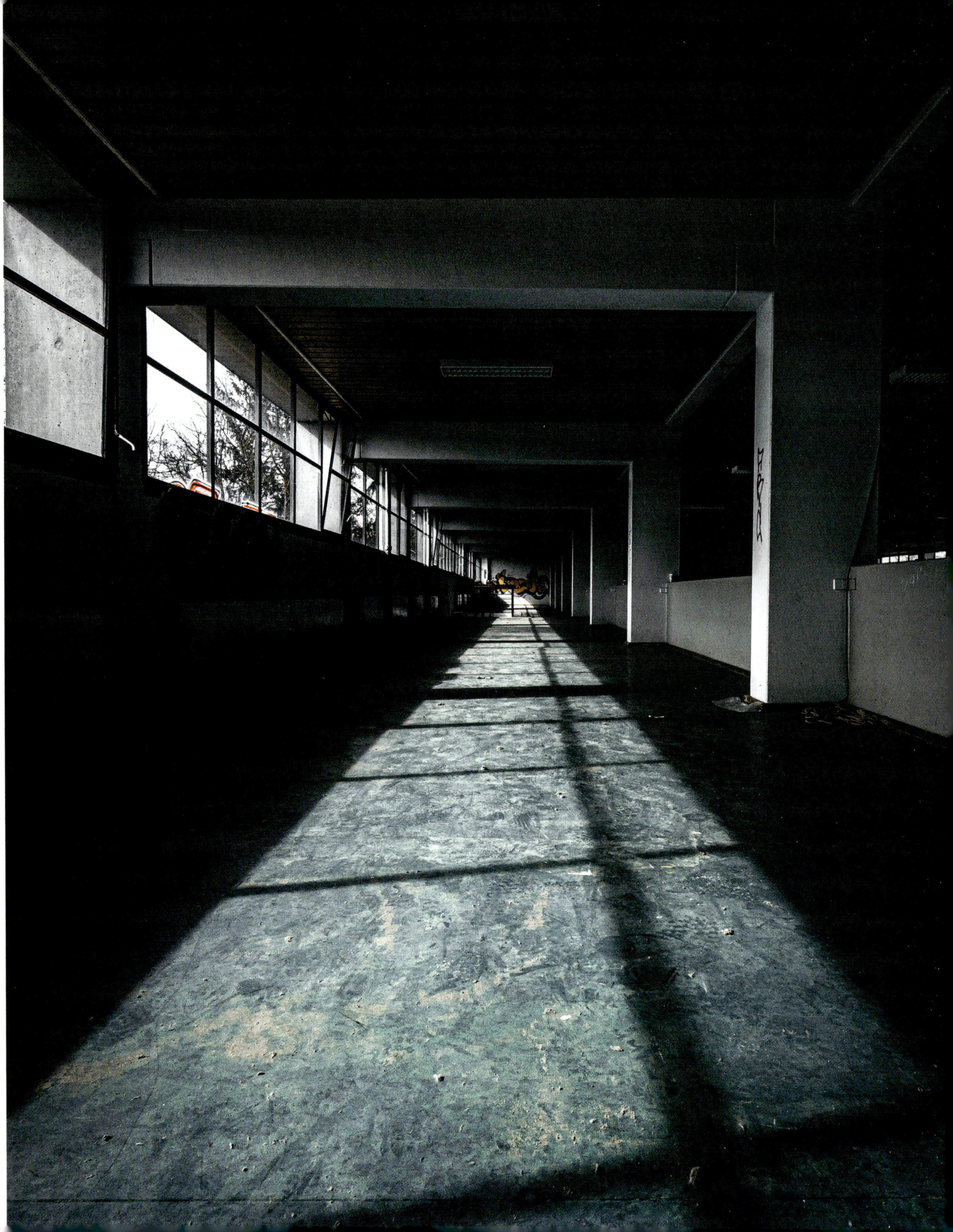

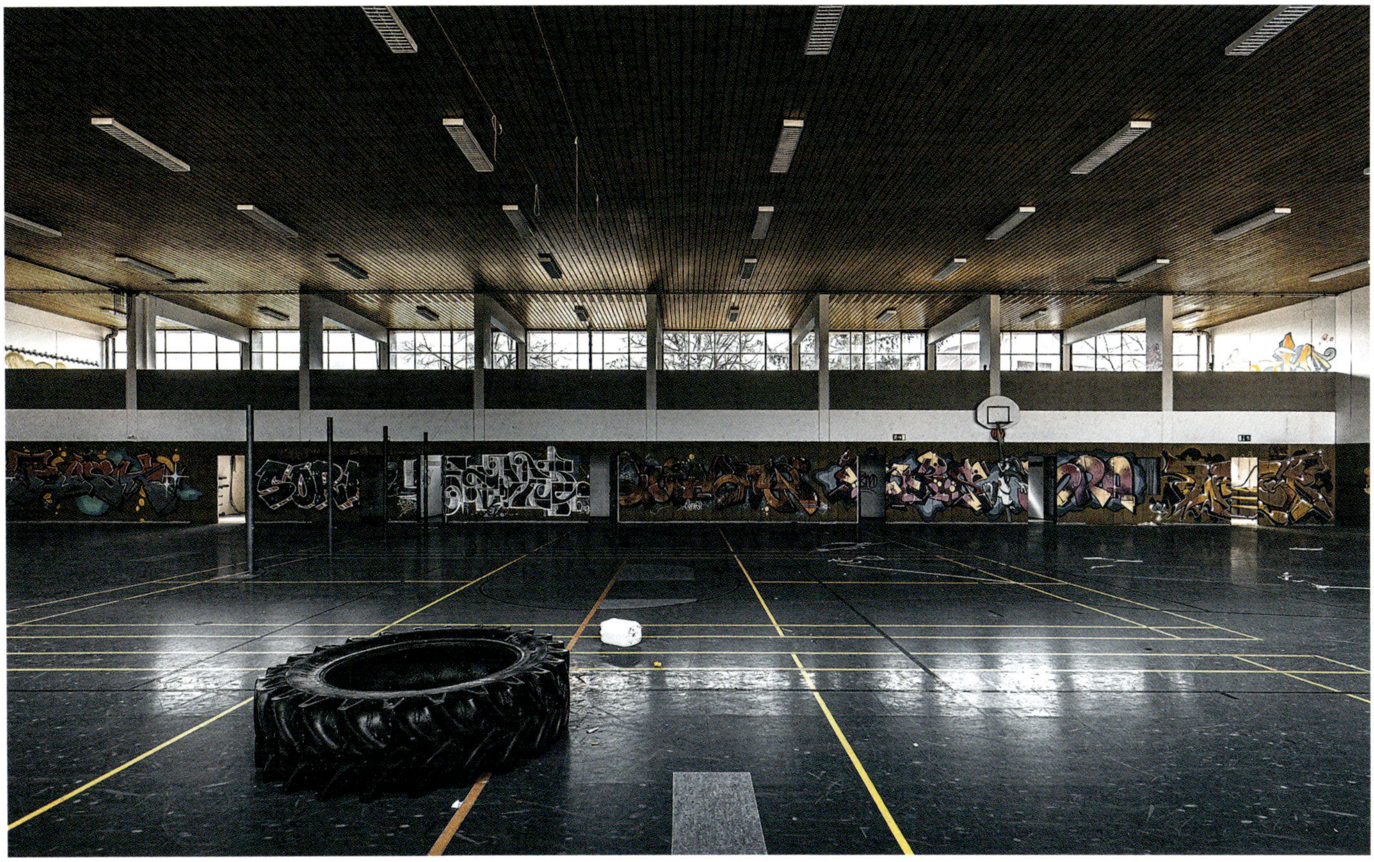

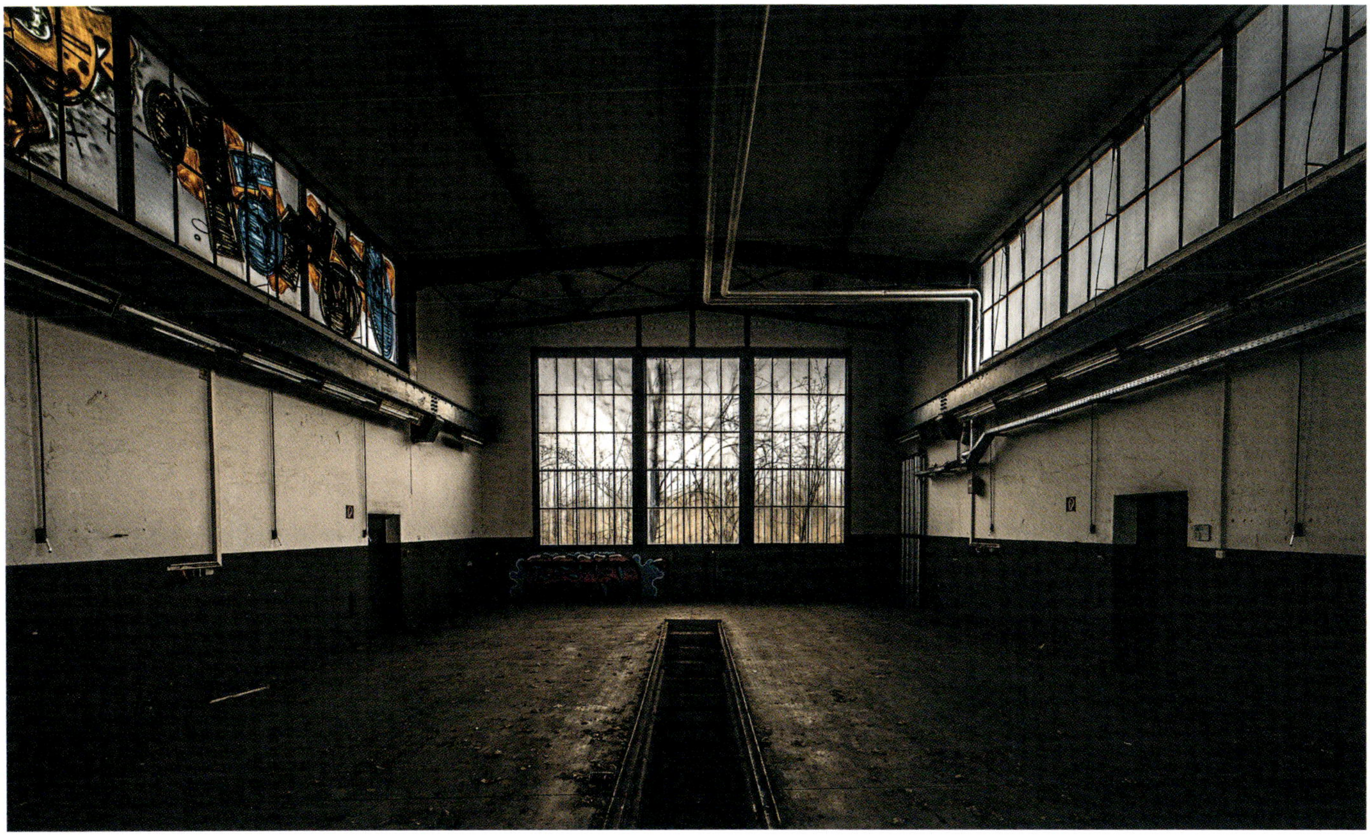

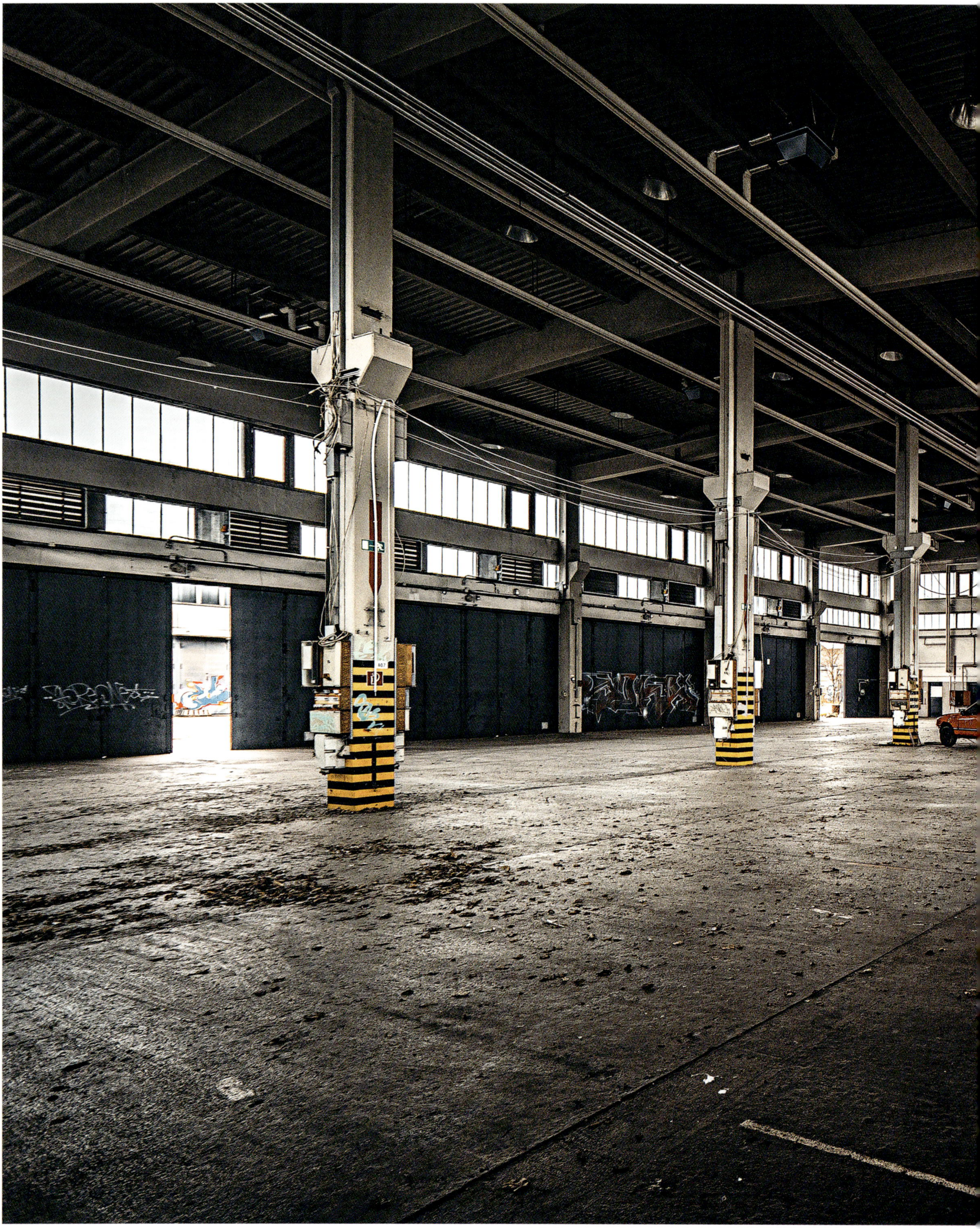

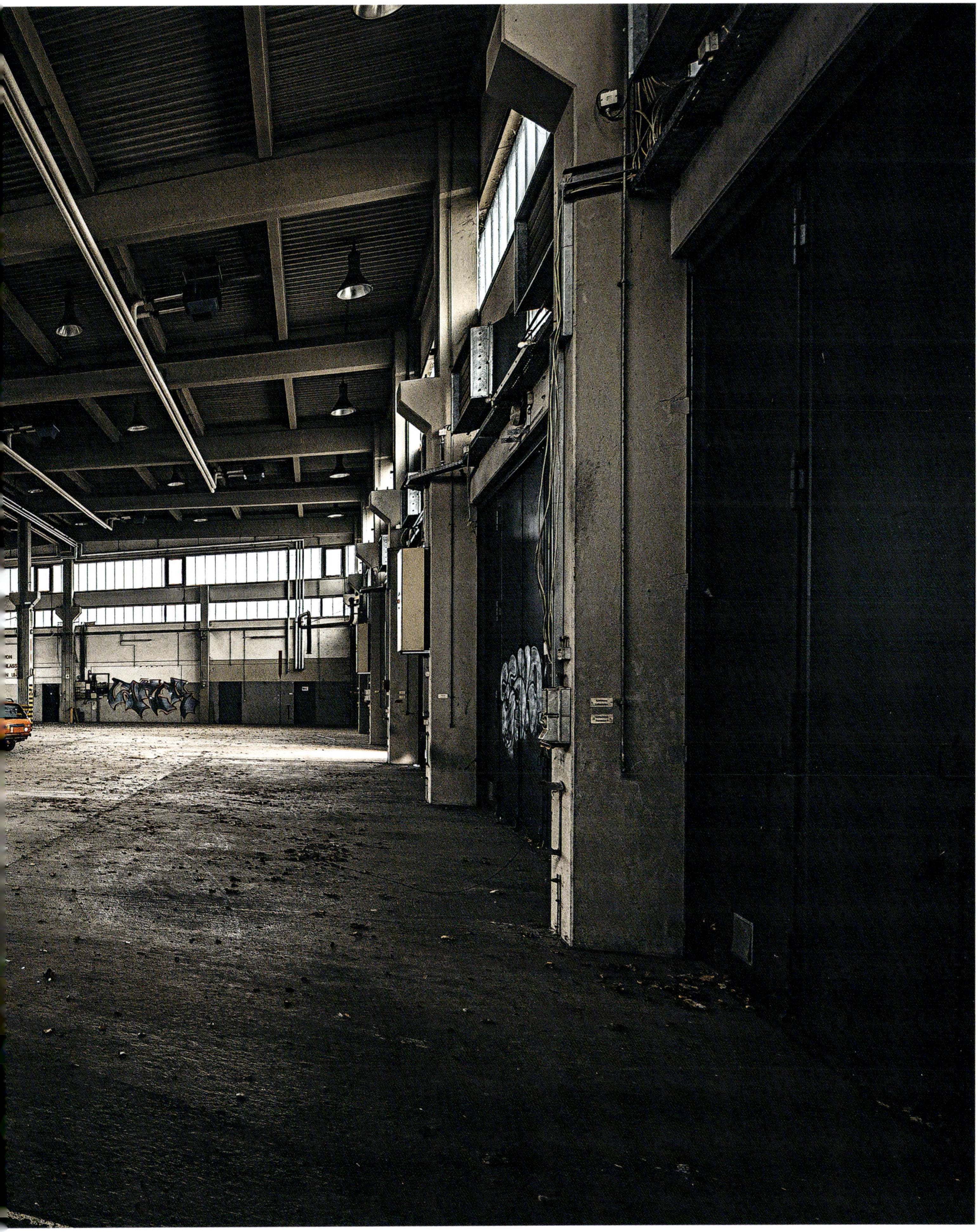

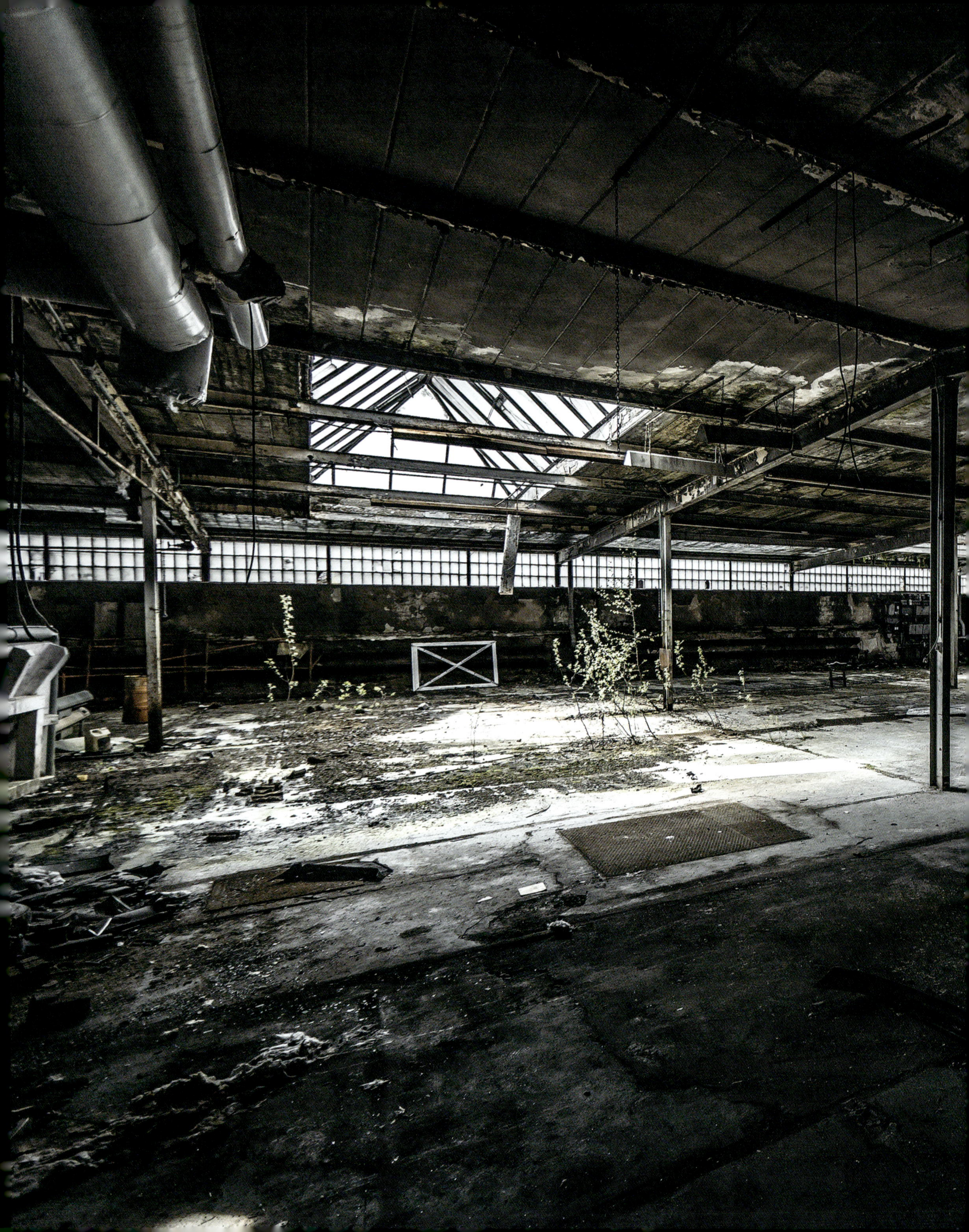

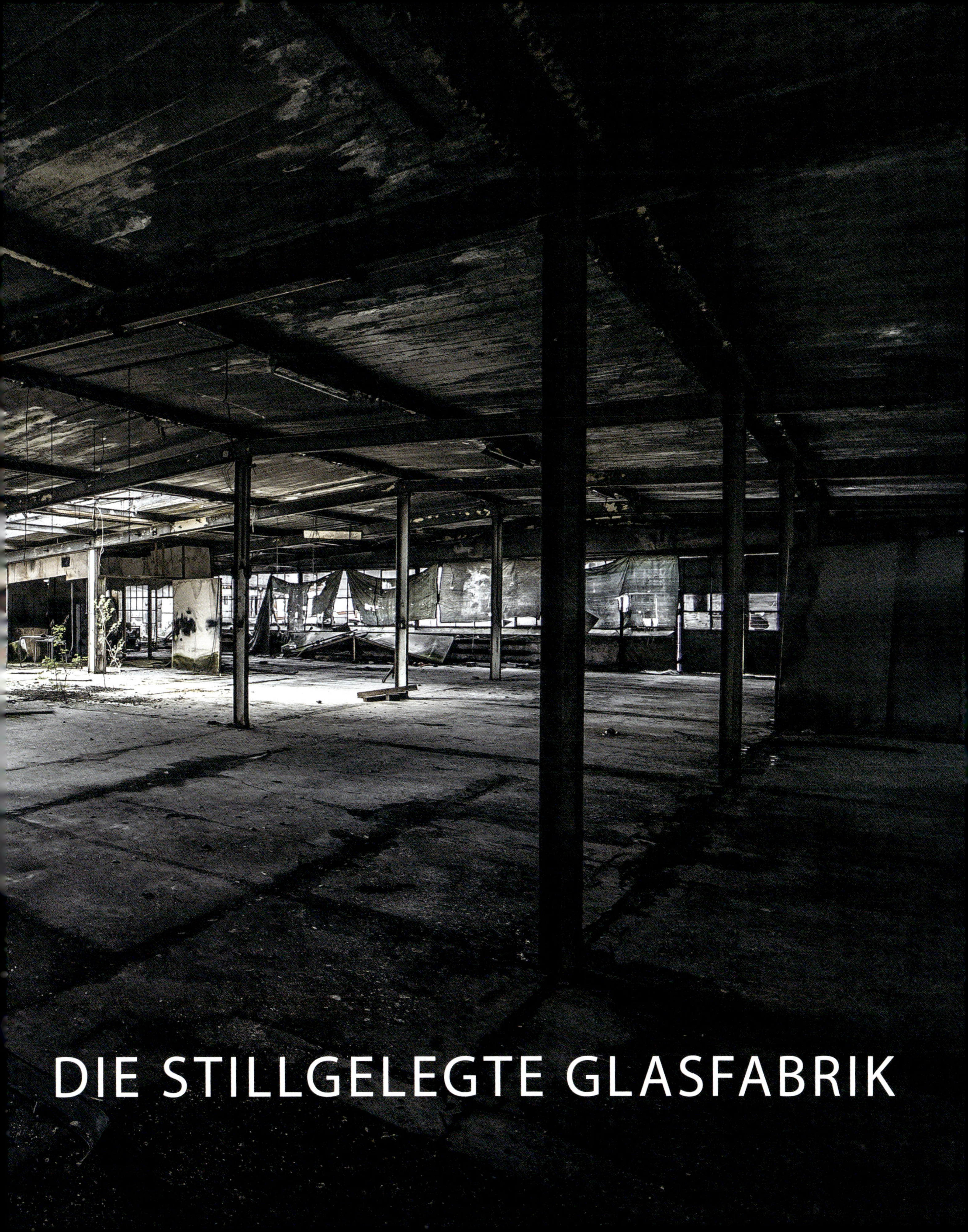

DIE STILLGELEGTE GLASFABRIK

DIE STILLGELEGTE GLASFABRIK

SHORT FACTS

Erkundet: im Frühjahr 2021
Baujahr: 1923
Verlassen seit: 1993

Noch begehbar: Nein
Denkmalschutz: Nein

Erbaut wurde die Glasfabrik 1923, sie war somit eine der letzten Glasfabriken, die in der Oberpfalz ins Leben gerufen wurde. Den Anfang machten acht Schleifstätten mit ca. 25 Mitarbeitern. Schon nach kurzer Zeit erfolgte eine Erweiterung auf zehn Schleifstätten. Aufgrund des schnellen Zuwachses fanden schon bald 250 Menschen hier eine Arbeit. Die Glasfabrik erlebte in den kommenden Jahren einen wirtschaftlichen Aufschwung. In den ersten Kriegsjahren wurden hier neben kriegswichtigen Waren auch einfache Haushaltsschalen gefertigt. Ab 1943 galt die Fabrik zwar als kriegsunwichtig und die eigentliche Produktion wurde eingestellt, jedoch wurden die größeren Betriebshallen zur Montage unter anderem von Flugzeugteilen entfremdet. Nach dem Zweiten Weltkrieg wurde die Glasfabrik wieder in Betrieb genommen. Durch die Erweiterung der Produktionsanlagen vergrößerte man die Produktionskapazität enorm. 1970 arbeiteten insgesamt 600 Beschäftigte im 3-Schicht-Betrieb. Für ihre qualitativ hochwertigen Bleikristallerzeugnisse erhielt die Firma einige Auszeichnungen. 1992 meldete die Fabrik aufgrund rückläufiger Auftragszahlen Insolvenz an und wurde schon im darauffolgenden Jahr geschlossen. Heute erinnern nur noch Ruinen an die einst glanzvolle Zeit der Oberpfälzer Bleikristallmanufaktur.

1970 arbeiteten insgesamt 600 Beschäftigte im 3-Schicht-Betrieb.

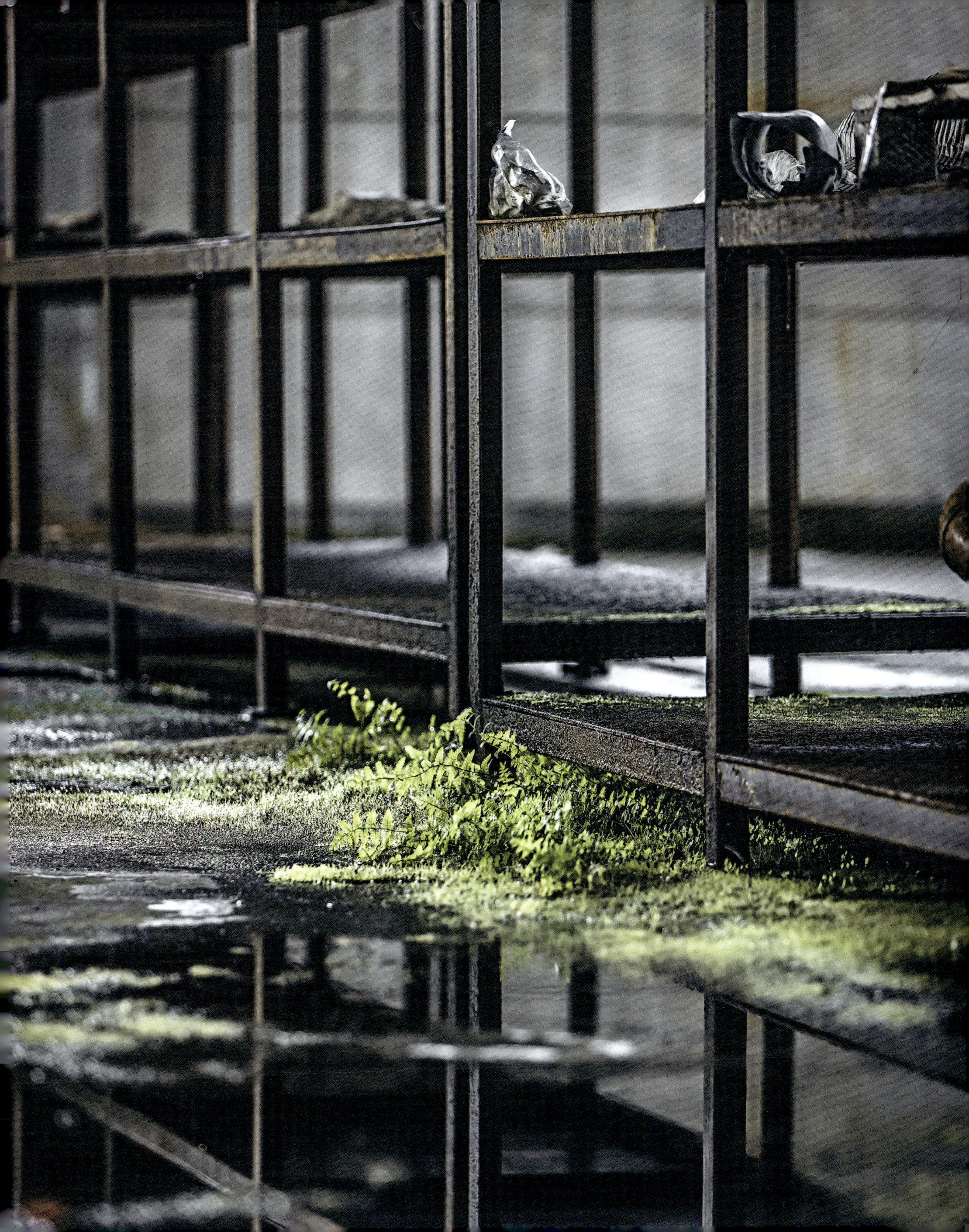

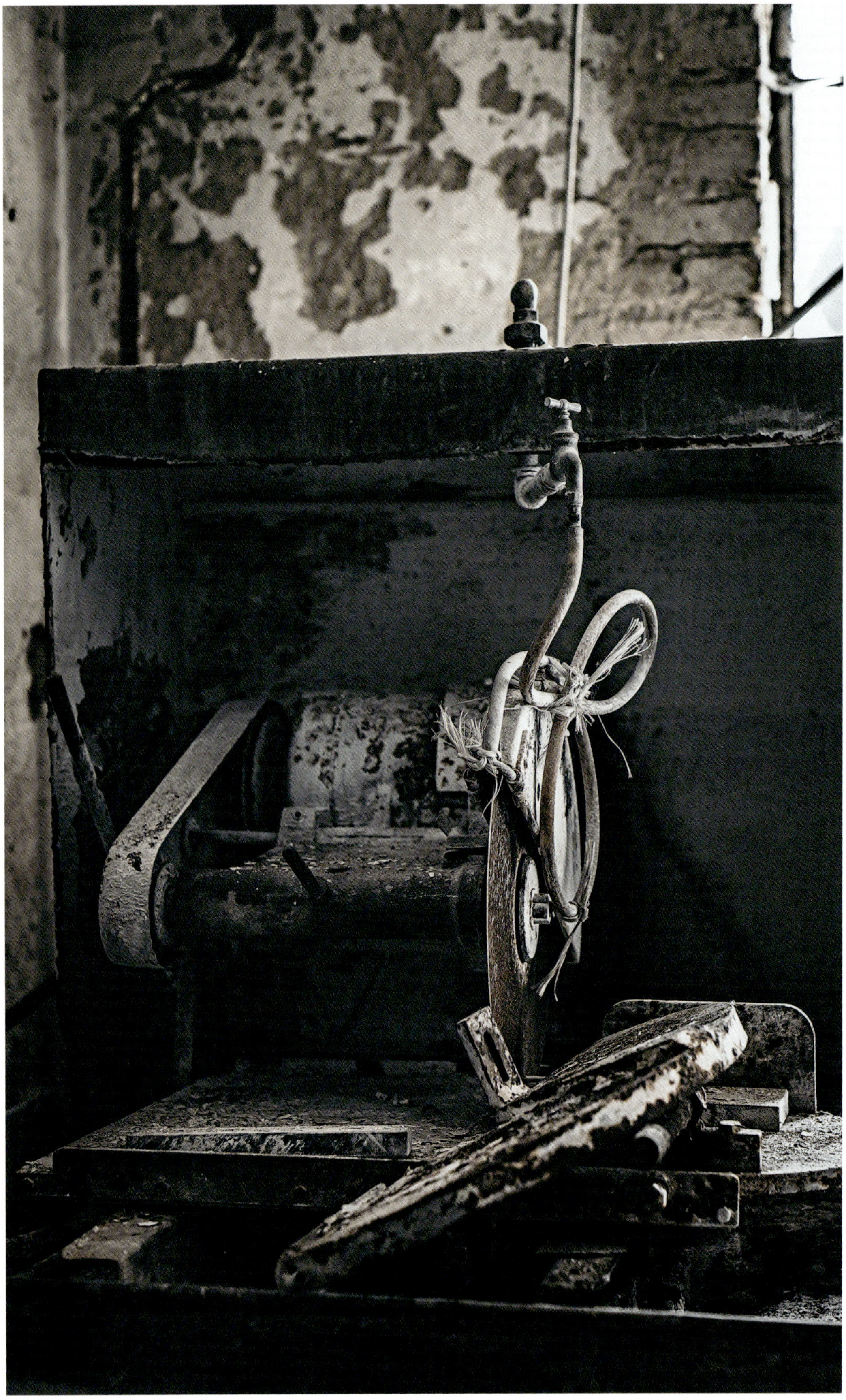

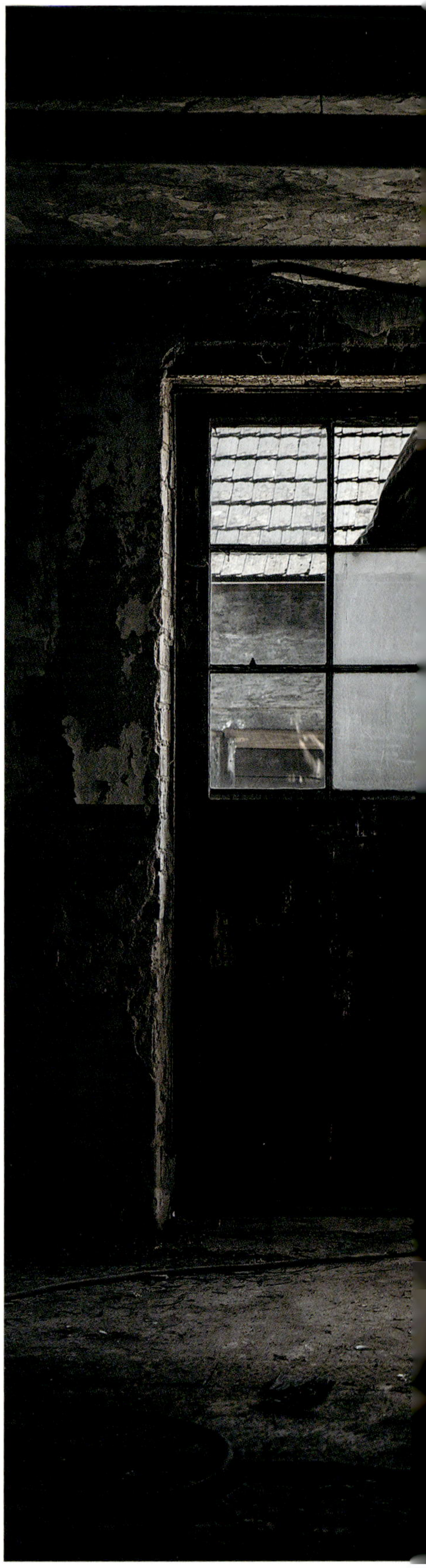

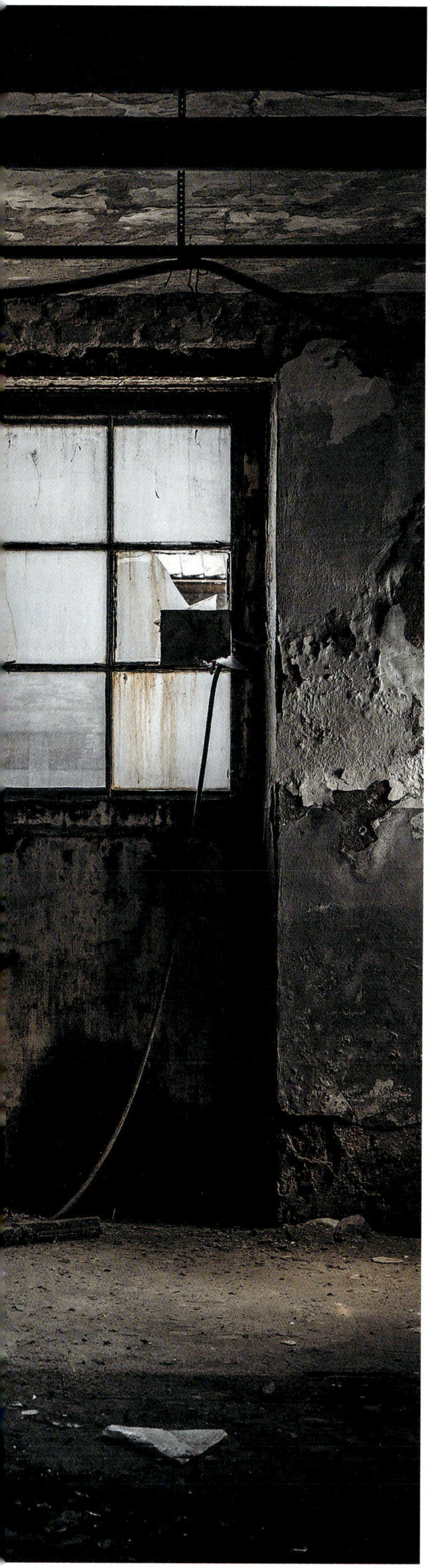

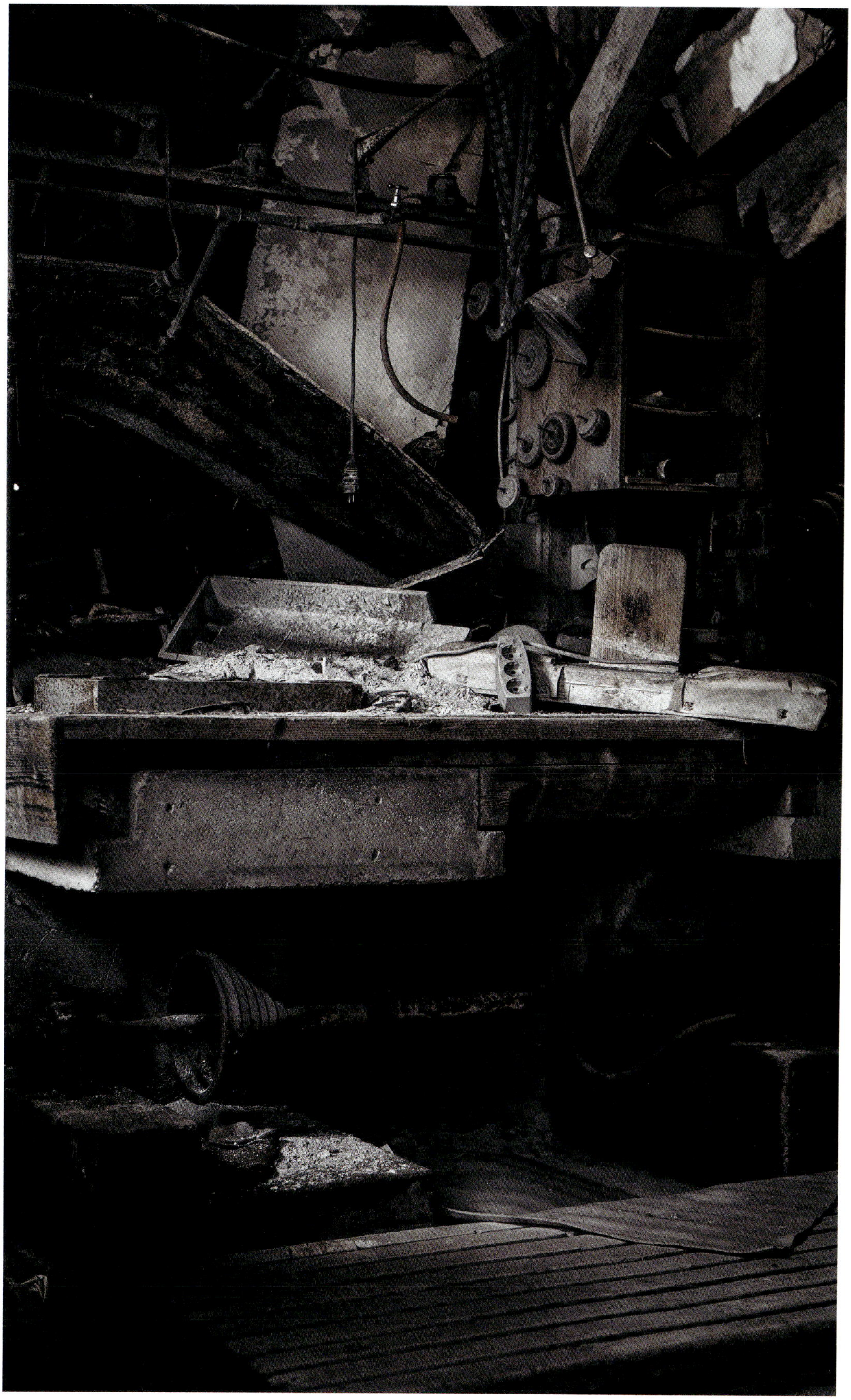

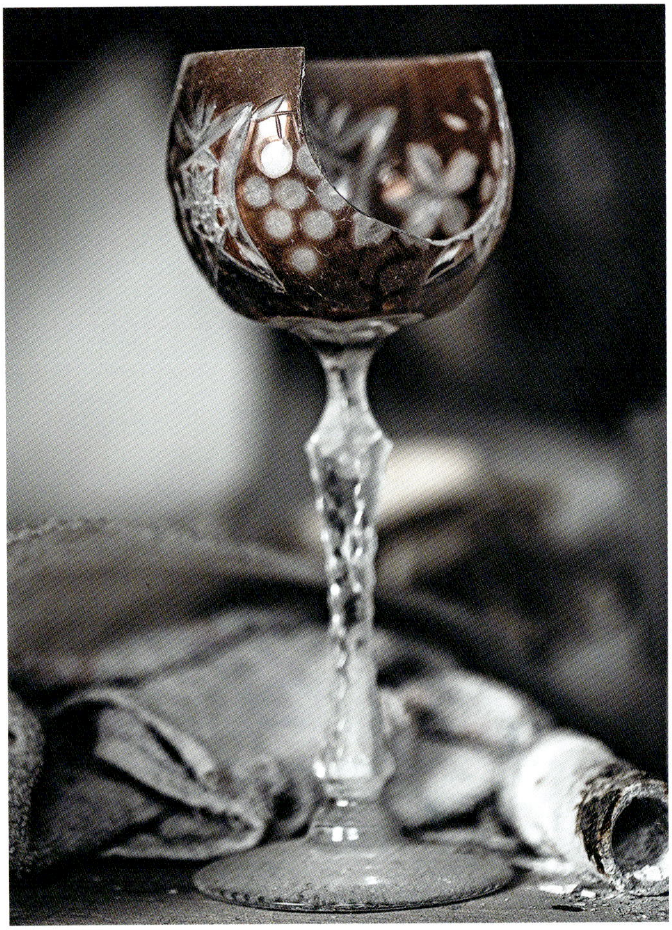

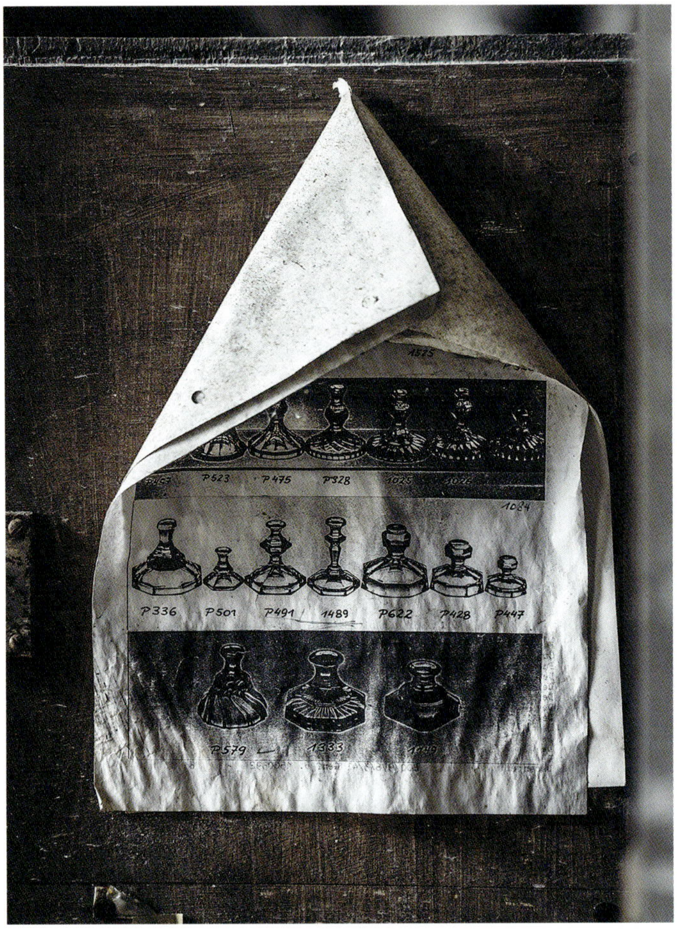
P523 P475 P328 1025 1026
1084
P336 P501 P491 1489 P622 P428 P447
P579 1333

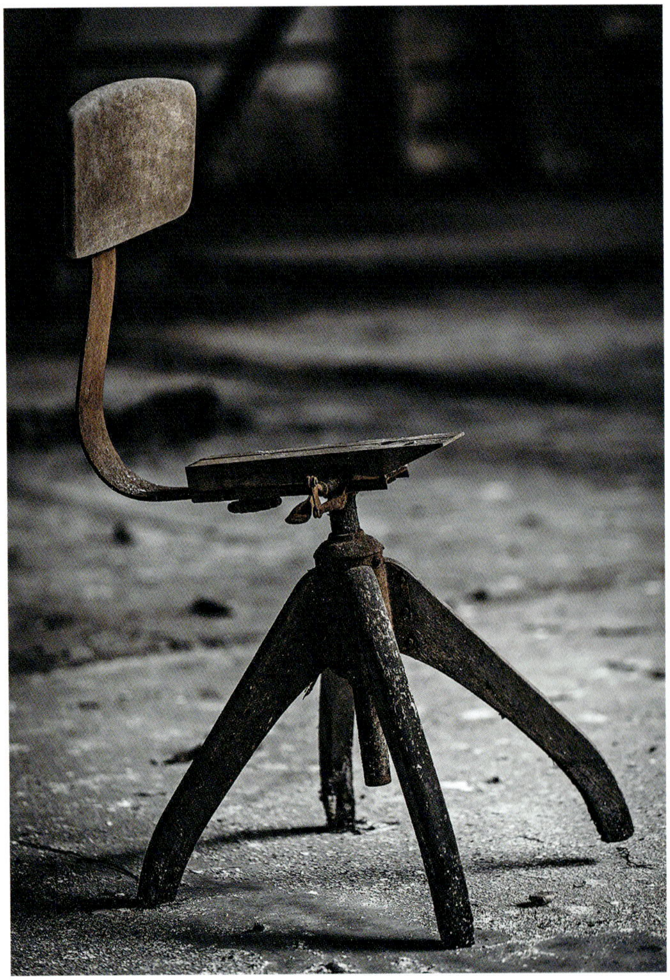

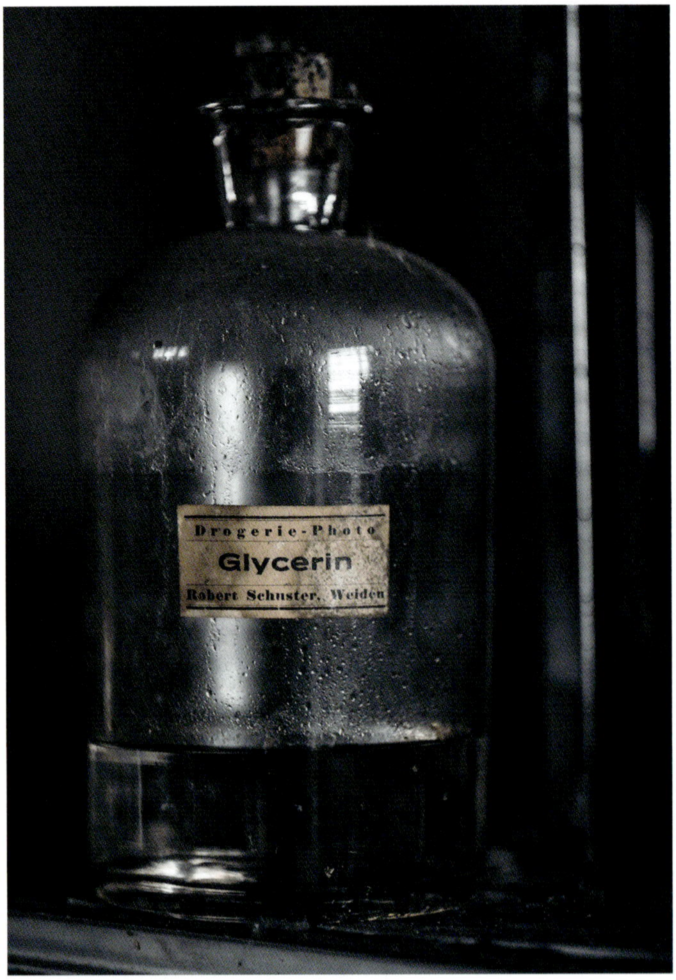
Drogerie-Photo
Glycerin
Robert Schuster, Weiden

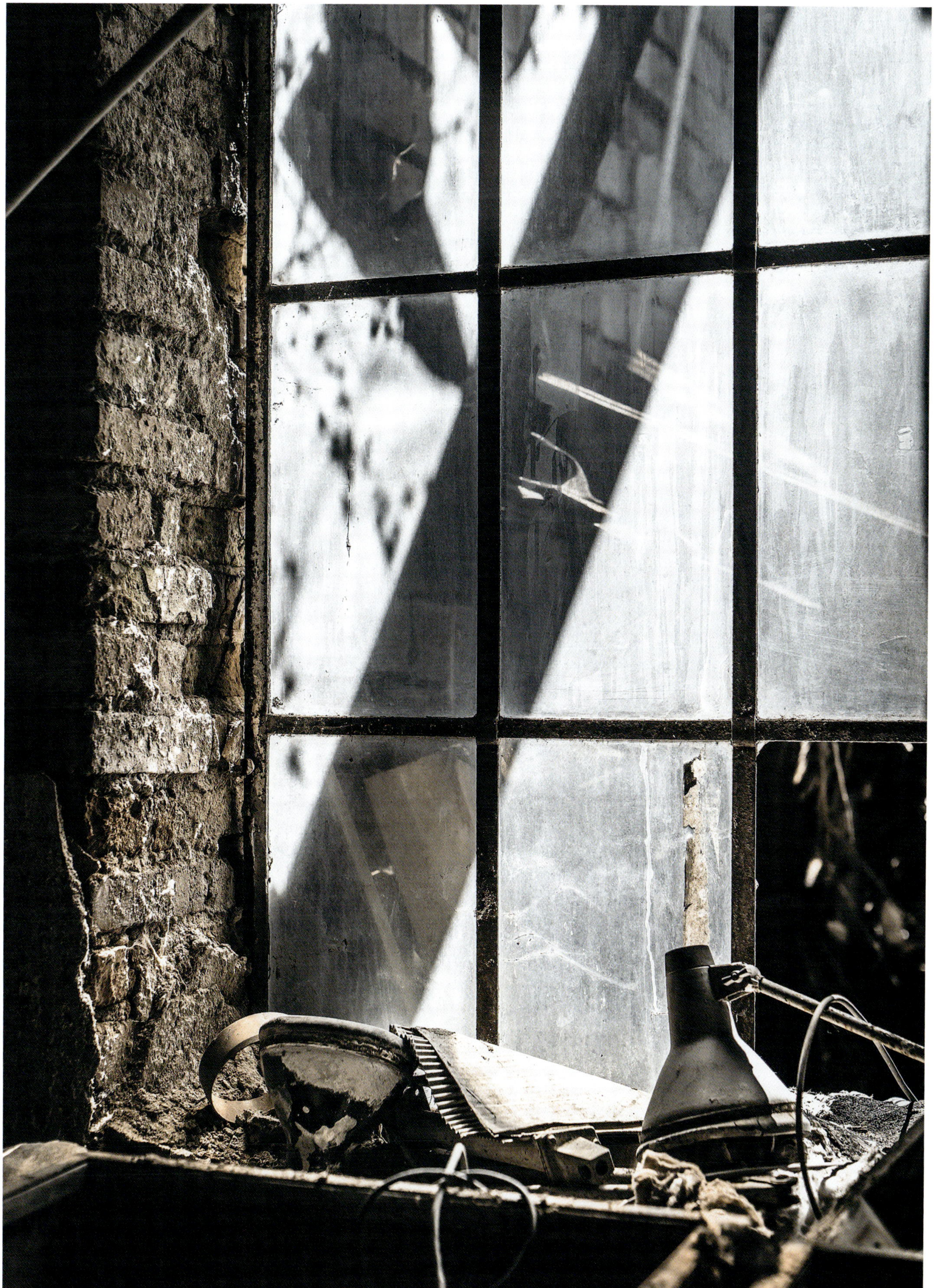

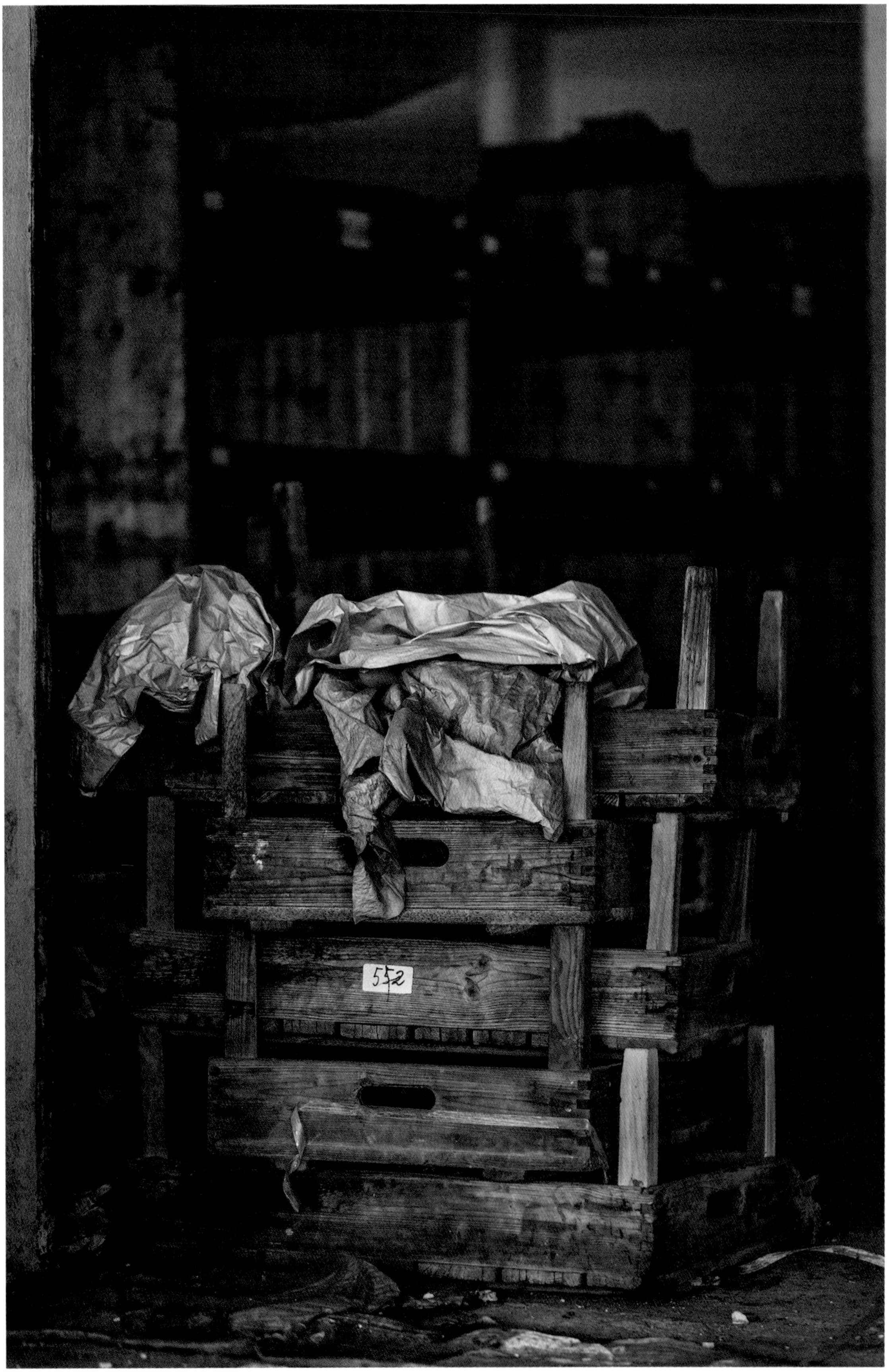

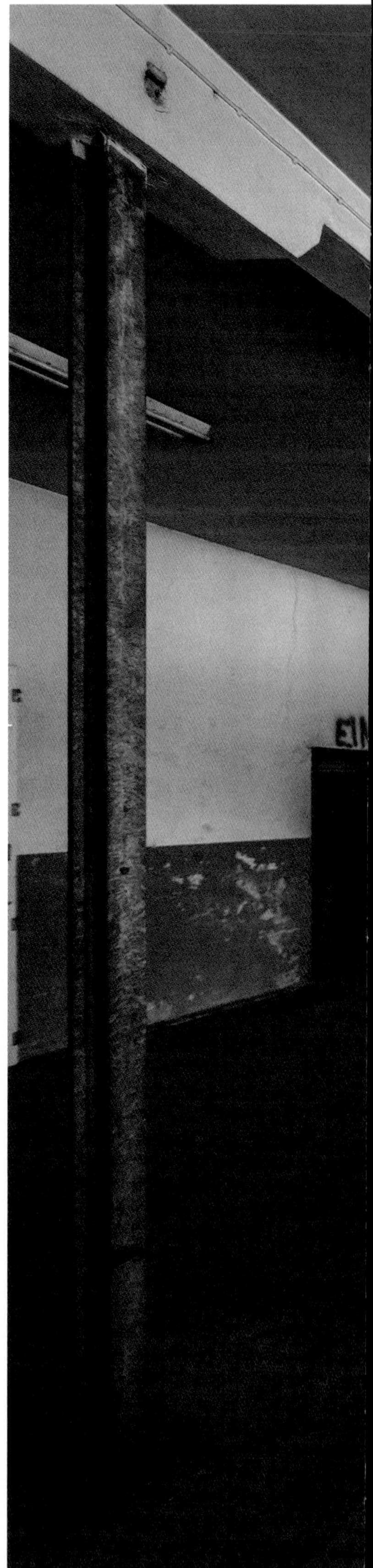

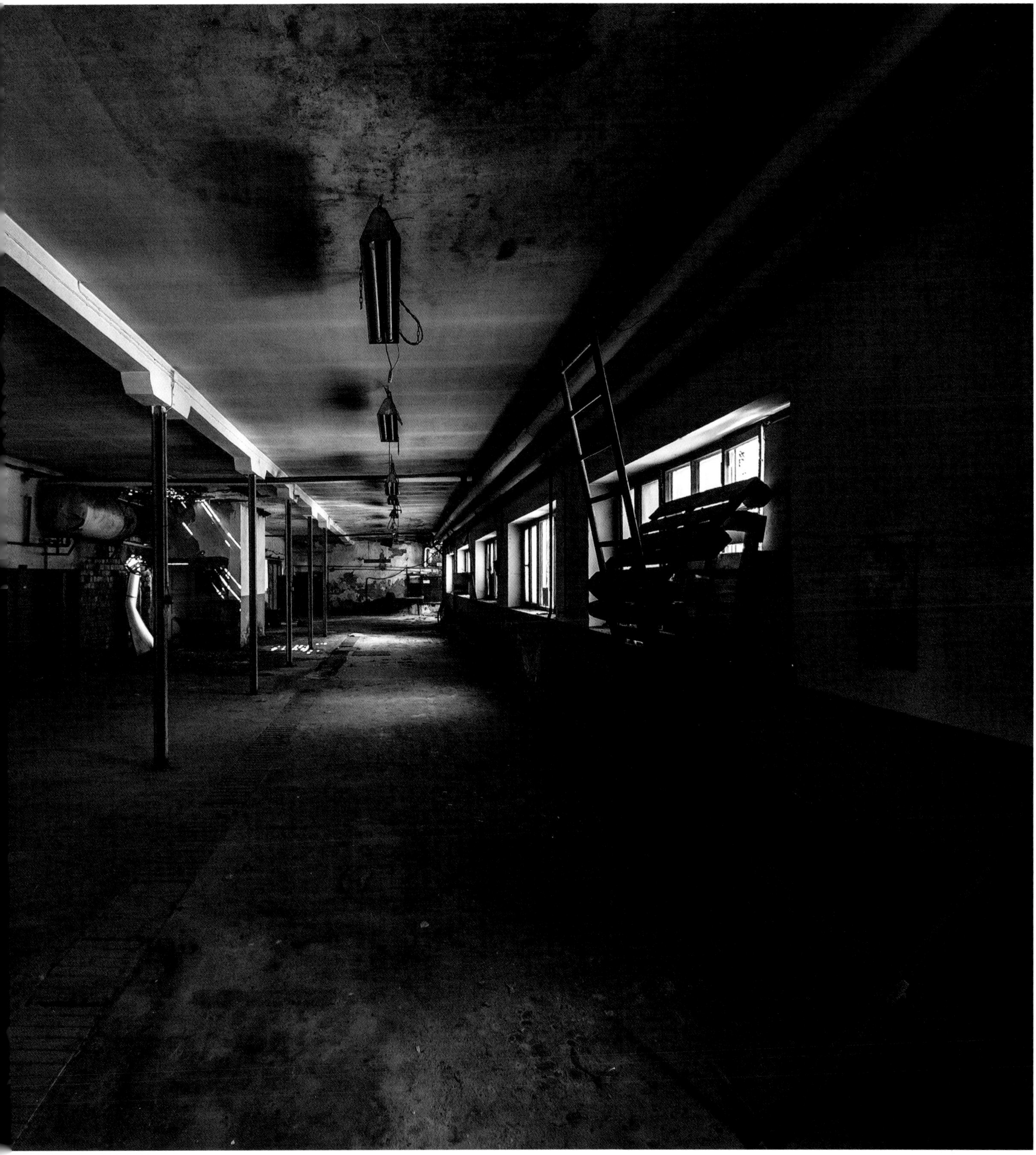

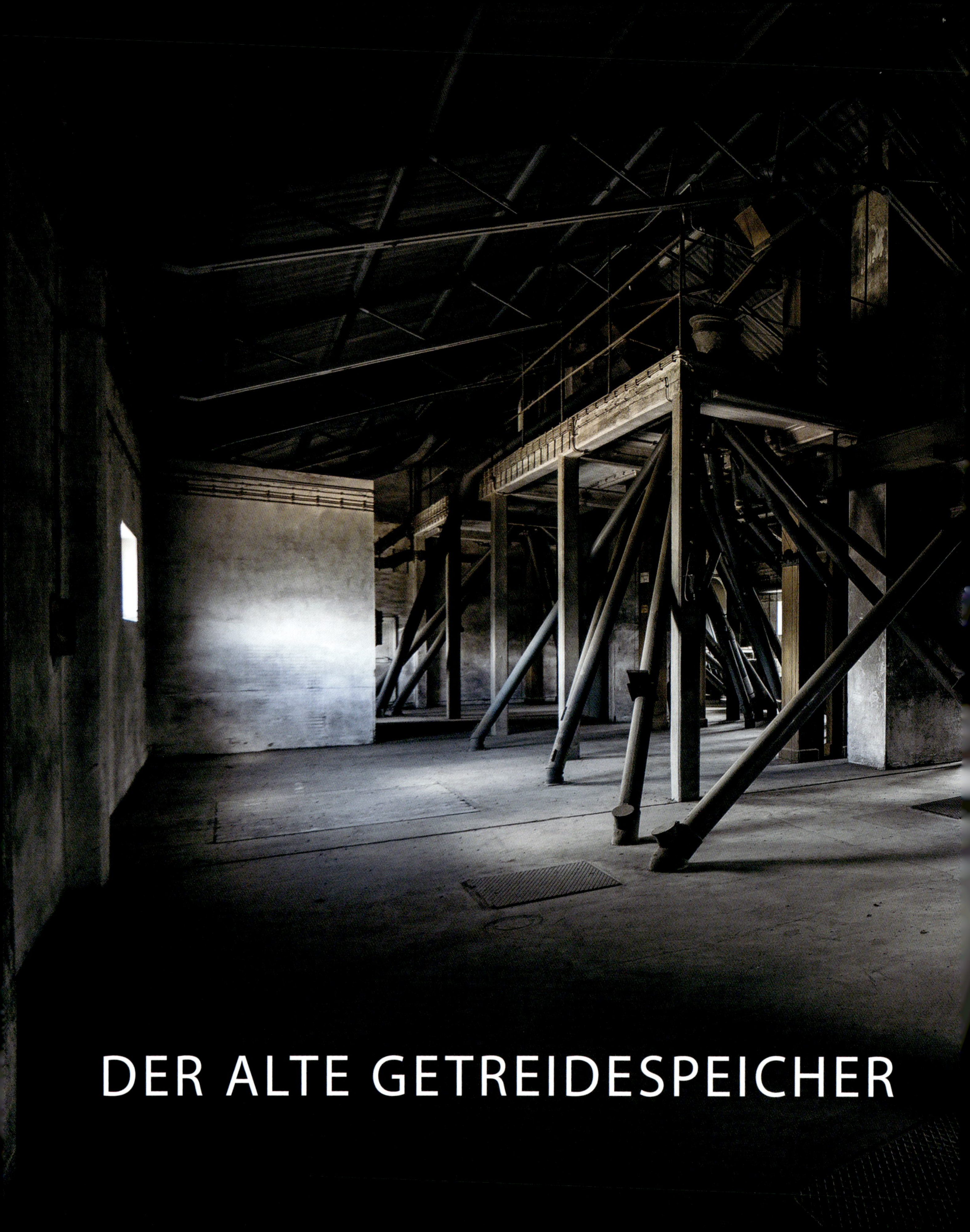

DER ALTE GETREIDESPEICHER

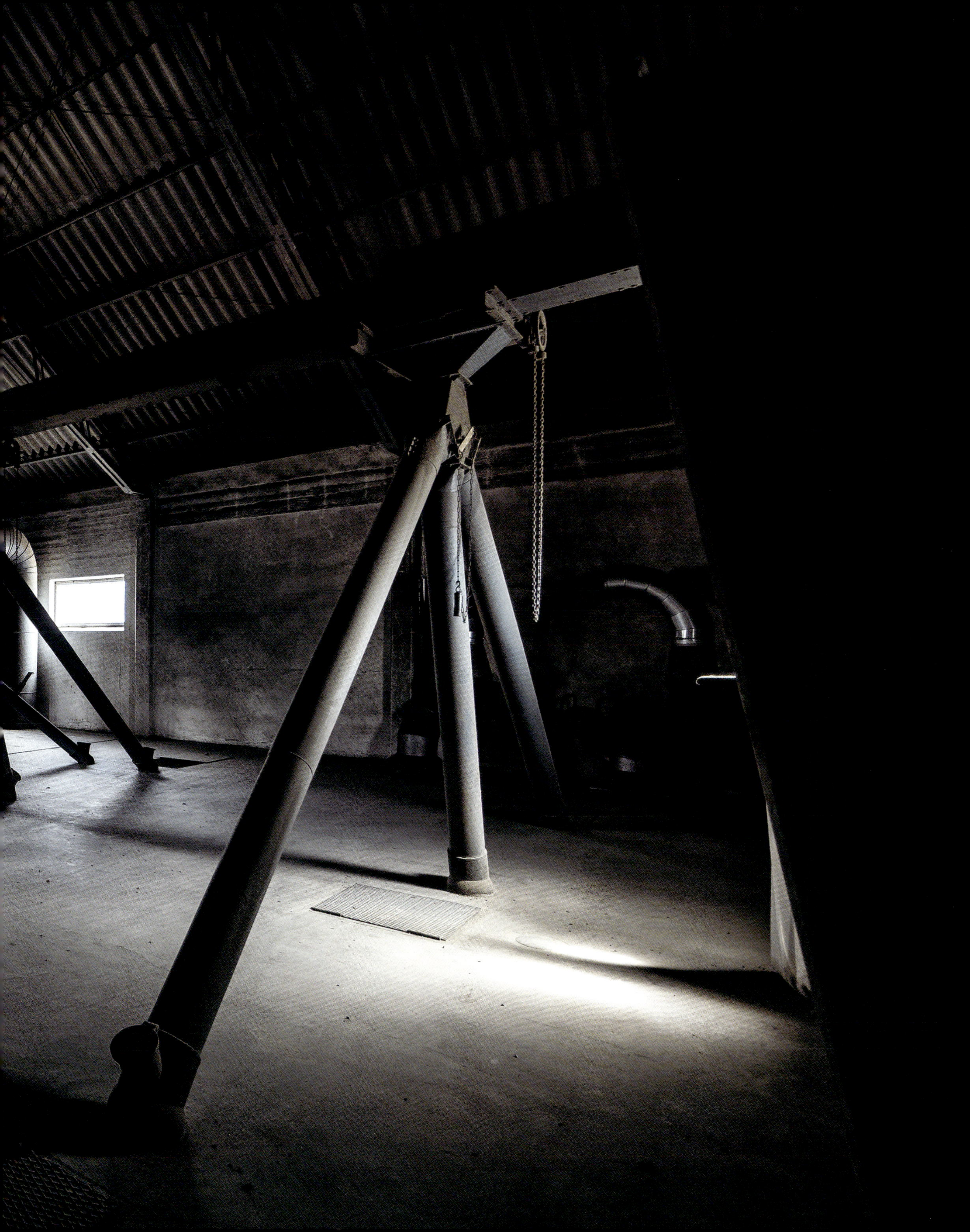

DER ALTE GETREIDESPEICHER

SHORT FACTS

Erkundet: im Frühjahr 2021
Baujahr: Mitte der 1960er-Jahre
Verlassen seit: 2019
Noch begehbar: Ja
Denkmalschutz: Nein

Die Rationalisierung der Landwirtschaft, die Vergrößerung der Anbauflächen und der Einsatz von Düngemitteln, aber auch von Pestiziden führte dazu, dass die BayWa in Schmidmühlen Mitte der 1960er-Jahre ein neues Lagerhaus erbauen ließ. Ein altes Lagerhaus wurde dafür abgerissen. In Schmidmühlen war die BayWa über Jahrzehnte die wichtigste Anlaufstelle für Landwirte. Hier gab es alles zu kaufen, was der Landwirt benötigte. Für die Landwirte, die ihre Ernte teilweise noch mit Pferdefuhrwerken anlieferten, war die BayWa das am besten zu erreichende Lagerhaus. Mit damals neuester Technik wurde das Getreide hoch in den Turm geblasen und trocken, sauber und schädlingsfrei gelagert. Der Rückgang der landwirtschaftlich genutzten Flächen sowie die Flexibilisierung des Handels und des Transportes brachten das Aus für das Lagerhaus.

Mit damals neuester Technik wurde das Getreide hoch in den Turm geblasen und trocken, sauber und schädlingsfrei gelagert.

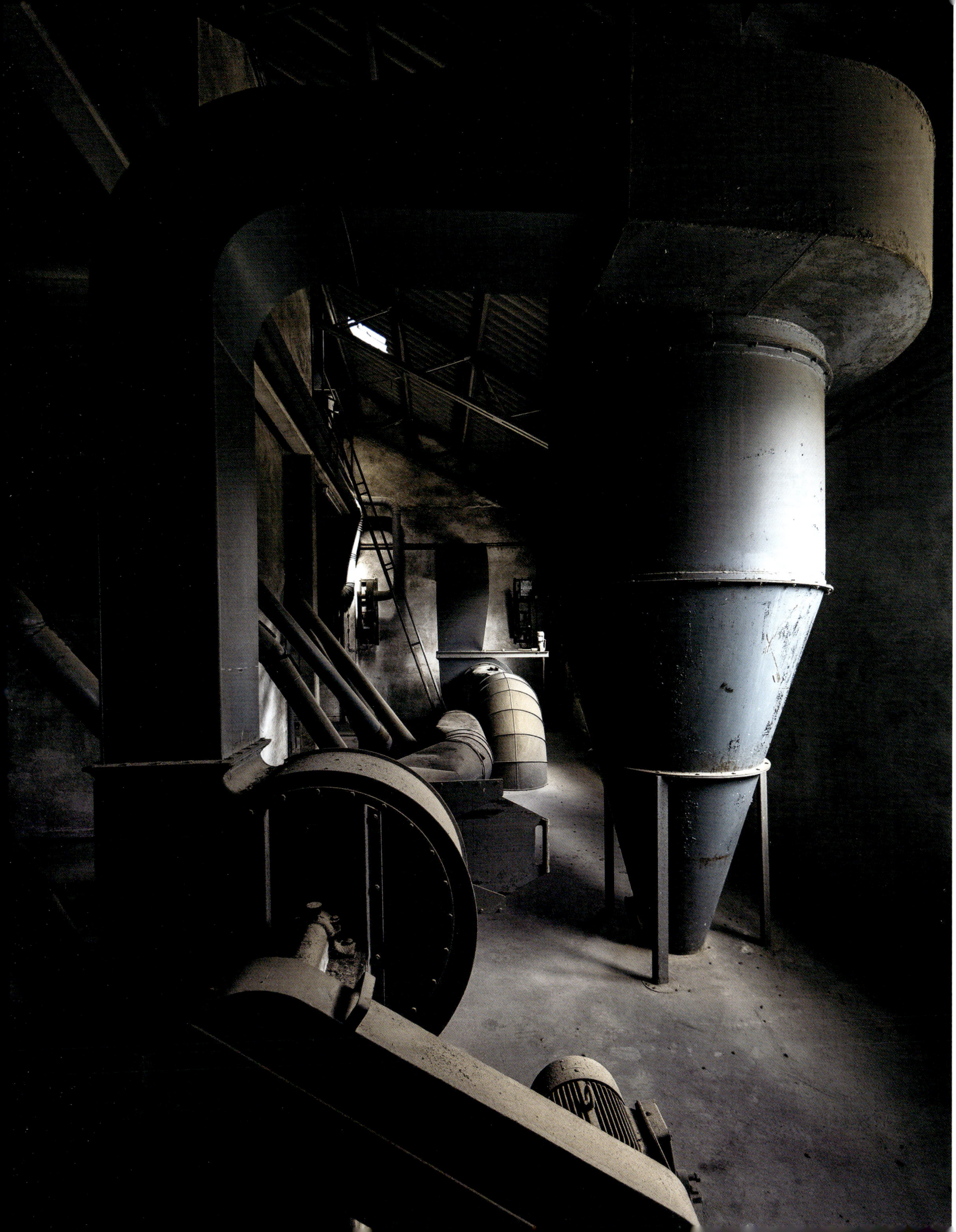

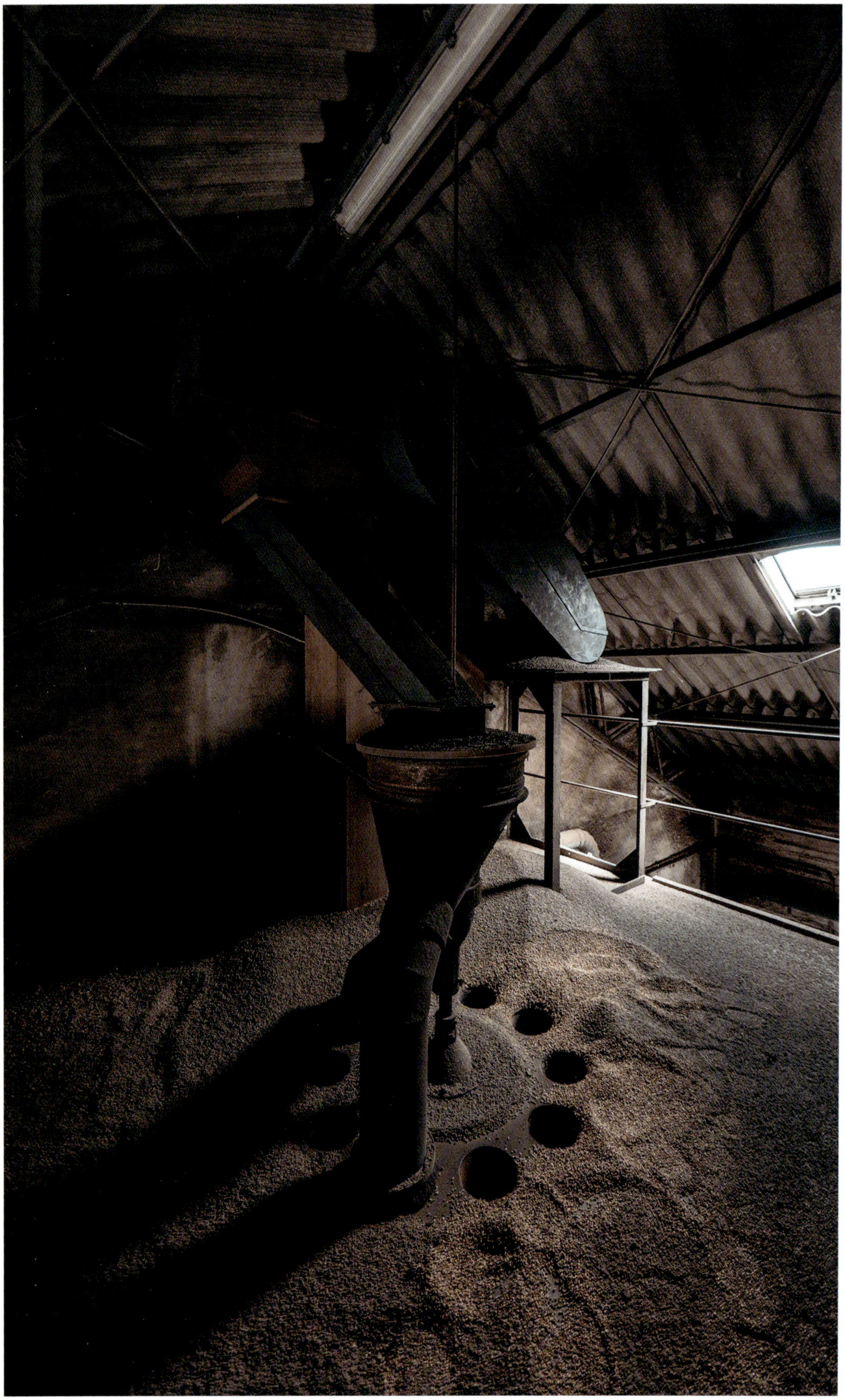

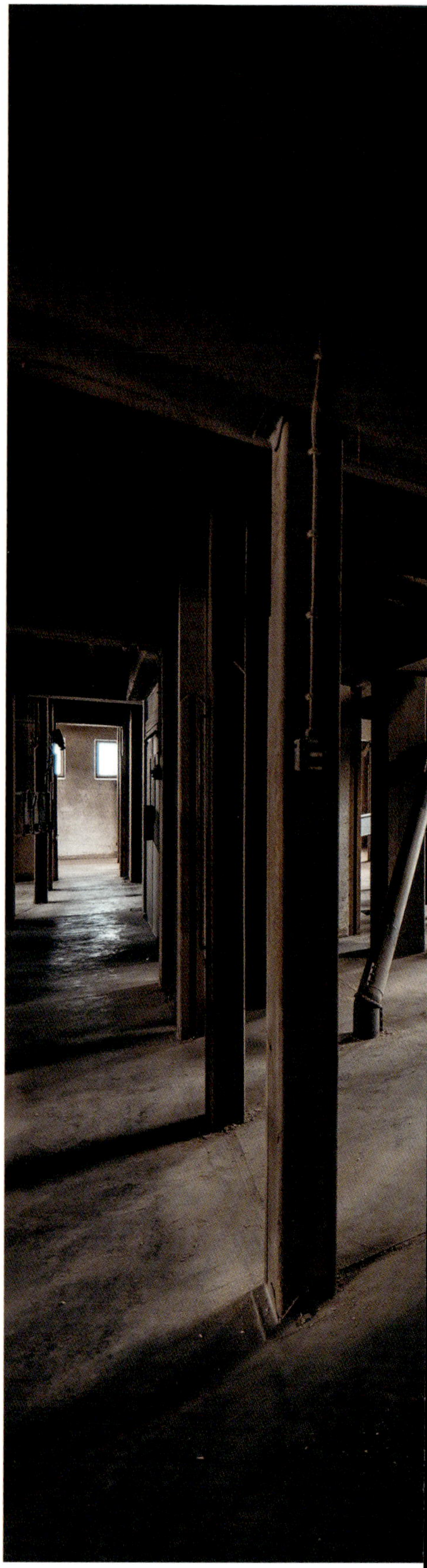

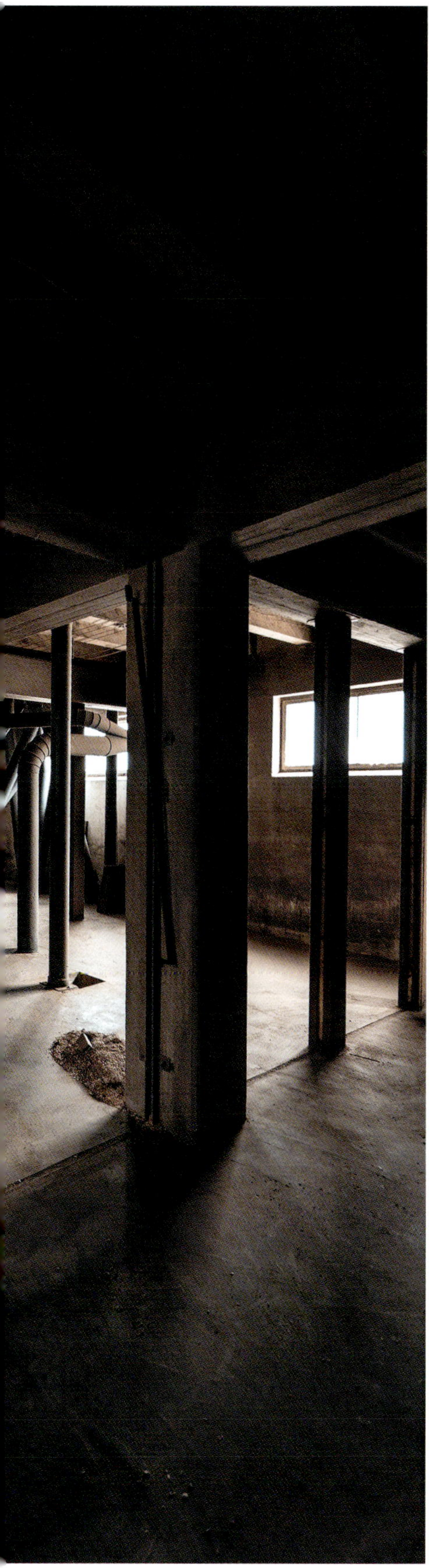

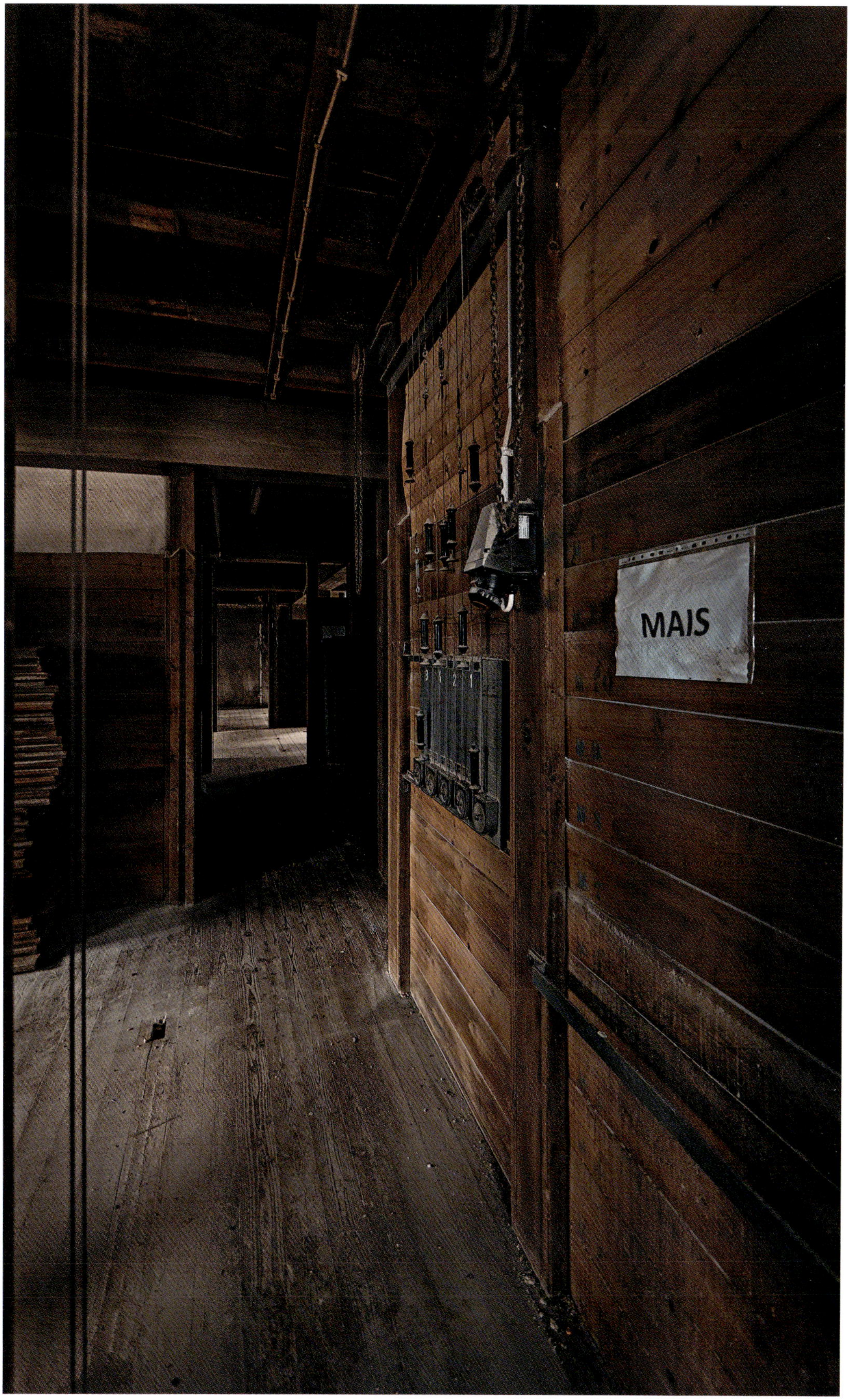
MAIS

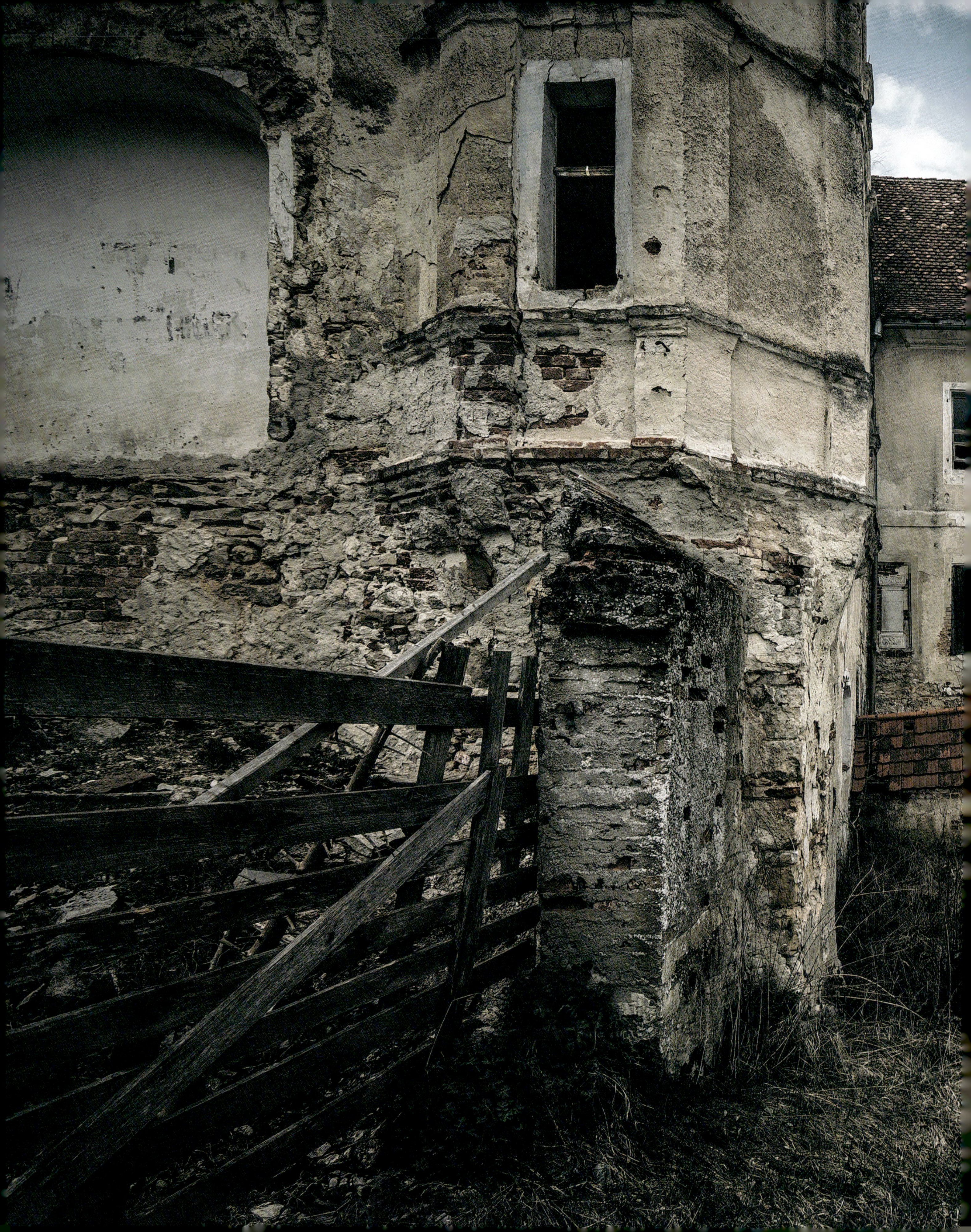

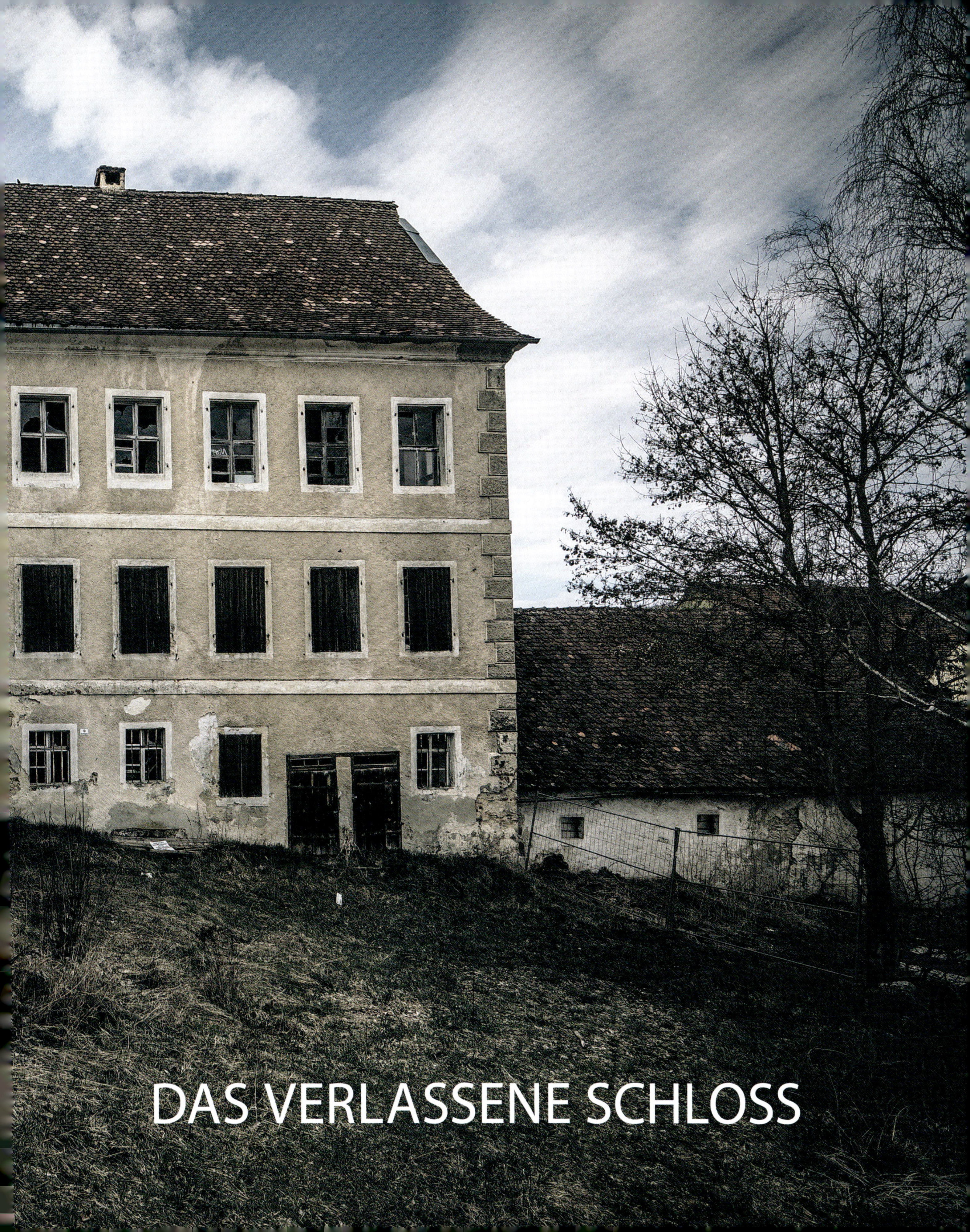
DAS VERLASSENE SCHLOSS

DAS VERLASSENE SCHLOSS

SHORT FACTS

Erkundet: im Frühjahr 2021
Baujahr: ab 1435
Verlassen seit: 1983
Noch begehbar: Ja
Denkmalschutz: Ja

Inmitten eines eingefriedeten und teilweise terrassierten ehemaligen Gartens befindet sich das dreigeschossige Schloss. Schon Mitte des 17. Jahrhunderts wurde der Renaissancebau durch einen seitlichen Anbau erweitert, den Fürstenstock. Die Gebäude wurden 1589 und zwischen 1686 und 1688 umgebaut. Ziegel decken seit jeher das Satteldach und ein sechsseitiger Erker schmückt die Südseite des Gebäudes. Weil das nahegelegene Schloss nicht mehr dem damaligen Zeitgeschmack entsprach, wurde für den bischöflichen Pfleger im Ort, dem die Burg auch zu unwirtlich erschien, ein neues Amtsgebäude errichtet, das Schloss. Für Besuche des Regensburger Bischofes diente ein sogenanntes Fürstenzimmer im Schloss. Der Verwendung als Pfründnerhaus folgte im Zuge der Säkularisierung eine weitere Nutzung als Armenhaus. Für das im Moment leerstehende und renovierungsbedürftige Gebäude bestehen Pläne zur Weiternutzung.

Der Verwendung als Pfründnerhaus folgte im Zuge der Säkularisierung eine weitere Nutzung als Armenhaus.

Der jetzige Besitzer des alten Schlosses restaurierte bereits das Schloss Wenzenbach liebevoll und verhalf dem damals heruntergekommenen Gebäude zu neuem Leben, das Gleiche soll nun auch mit diesem Schloss geschehen.

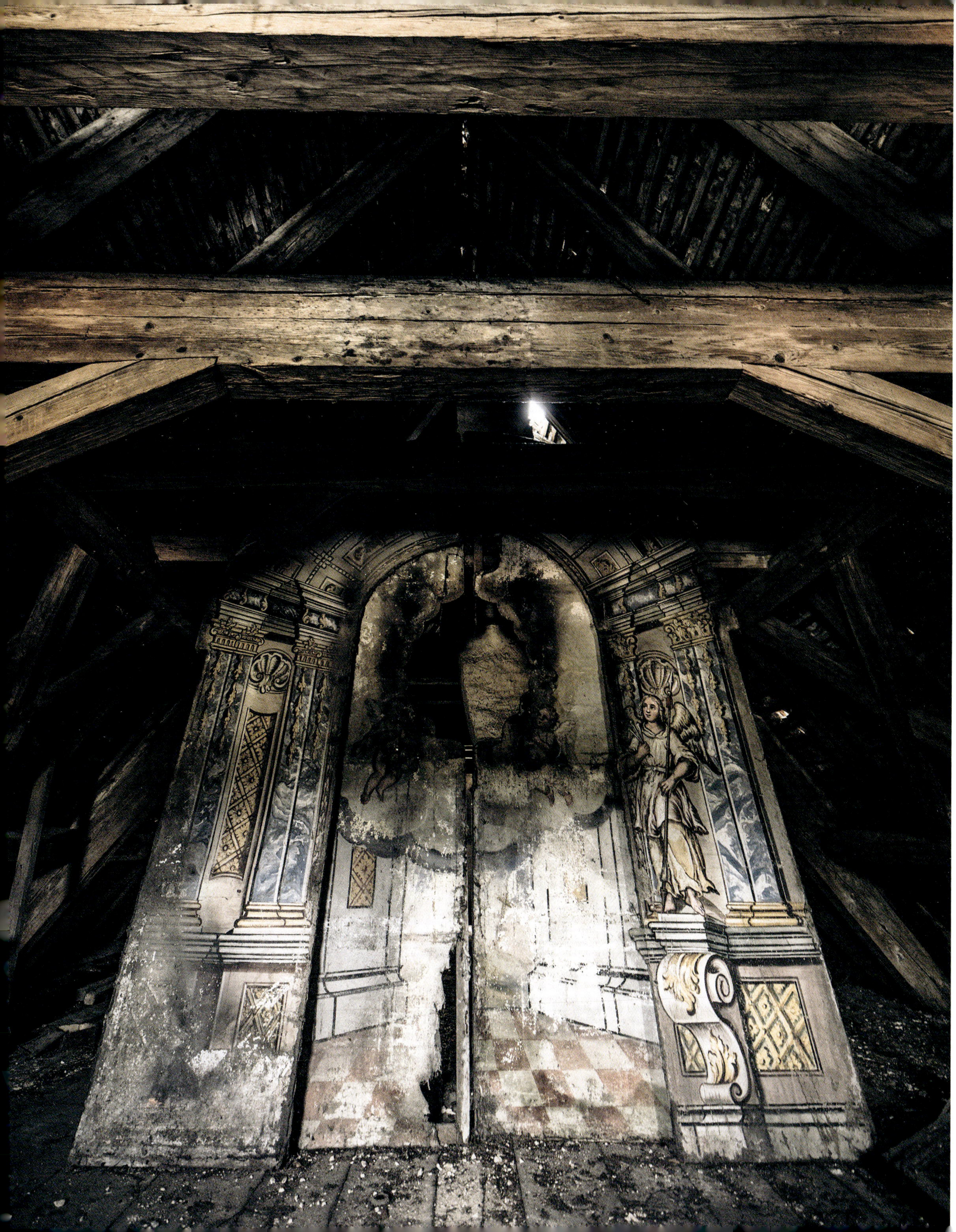

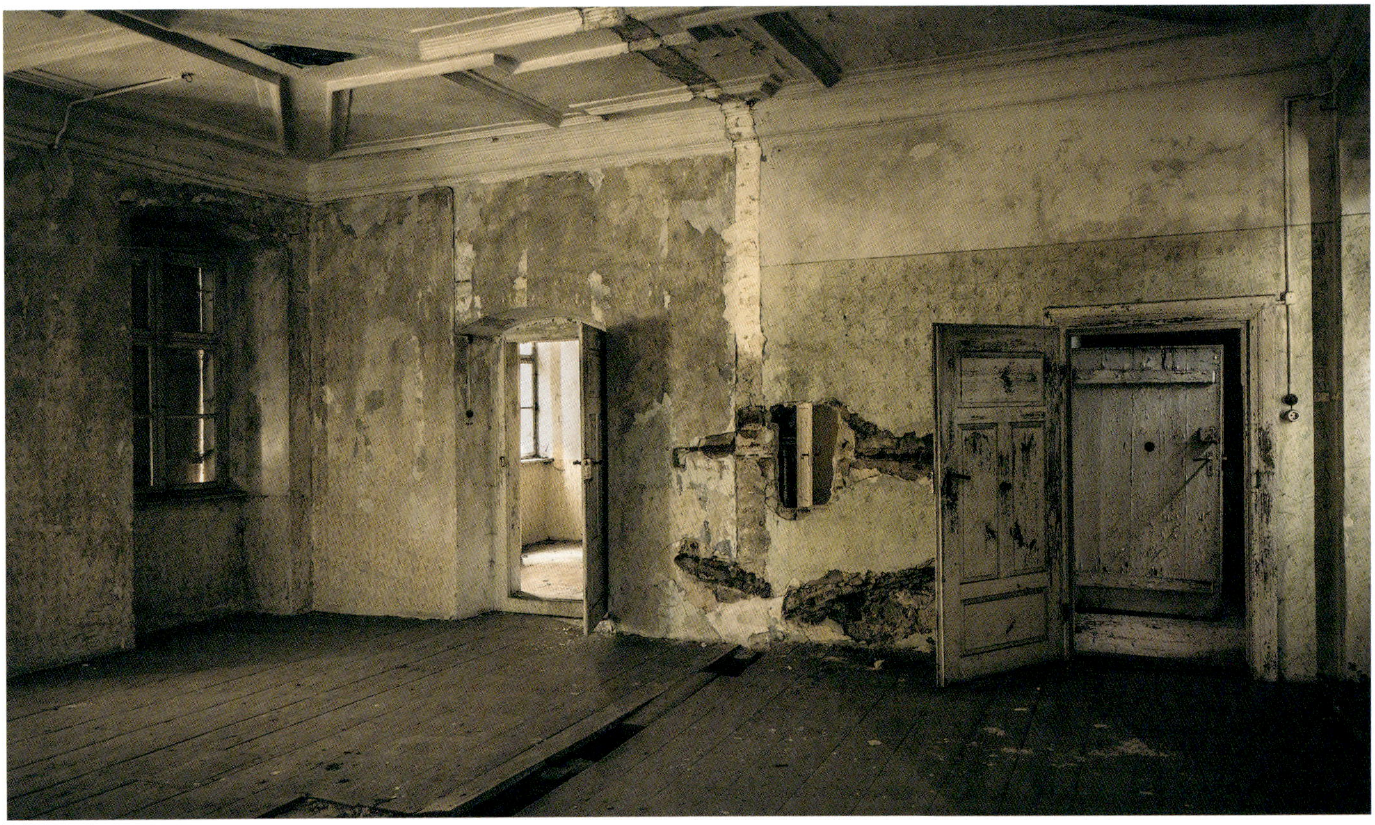

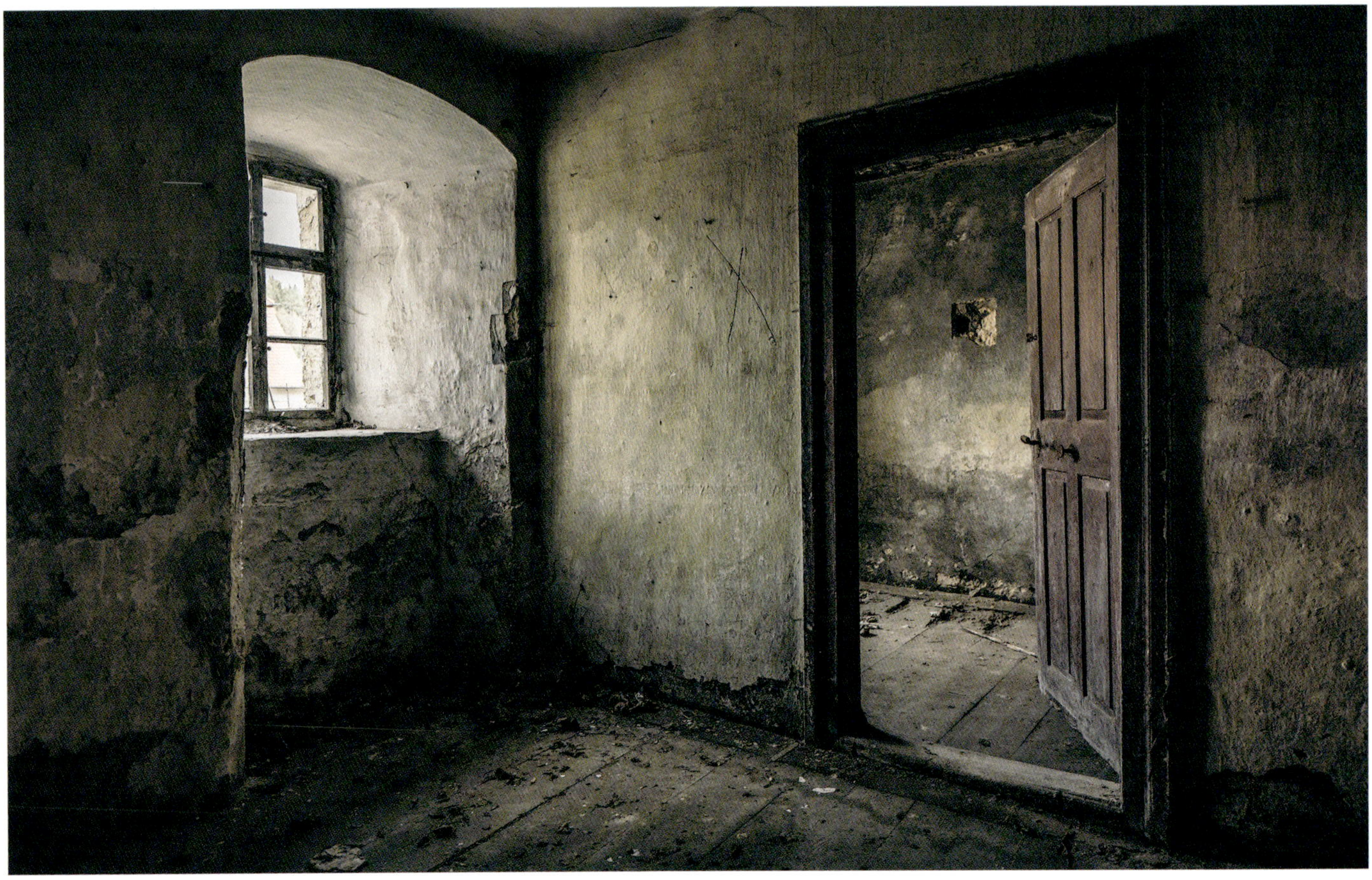

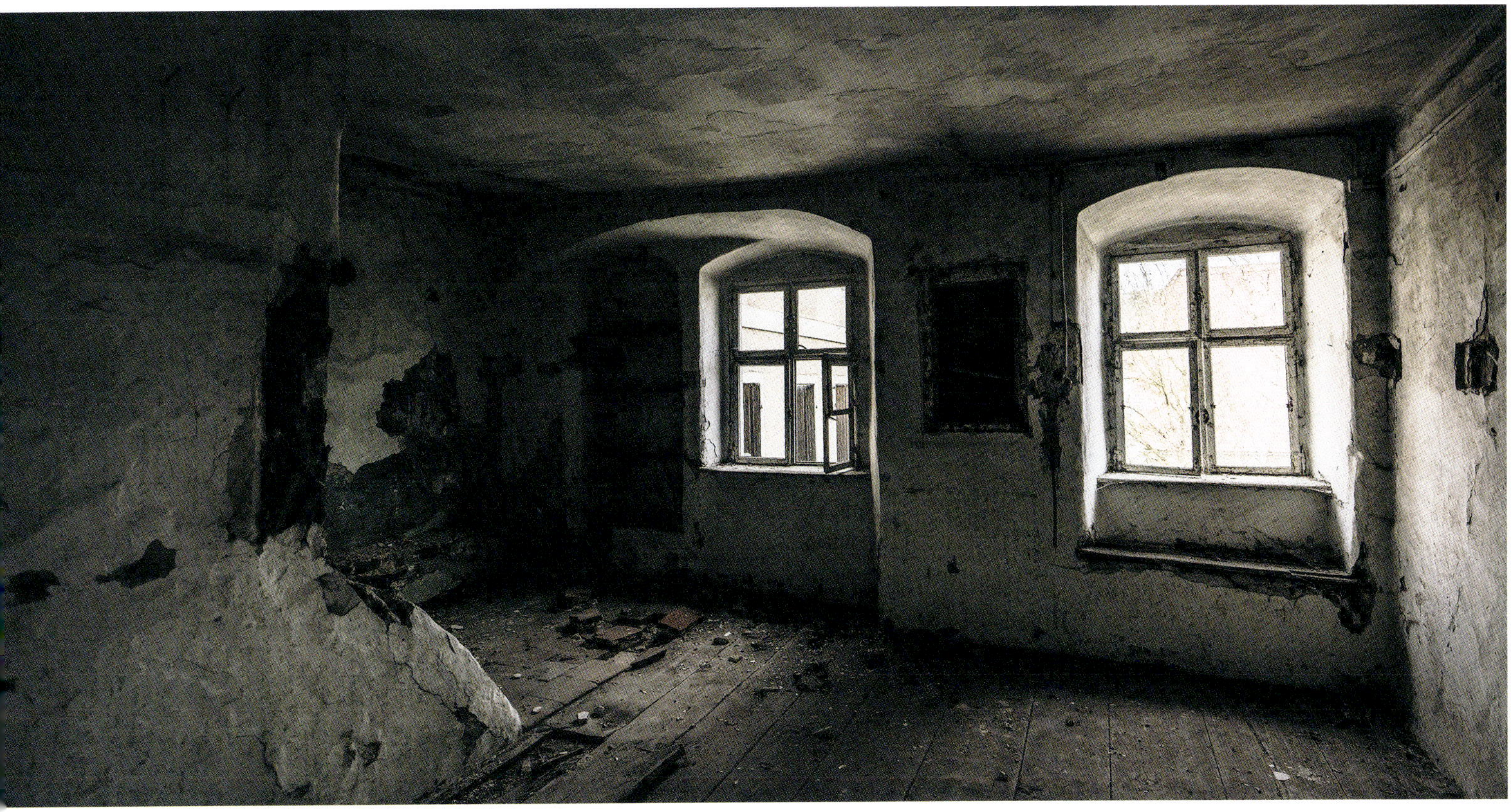

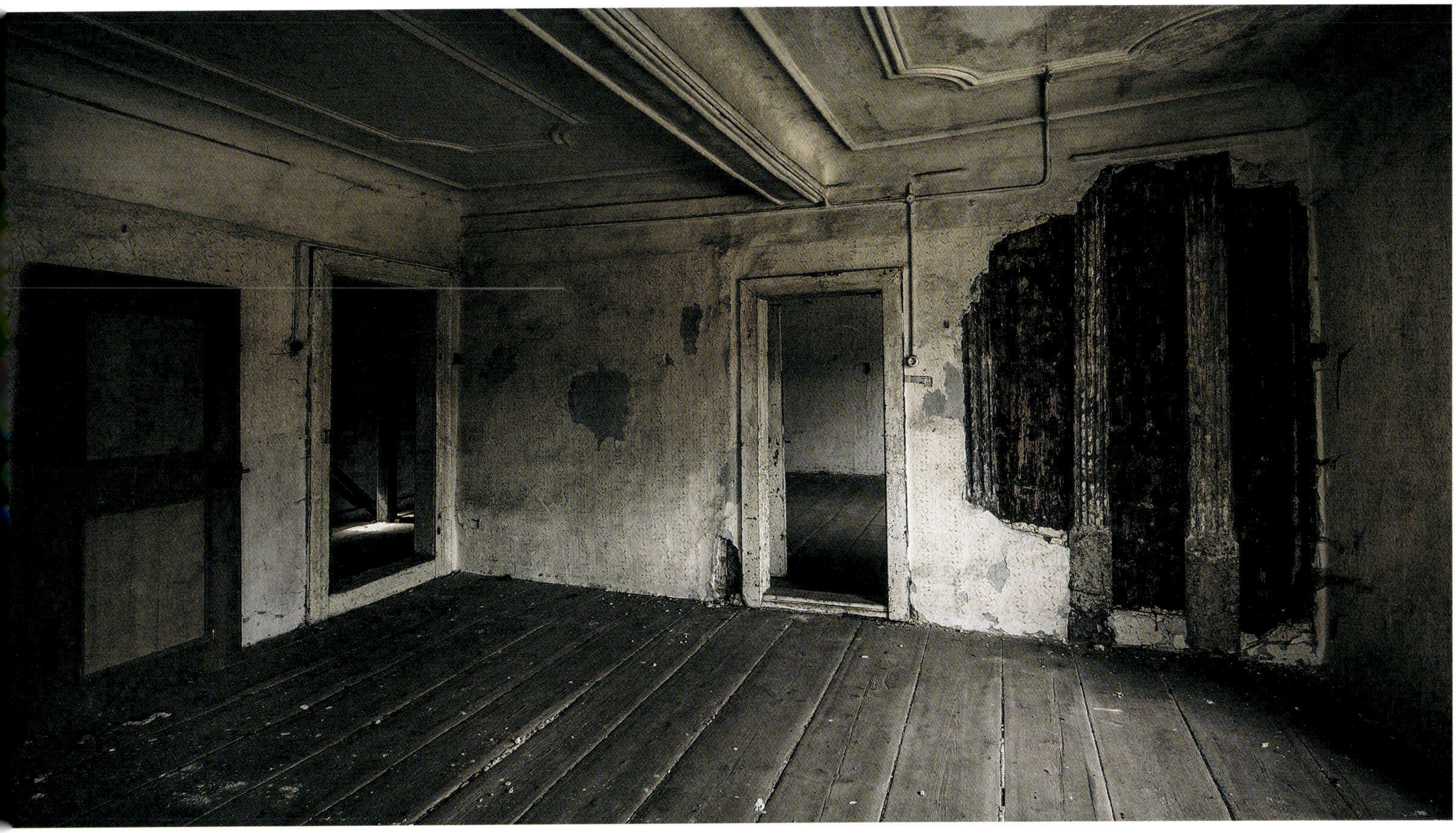

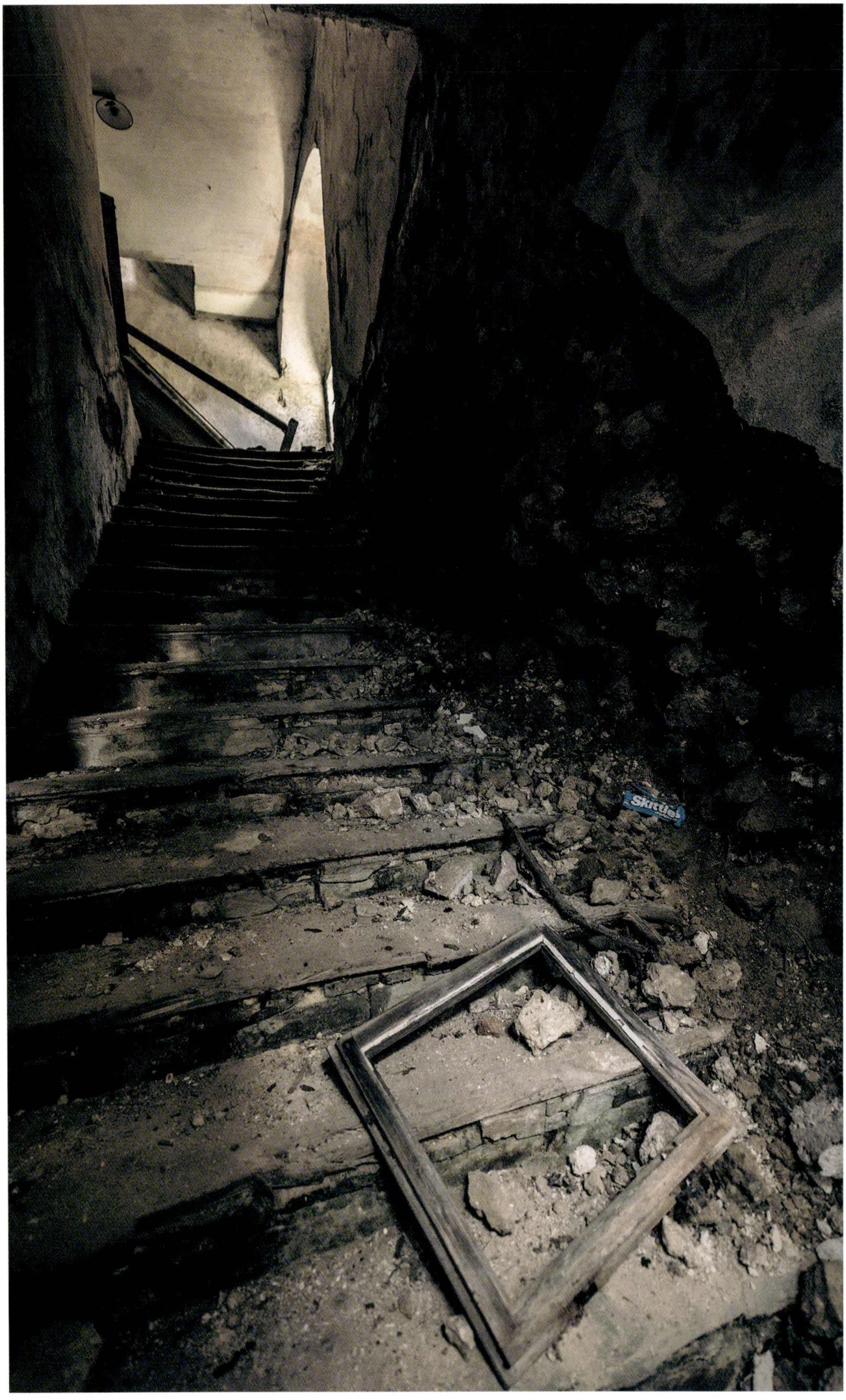
Skittles

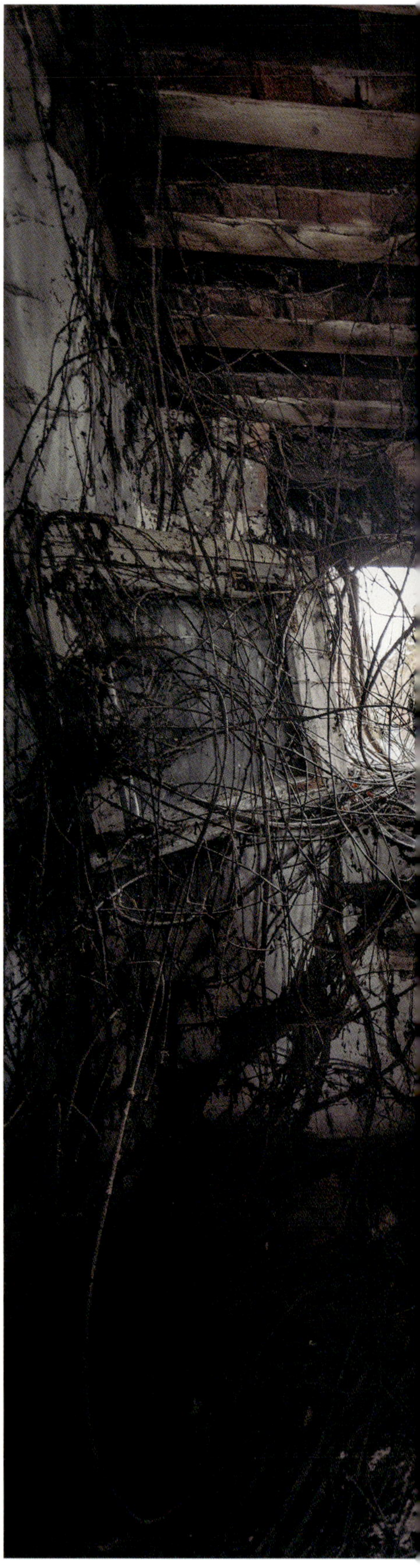

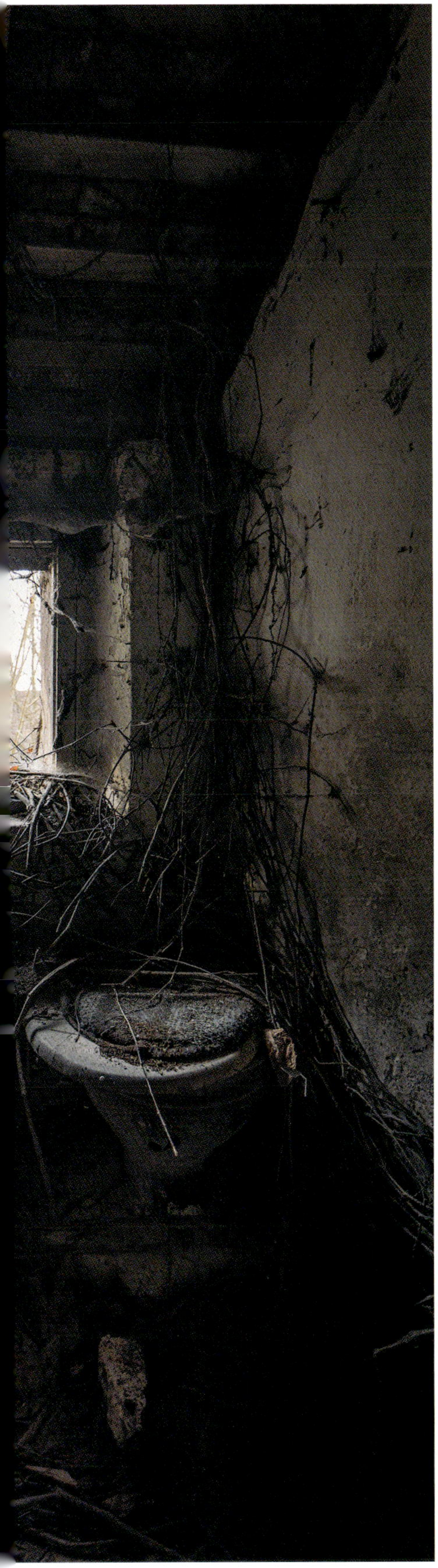

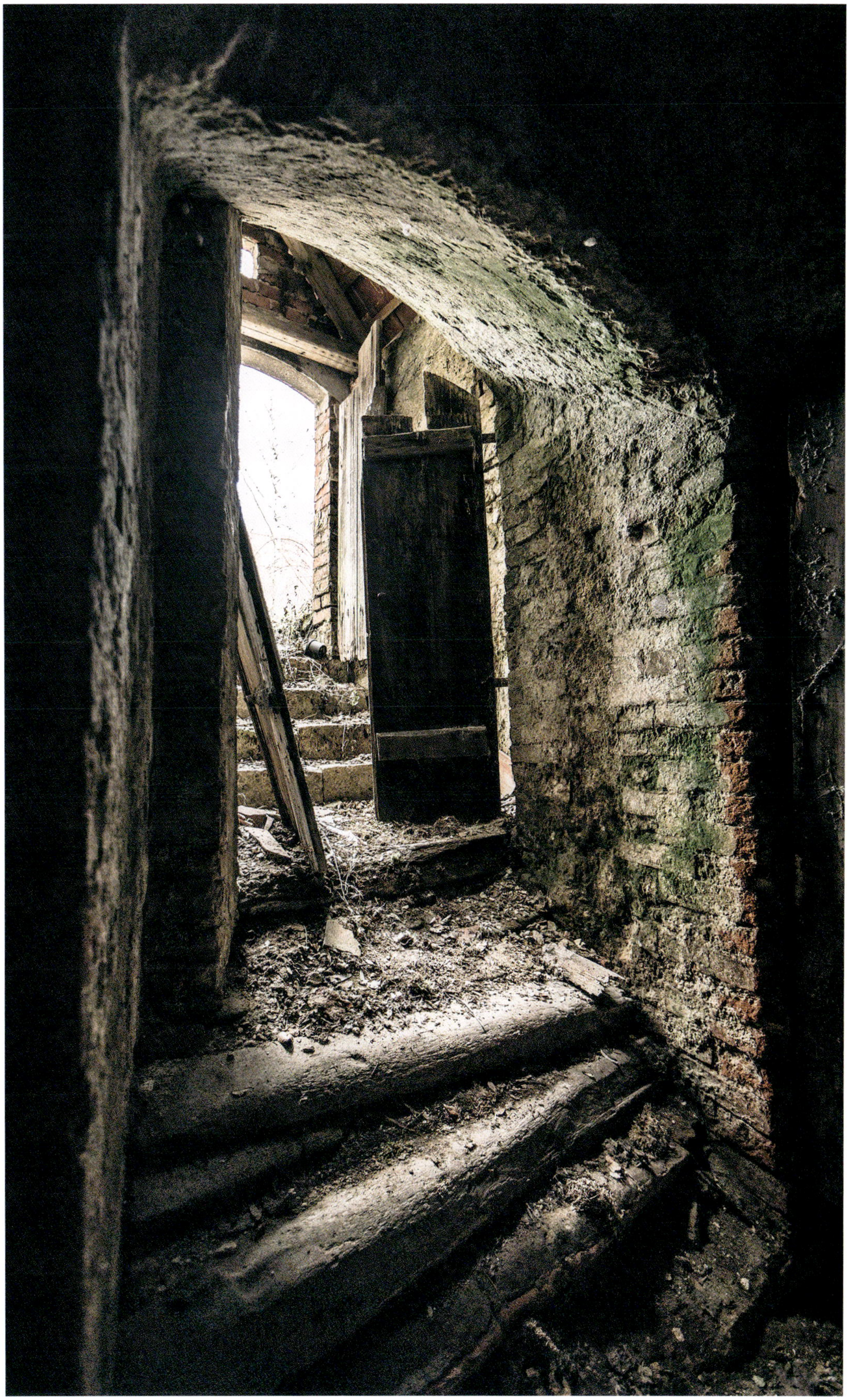

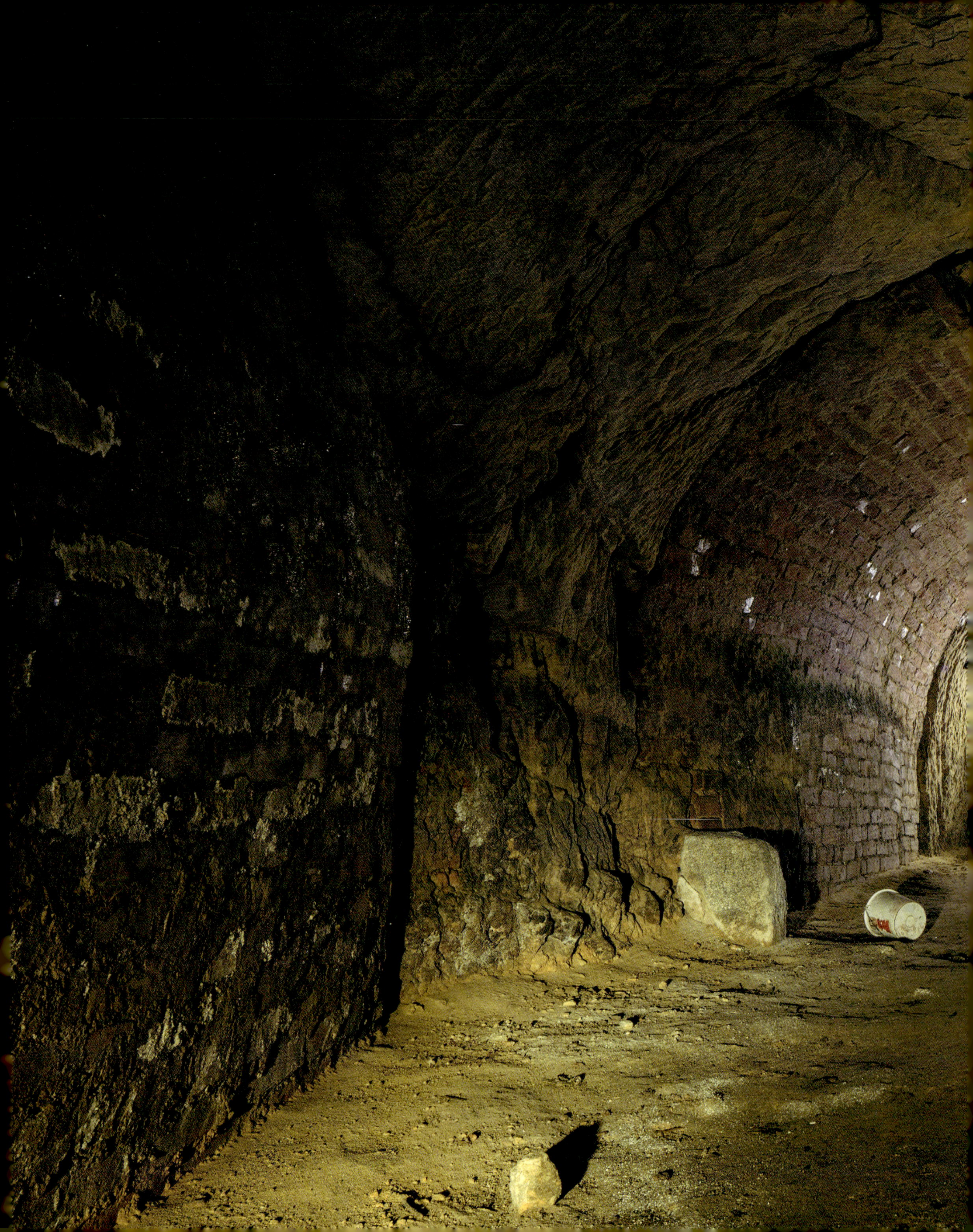

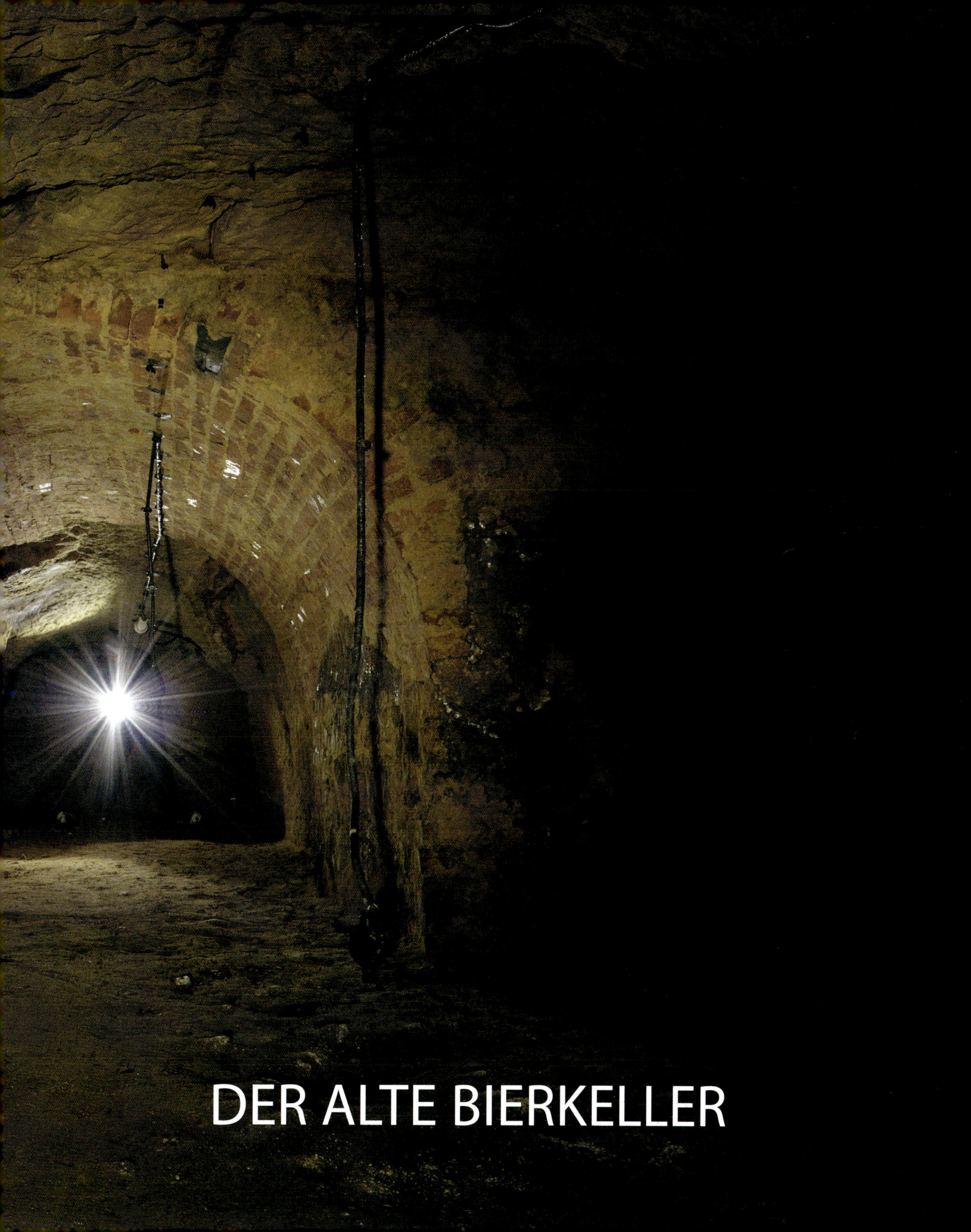

DER ALTE BIERKELLER

DER ALTE BIERKELLER

SHORT FACTS

Erkundet: 2019
Baujahr: um 1857
Verlassen seit: Keine Angabe
Noch begehbar: Ja
Denkmalschutz: Nein

Dieser alte Felsenkeller oder besser gesagt der ehemalige Bierkeller befindet sich unter einer Gaststätte. Er ist komplett in Stein gehauen und führt tief in den Berg hinein. Immer wieder gibt es verwinkelte Abzweigungen. Ursprünglich dienten solche Felsenkeller aufgrund der darin vorherrschenden, gleichmäßig niedrigen Temperaturen (im Durchschnitt 8–12 °C) primär der Lagerung von Bier und landwirtschaftlichen Erzeugnissen, da diese durch die kühlen Temperaturen länger haltbar waren. Aus diesem Grund wurden in unmittelbarer Nähe zu größeren Felsenkelleranlagen häufig Gaststätten oder Biergärten eröffnet, die sich vor allem im Sommer großer Beliebtheit erfreuen. Von wann dieser ehemalige Bierkeller stammt, ist nicht bekannt, in Stein gehauene Zahlen lassen aber das Jahr 1857 vermuten. In der jüngeren Vergangenheit diente er wohl unter anderem jungen Leuten als Partykeller. Der vordere kleine Eingangsbereich wird im Moment als Abstell- und Lagerraum genutzt. Der hintere weitläufige Teil des Felsenkellers ist ungenutzt.

Der Bierkeller ist komplett in Stein gehauen und führt tief in den Berg hinein. Immer wieder gibt es verwinkelte Abzweigungen.

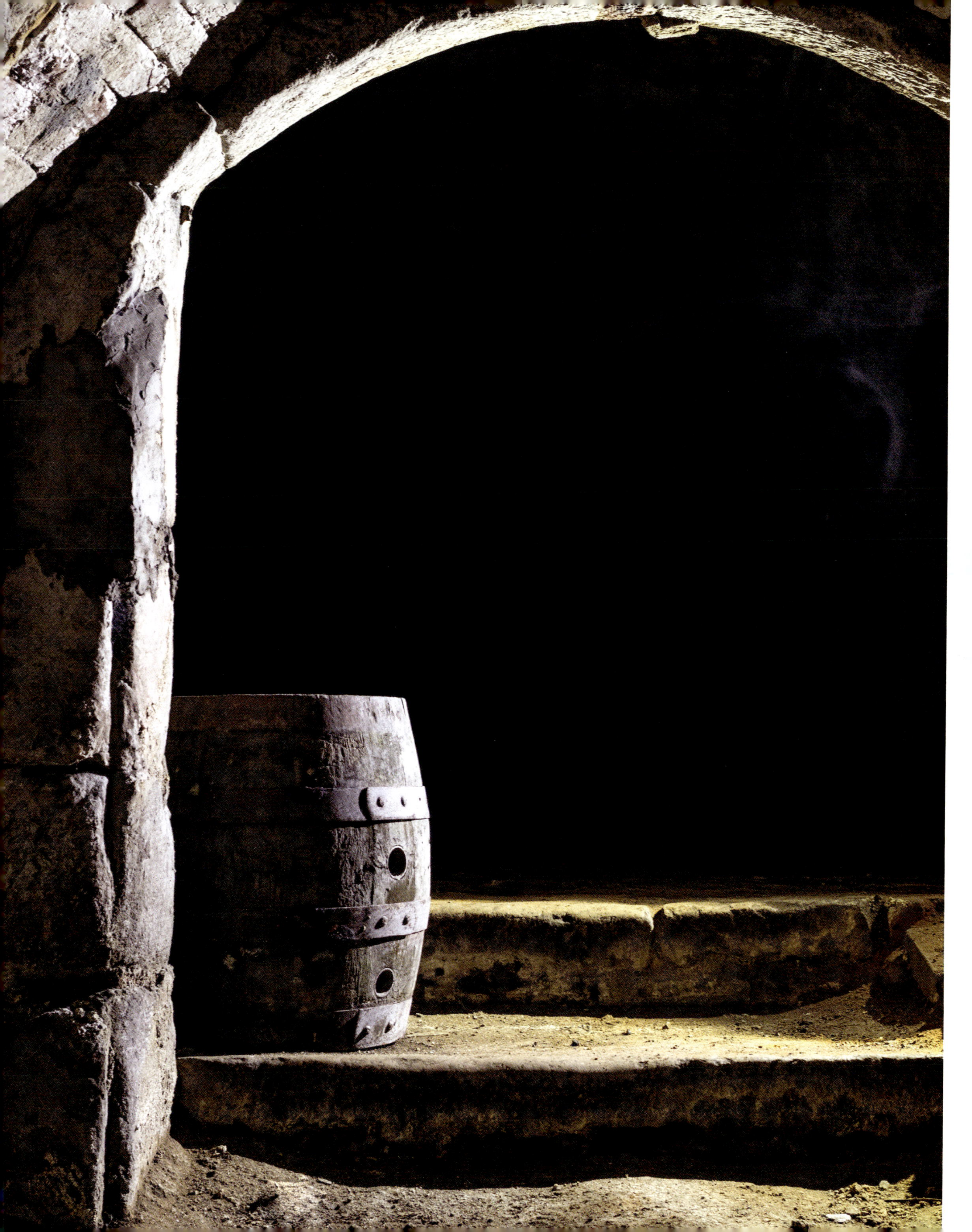

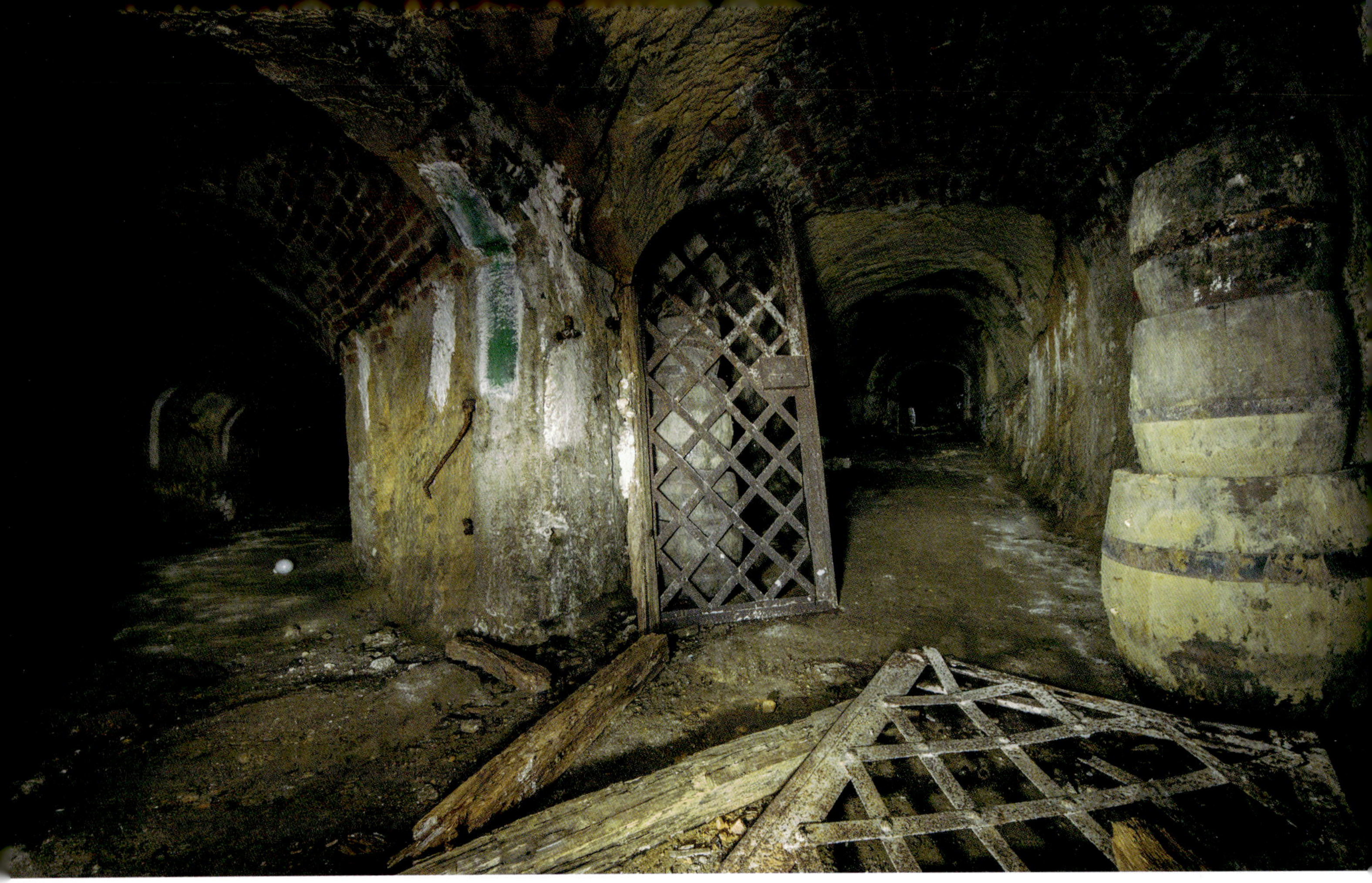

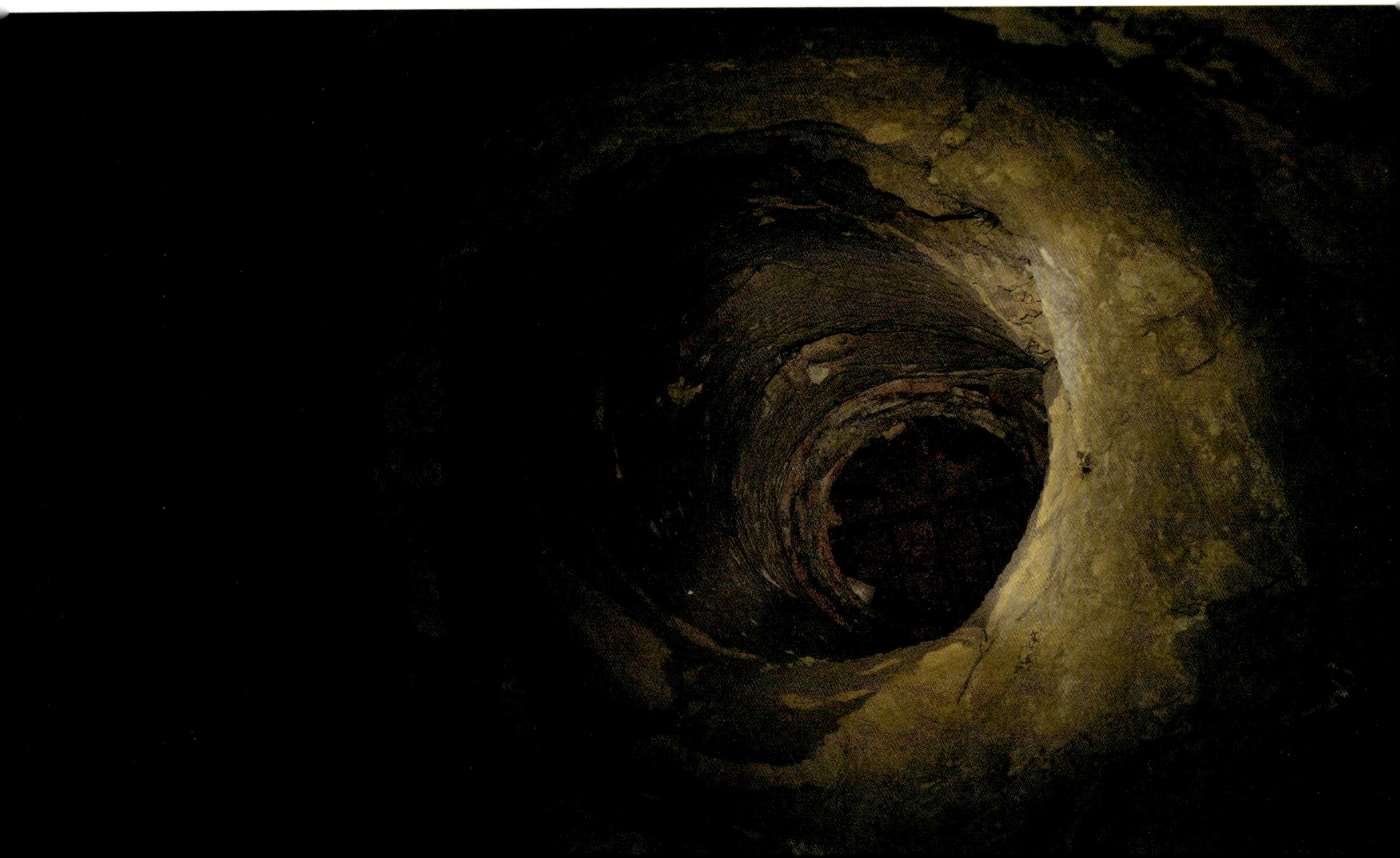

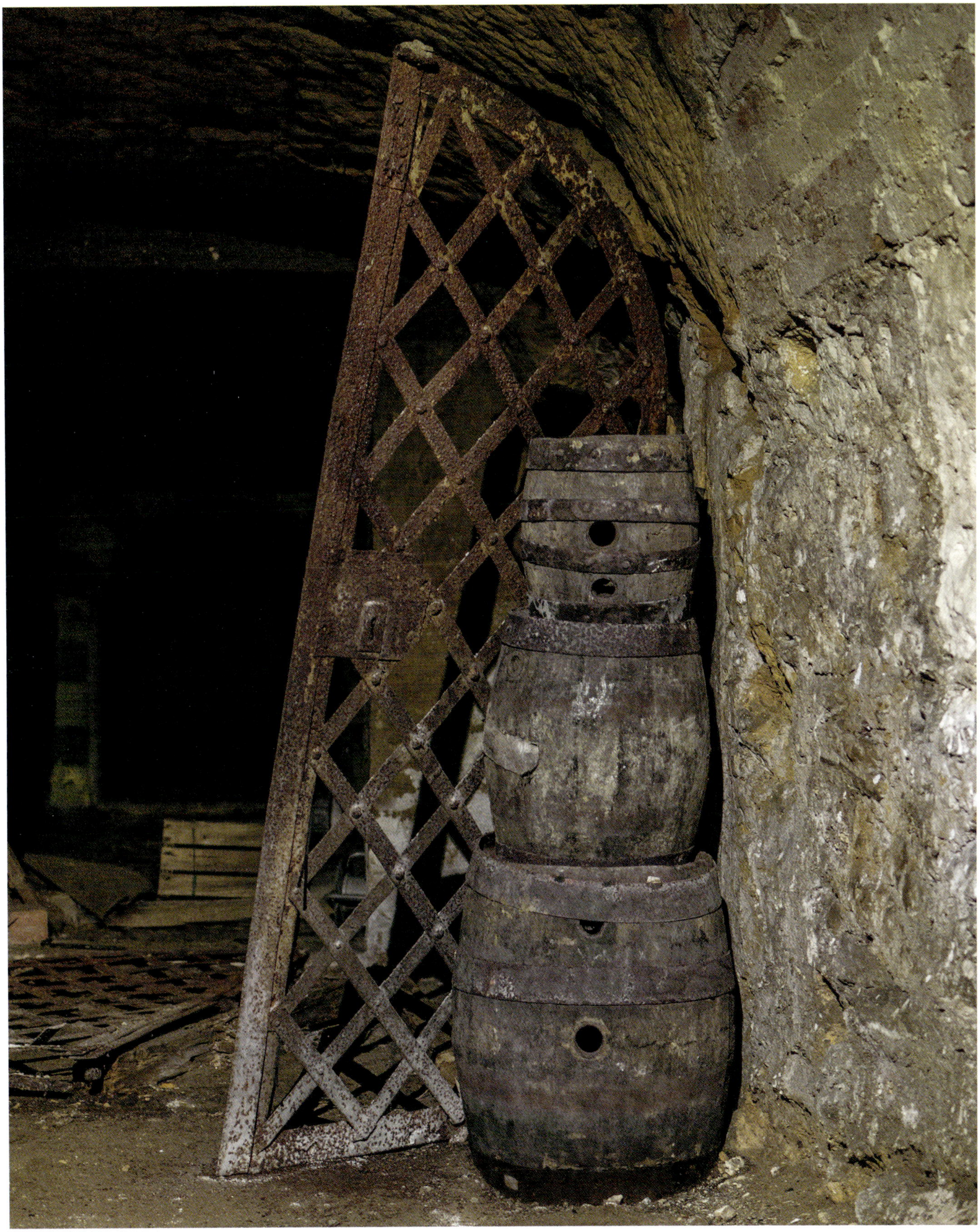

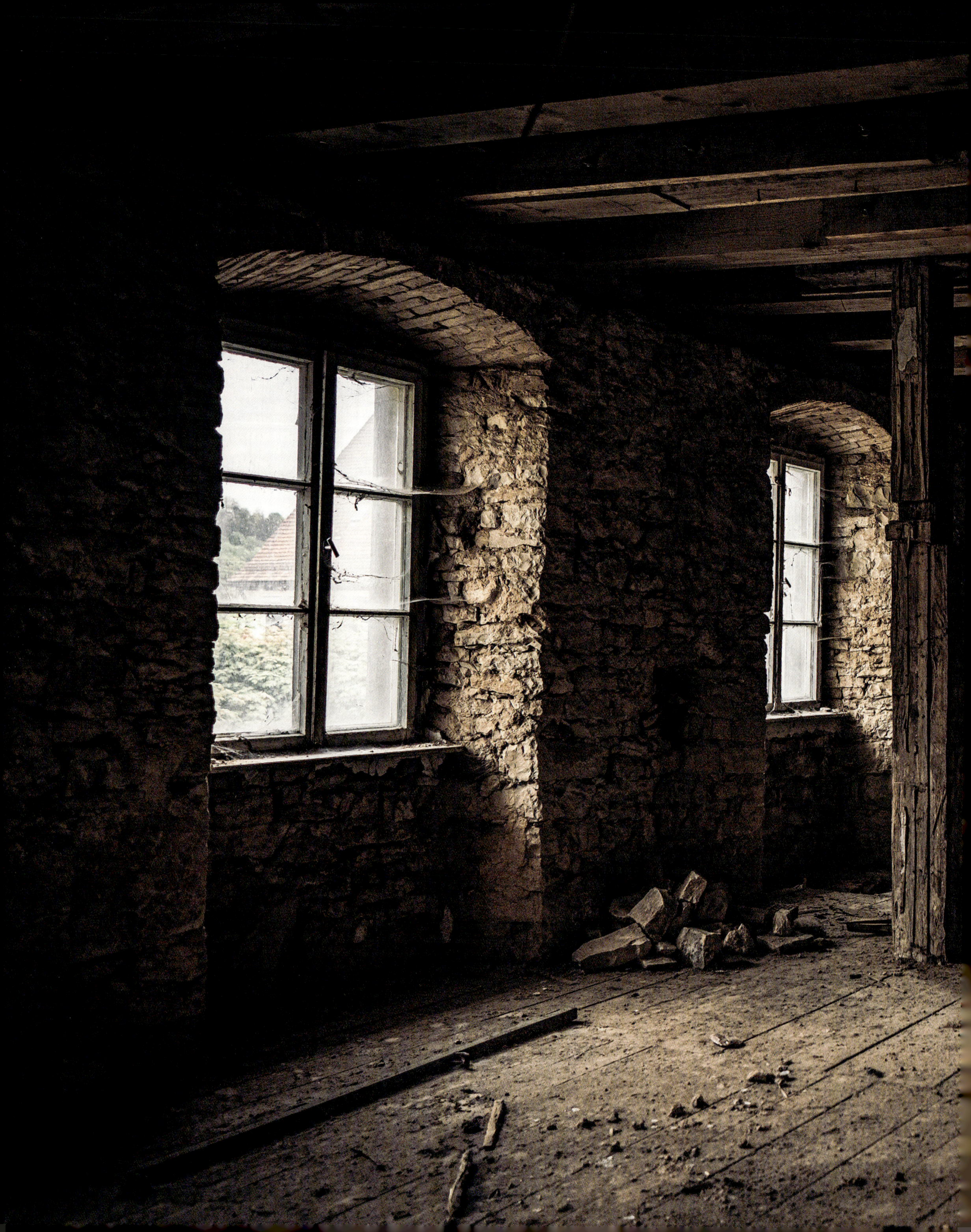

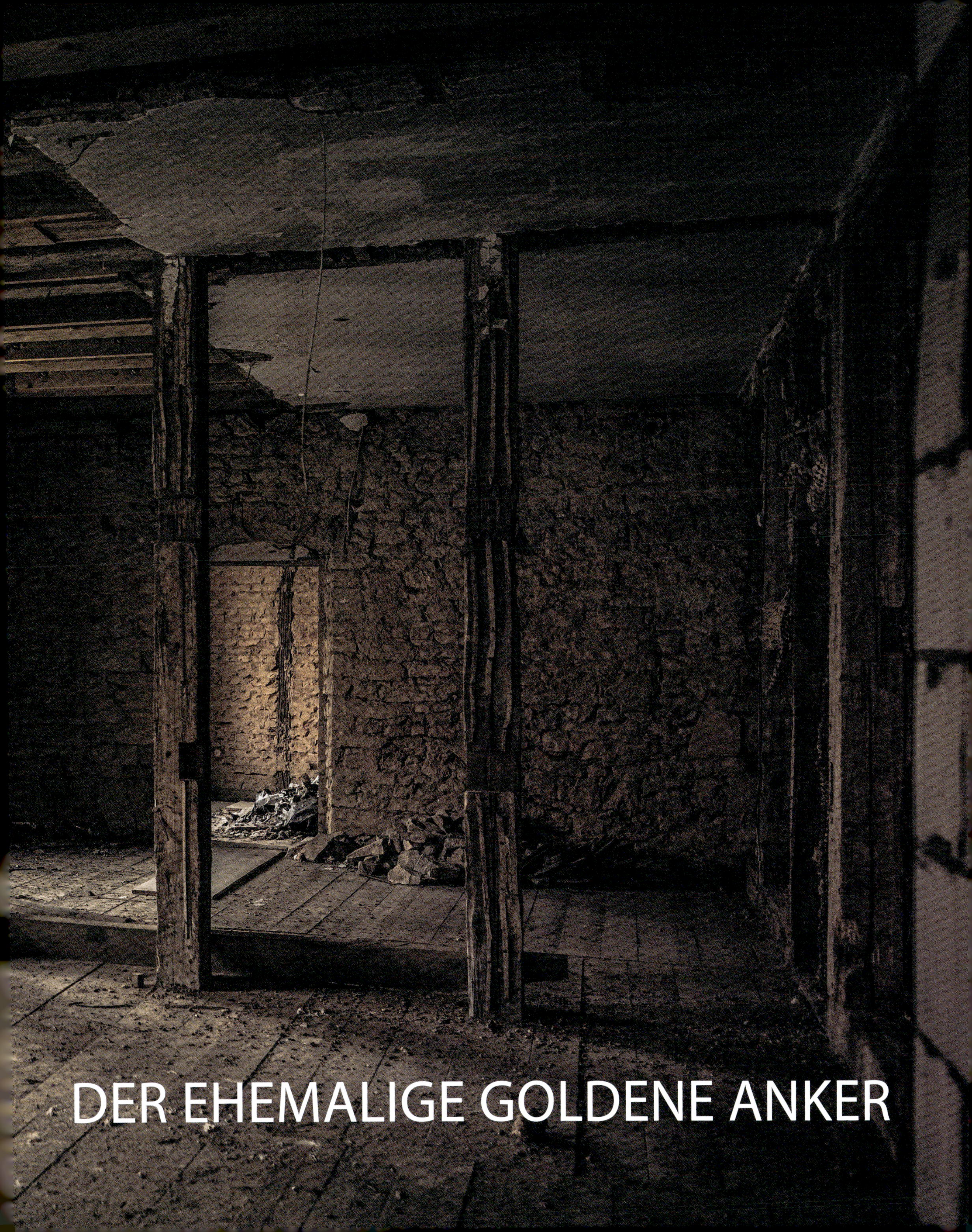
DER EHEMALIGE GOLDENE ANKER

DER EHEMALIGE GOLDENE ANKER

SHORT FACTS

Erkundet: im Frühjahr 2021
Baujahr: 1532
Verlassen seit: 1980
Noch begehbar: Ja
Denkmalschutz: Ja

Das ehemalige Gasthaus „Goldener Anker“ blickt auf eine lange Geschichte zurück. In der Denkmalschutzliste ist das Gebäude wie folgt beschrieben: „Stattlicher zweigeschossiger Bruchsteinbau in Ecklage, mit Krüppelwalmdach, Putzgliederung, Giebelluken und polygonalem Fachwerkerker, 1532 als stattliches Lagerhaus des Marktes Schmidmühlen und Nürnberger Kaufleute errichtet. Angrenzender Torbogen“. Was baulich so nüchtern klingt, lässt einen Blick zu auf das frühere Leben im Markt.

Der „Goldene Anker“ ist untrennbar mit der Vilsschifffahrt verbunden. Früher war Schmidmühlen ein echtes Handelszentrum – der Eisenhammer sorgte für Brot, Arbeit und Reichtum, die Hopfengärten in und um Schmidmühlen boten den Bauern und Taglöhnern ein gutes Einkommen und der Vilshafen brachte viele Kaufleute und Händler, Arbeiter und Reisende hierher. Es herrschte ein Kommen und Gehen. Händler und Schifffahrtsleute trafen sich hier. Und im Mittelpunkt: das mächtige Gebäude im Zentrum von Schmidmühlen, der „Anker“. Nicht nur Waren gingen auf die Reise, sondern auch Nachrichten kamen aus allen Himmelsrichtungen nach Schmidmühlen. Der „Anker“ war also nicht nur Waren-, sondern auch Nachrichten-Umschlagsplatz.

Und im Mittelpunkt: das mächtige Gebäude im Zentrum von Schmidmühlen, der „Anker“.

Als die Vilsschifffahrt eingestellt wurde, bekam das Gebäude eine neue Nutzung – es wurde 1840 zu einem Gasthaus. Der Name „Goldener Anker“ verweist aber immer noch auf die Zeit der Vilsschifffahrt, die zur damaligen Zeit sicher noch präsent war. Das imposante Gebäude bot vielen Menschen Platz zum Übernachten. Schmidmühlen war in den Nachkriegsjahren ein beliebter Ort für Tagesurlauber und Reisende. Im stattlichen Gastzimmer und im großen Tanzsaal wurde viel Unterhaltung geboten. Nicht immer ging es friedlich zu – viel Alkohol bedeutete auch so manche Schlägerei. Landläufig ist der Anker vielen als „beim Donhauser“ bekannt. Nur wenige Menschen gingen bis in die 1980er-Jahren „in den Anker“, man ging zum „Donhauser“ ins Wirtshaus. Der Name stammt von einem früheren Besitzer, einem gewissen Thomas Donhauser. In alten Unterlagen steht erstmals vor 1900 „beim Donhauser“.

Mitte der 1990er-Jahre sollte in dem Gebäude ein Seniorenheim eingerichtet werden. Dieses Vorhaben scheiterte allerdings an den Auflagen des Denkmalschutzes. Doch auch das ist Geschichte – so wie die Vilsschifffahrt sieht der „Anker“ einer großen Sanierung entgegen.

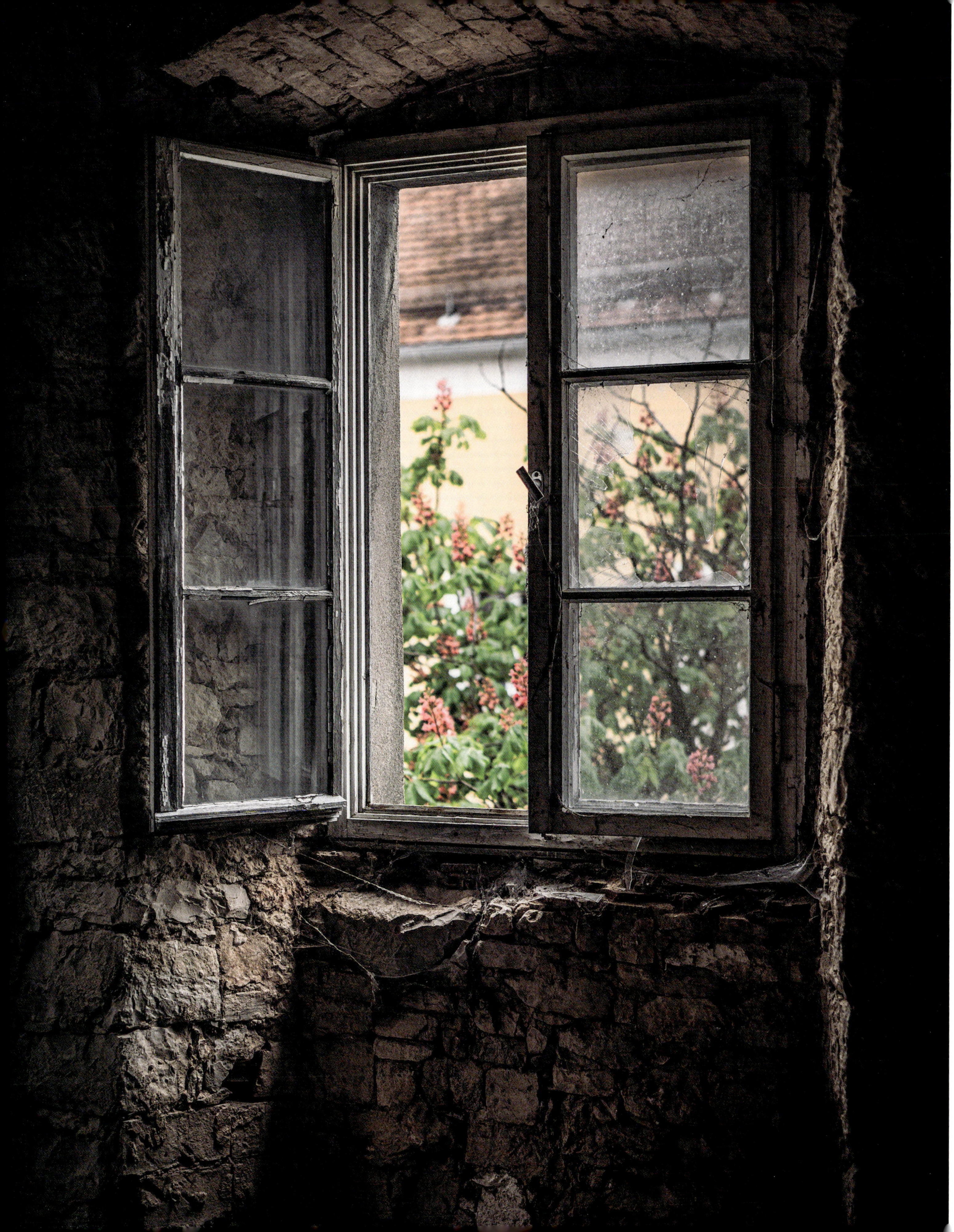

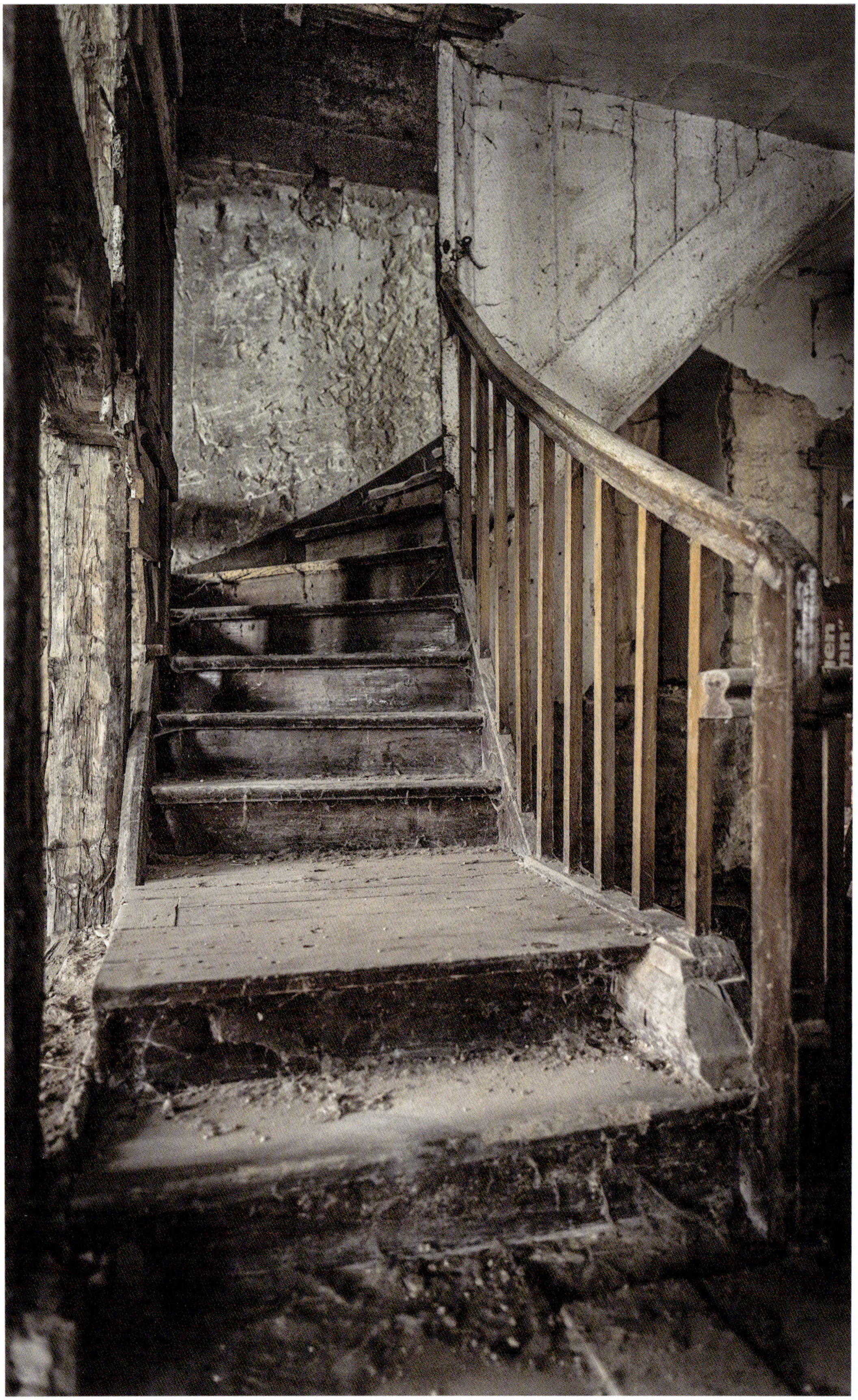

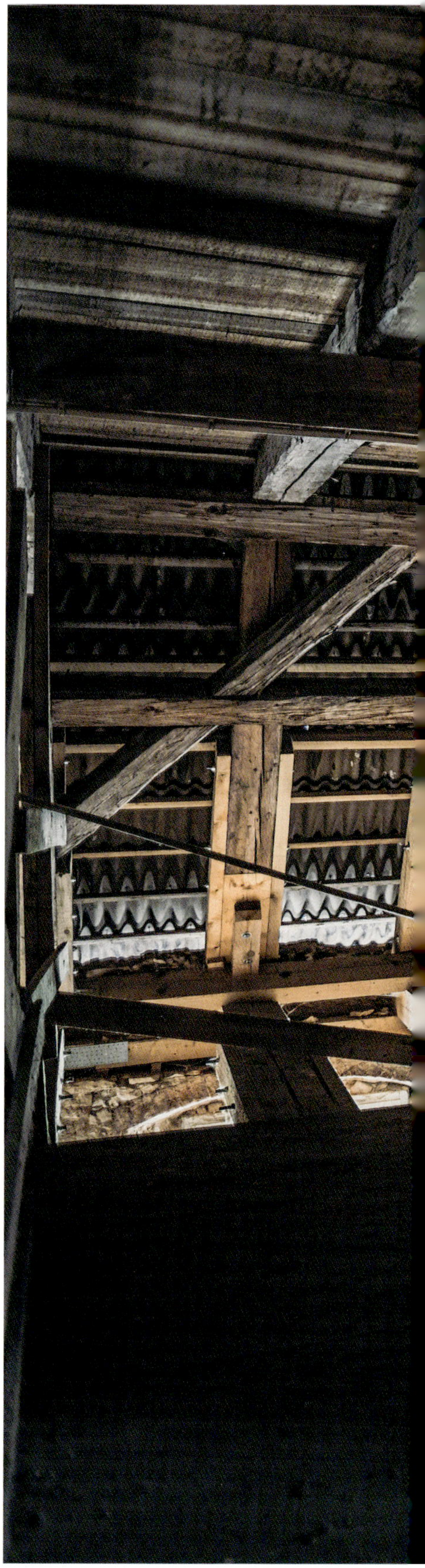

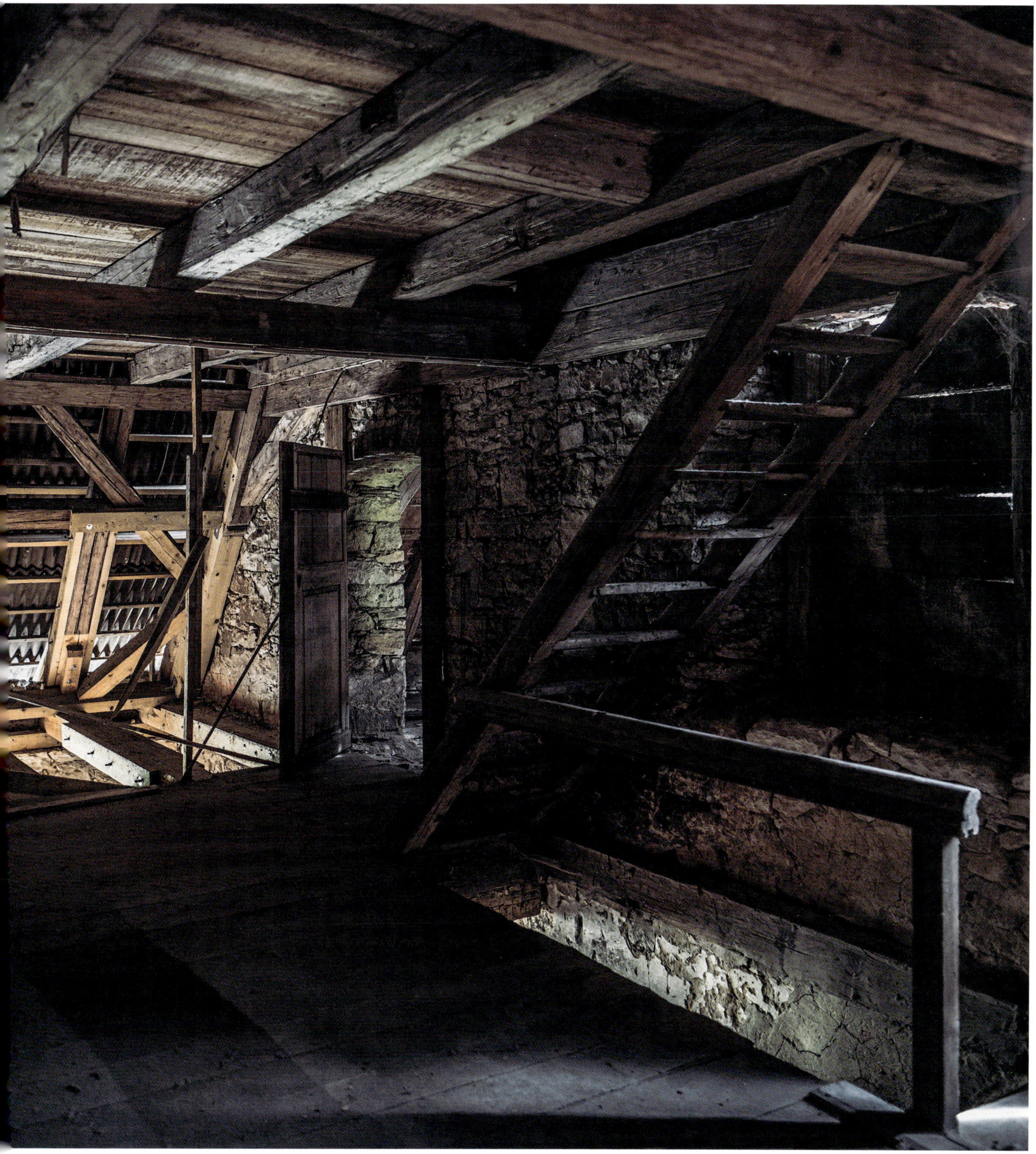

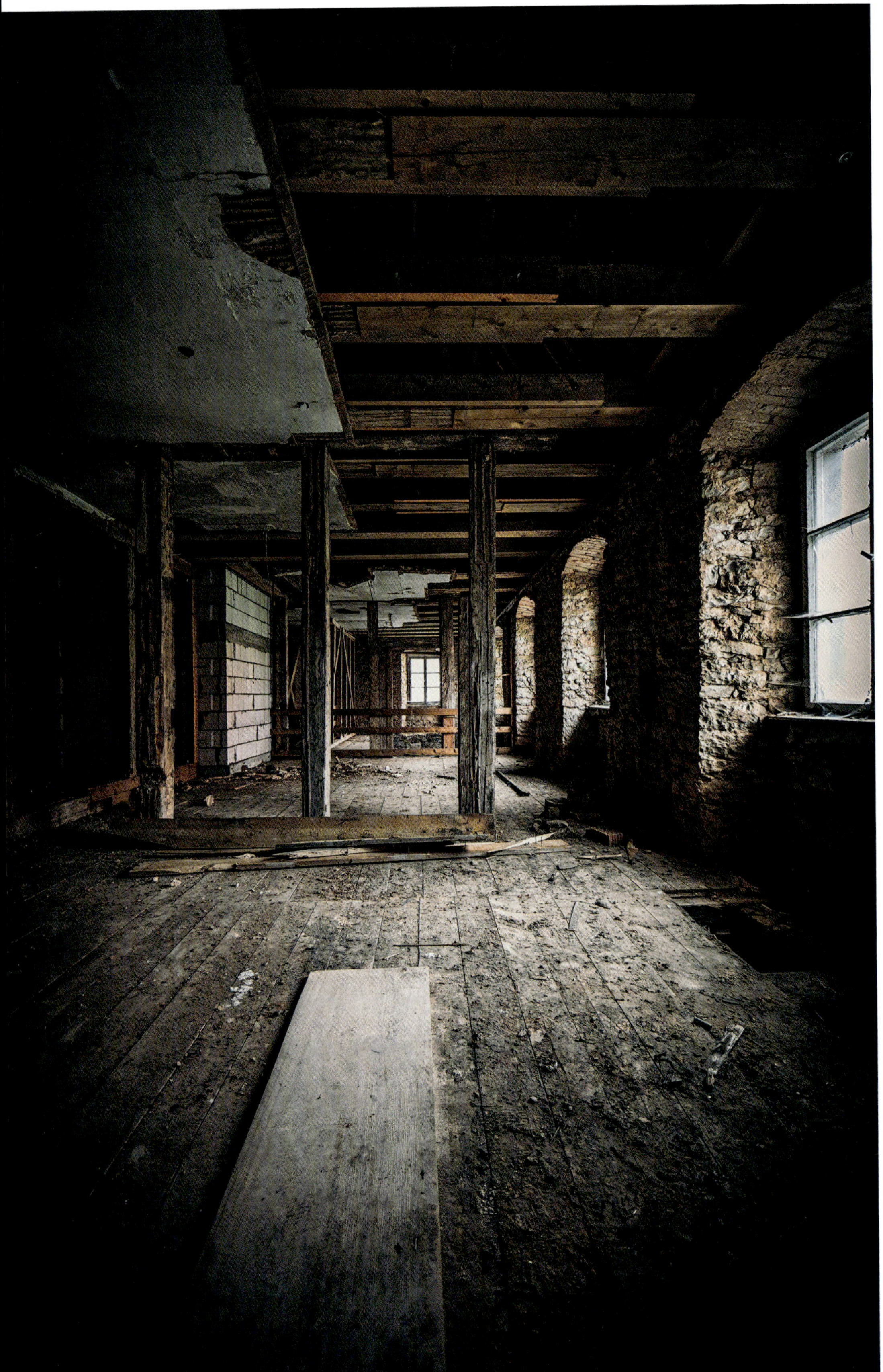

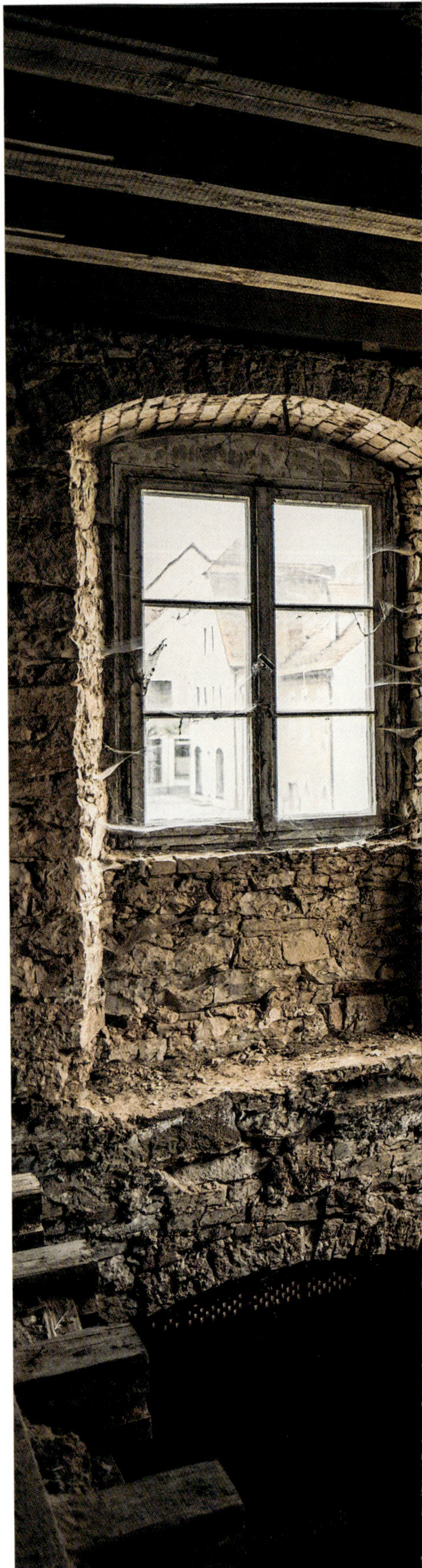

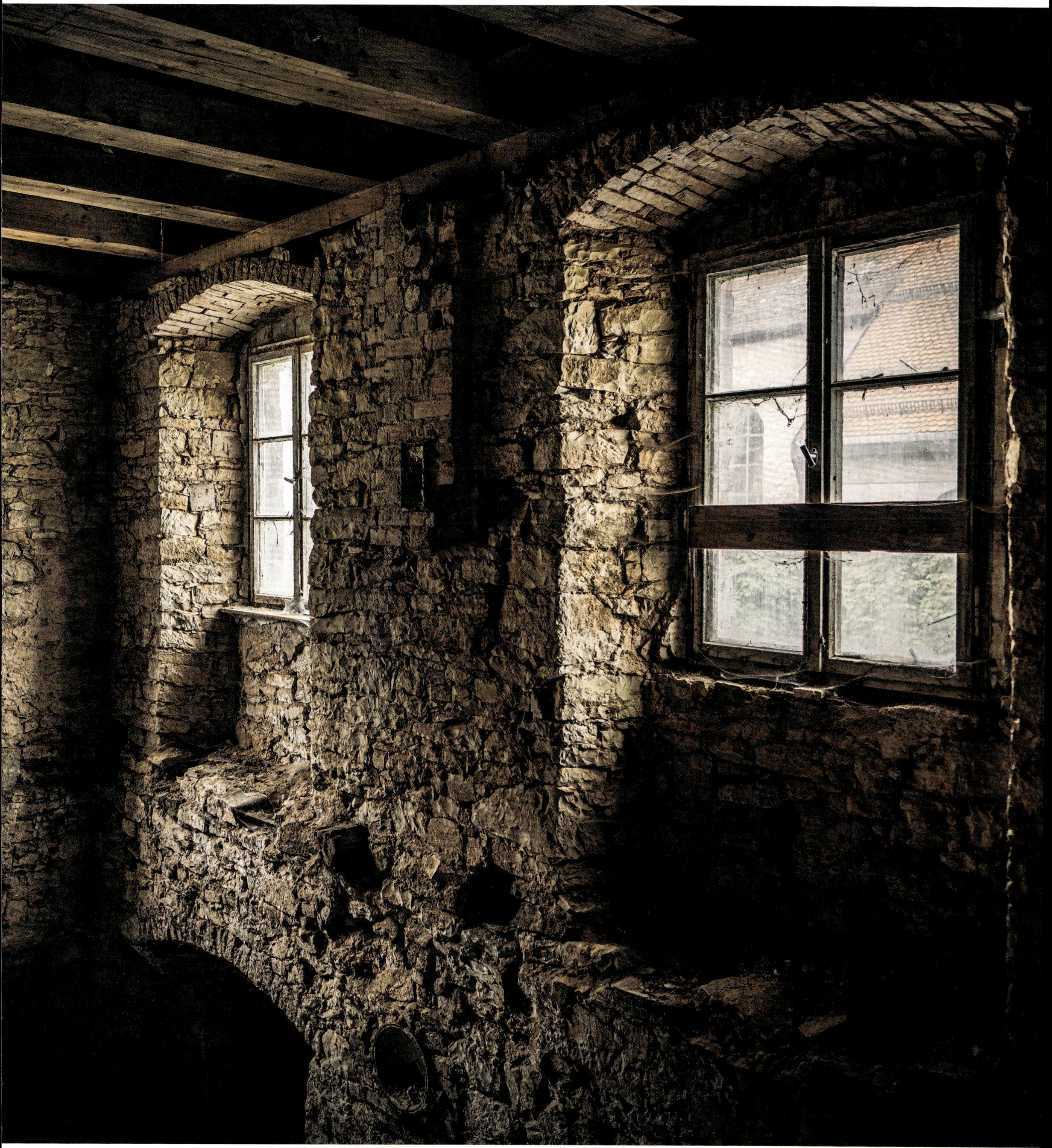

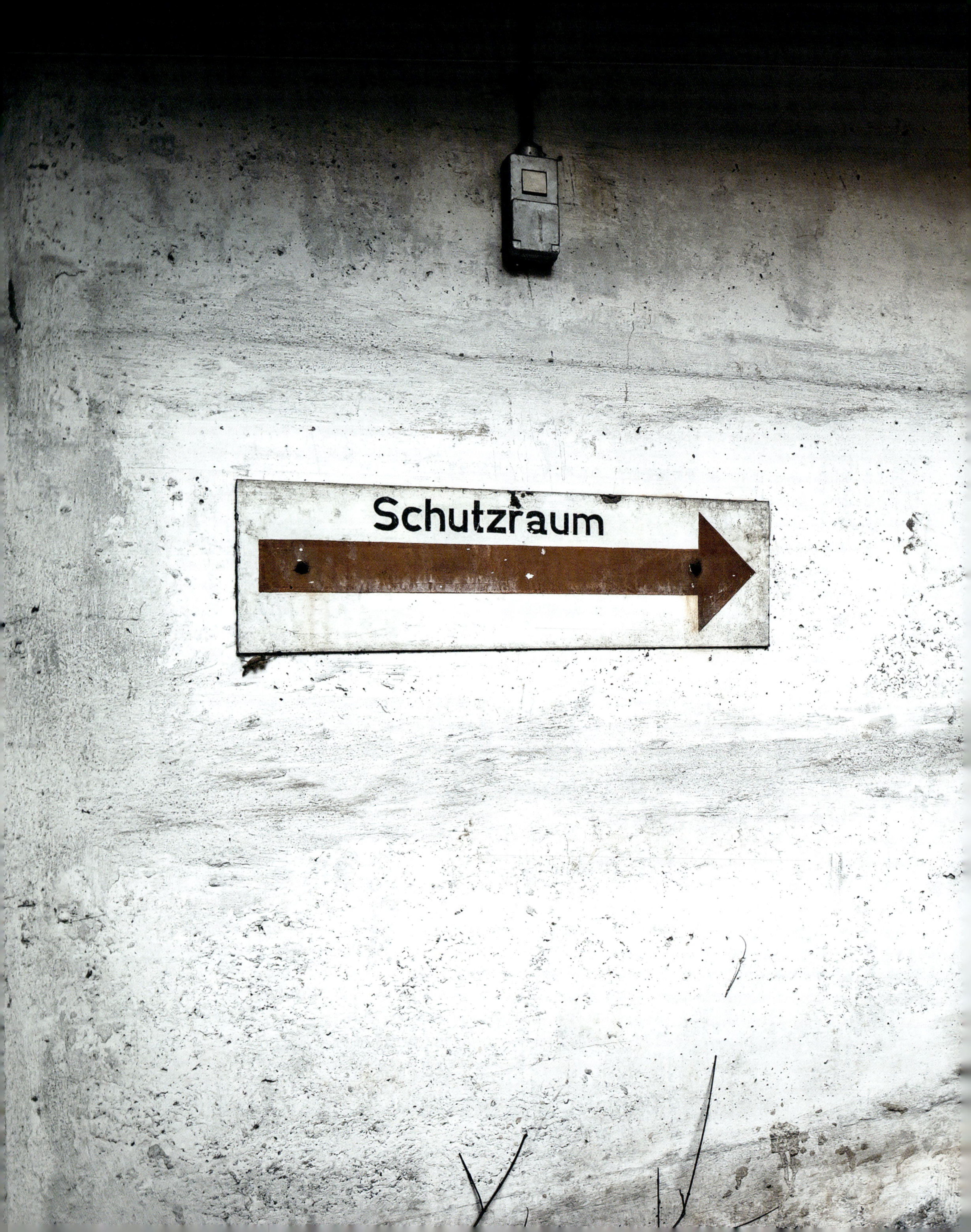
Schutzraum

DER VERLASSENE LUFTSCHUTZBUNKER

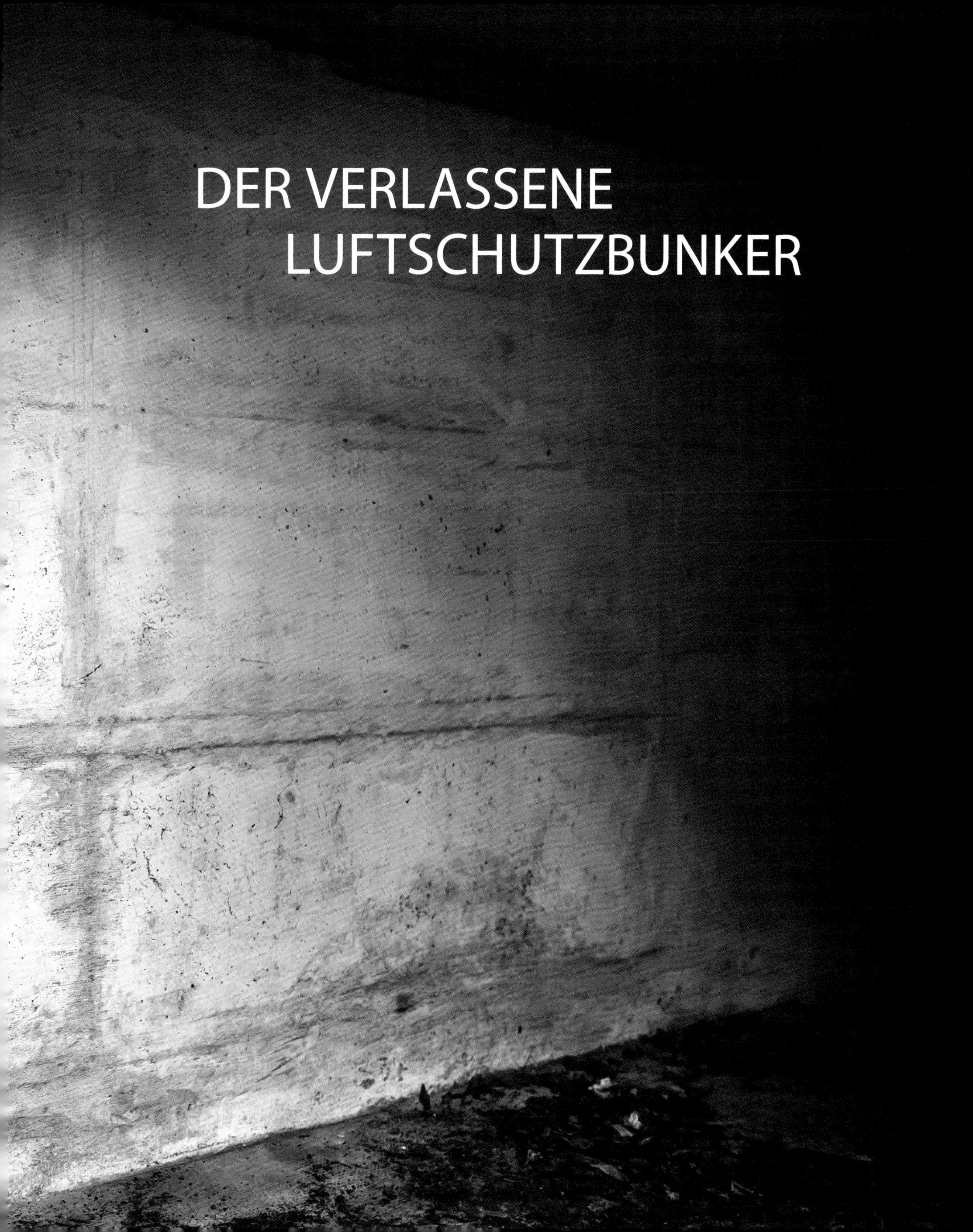

DER VERLASSENE LUFTSCHUTZBUNKER

SHORT FACTS

Erkundet: im Frühjahr 2021
Baujahr: Anfang der 1960er-Jahre
Verlassen seit: ca. 1973
Noch begehbar: Ja
Denkmalschutz: Nein

Erbaut wurden die Luftschutzbunkeranlagen Anfang der 1960er-Jahre im Auftrag der Bundeswehr, um einem Teil des Führungs- und Nachrichtenstabes während des kalten Krieges Schutz vor Angriffen zu bieten.
Der befürchtete Ernstfall trat jedoch nie ein. Die Anlagen existieren allerdings immer noch versteckt unter der Erde. Es gibt drei Schutzräume, einen Schutzraum BW-20 und zwei Schutzräume BW-50. Die Zahl gibt jeweils die Personenkapazität an. Die Schutzräume waren also auf eine Kapazität von insgesamt 120 Soldaten ausgelegt. Die Bunker verfügten über einen Wasser- und Nahrungsmittelvorrat, der im Zusammenspiel mit der Luftfilteranlage ein Überleben der Personen über mehrere Wochen sichergestellt hätte.

Die Luftschutzbunkeranlagen existieren immer noch versteckt unter der Erde.

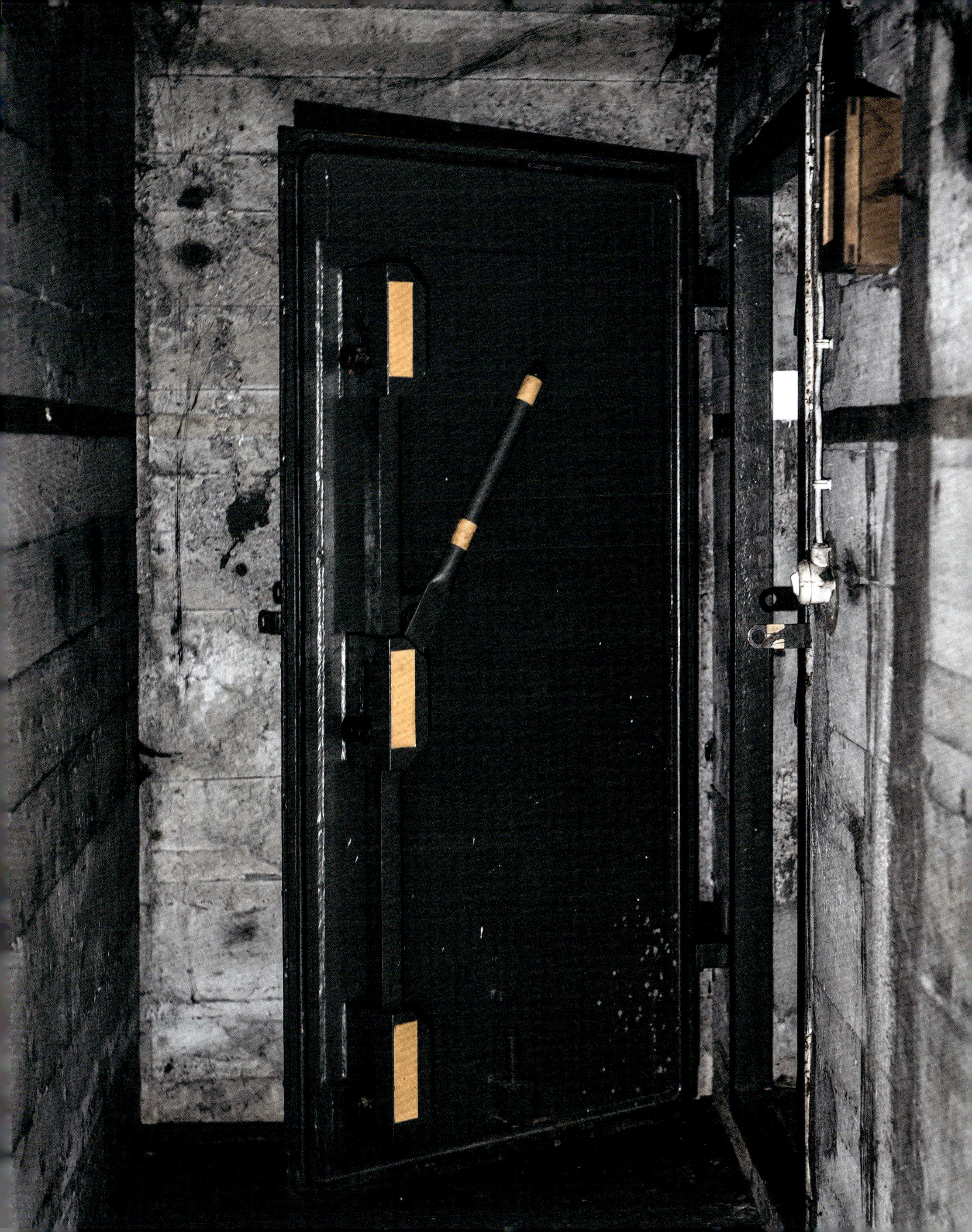

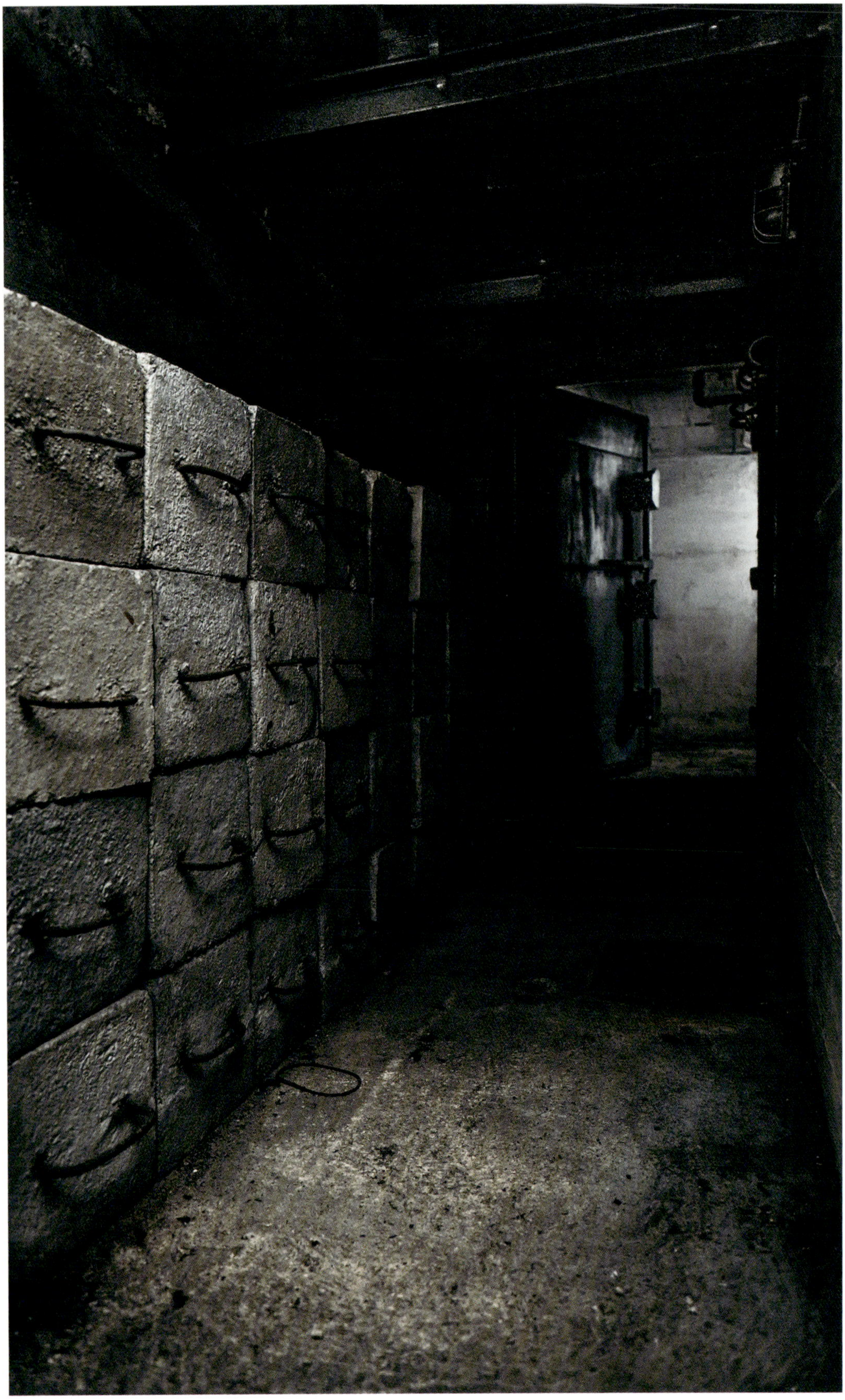

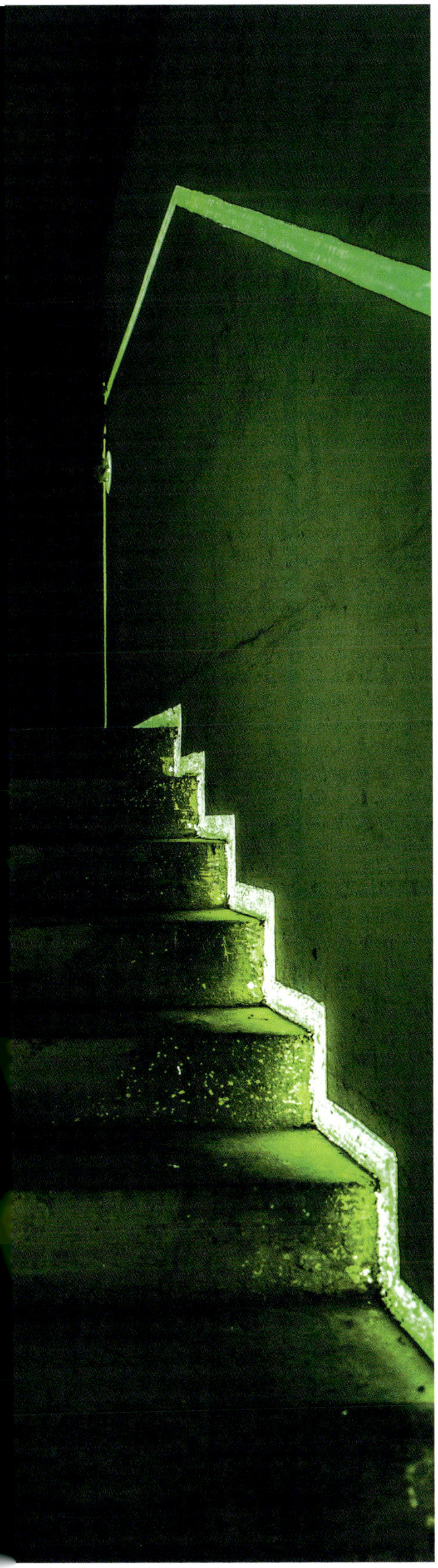

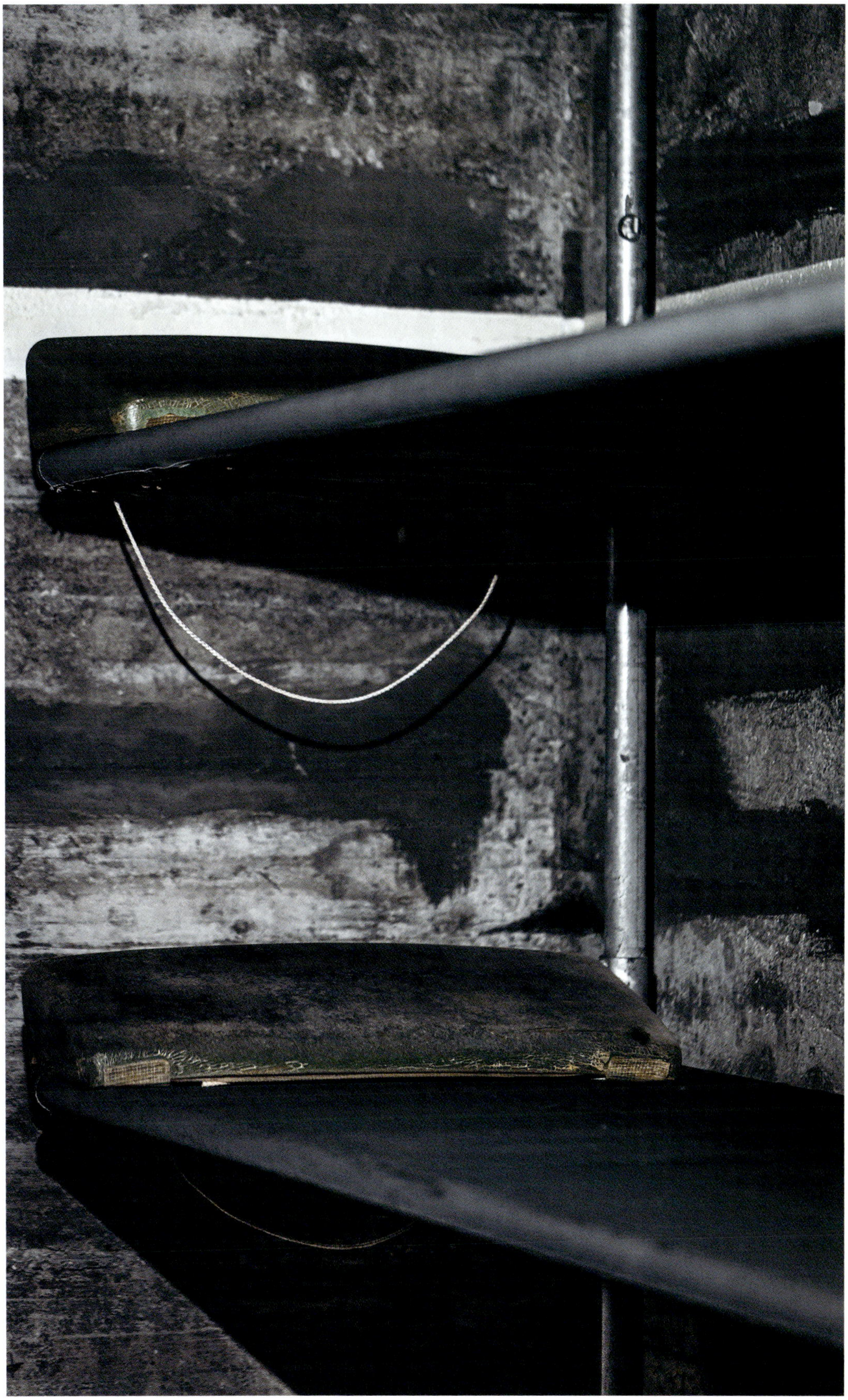

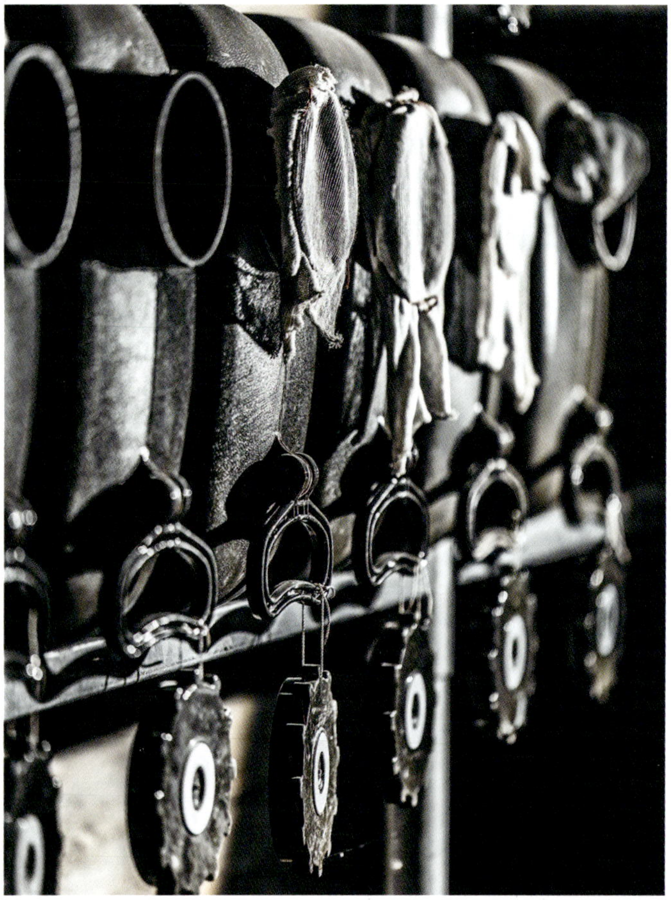

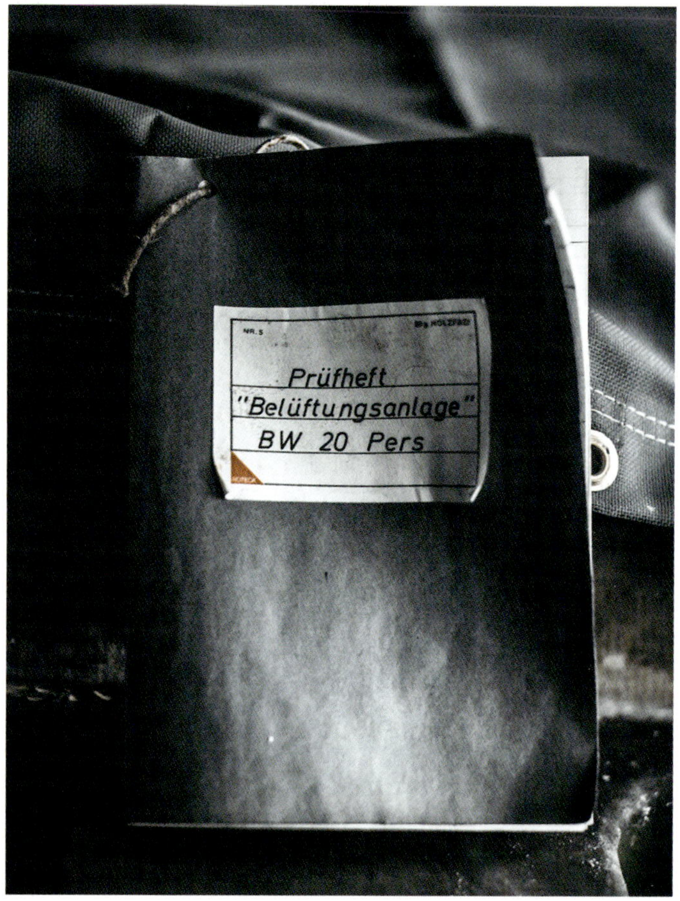
Prüfheft
"Belüftungsanlage"
BW 20 Pers

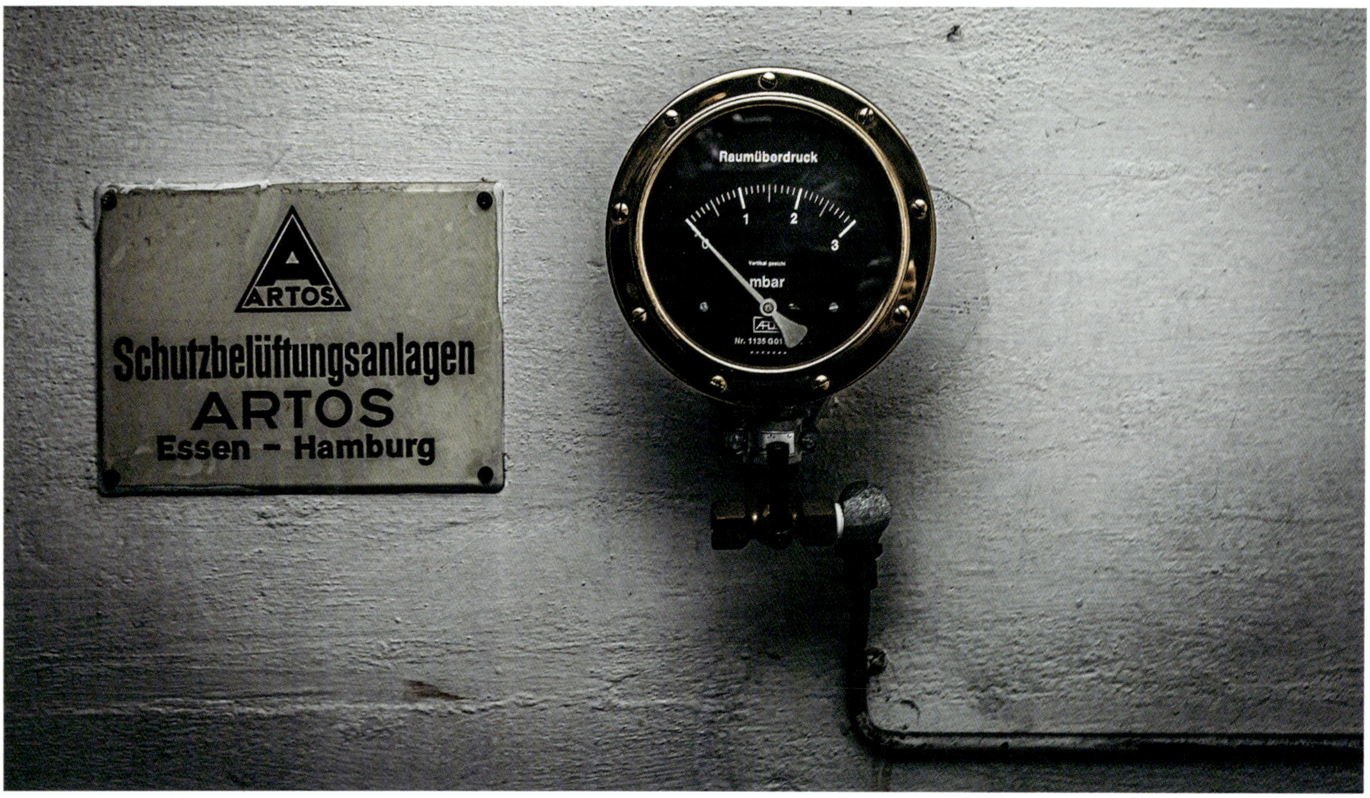
ARTOS
Schutzbelüftungsanlagen
ARTOS
Essen – Hamburg
Raumüberdruck
0 1 2 3
mbar

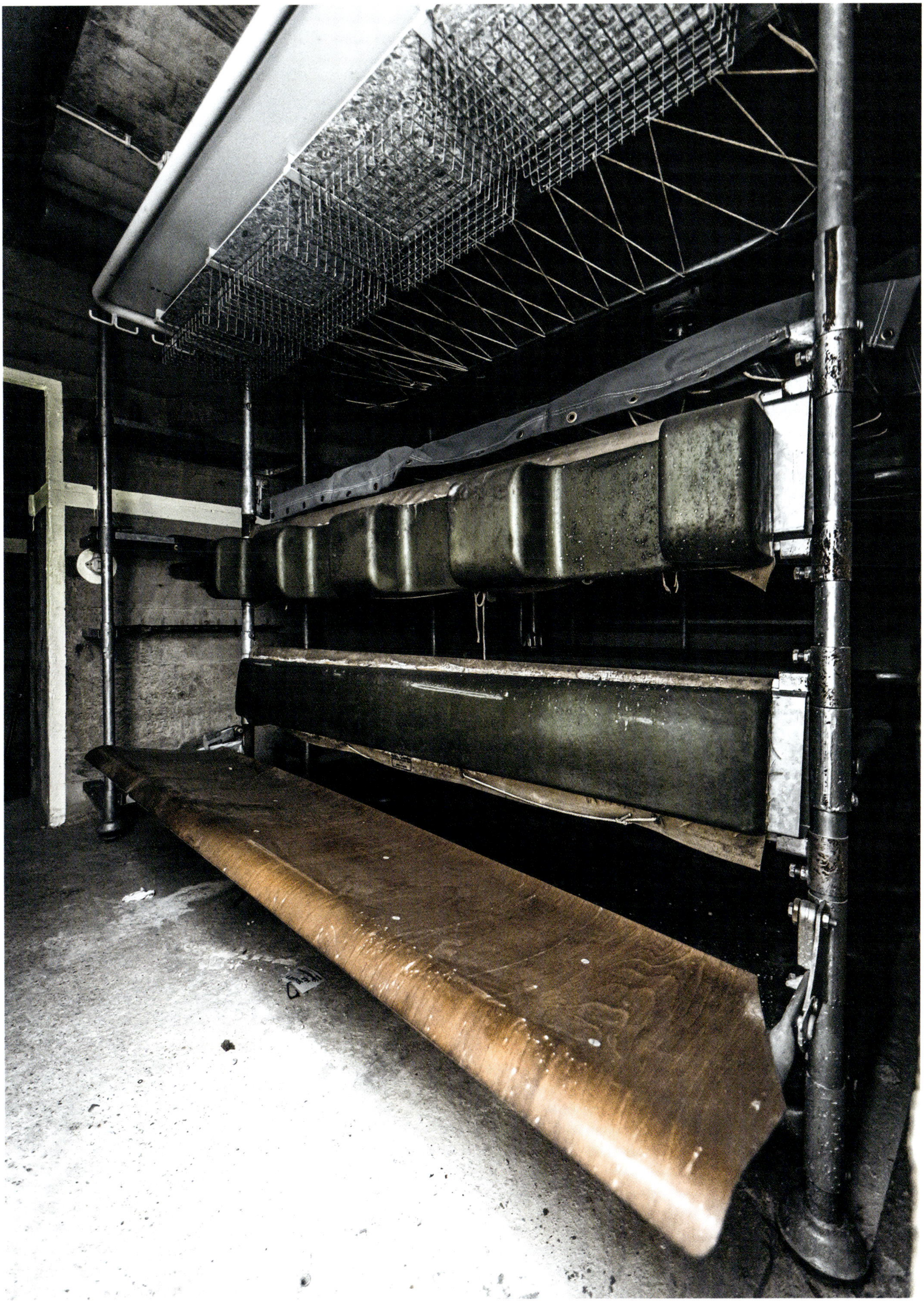

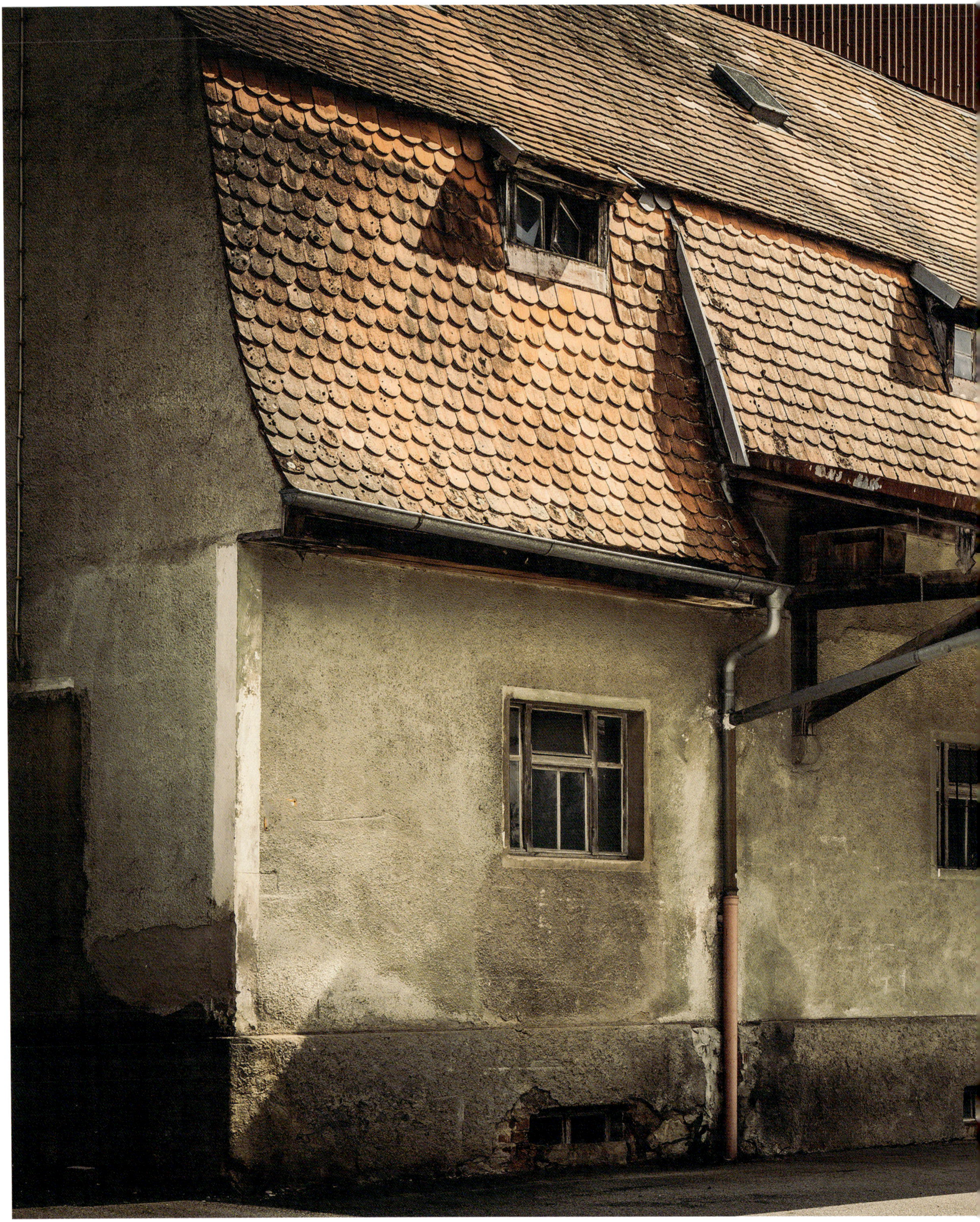

DAS ALTE LAGERHAUS

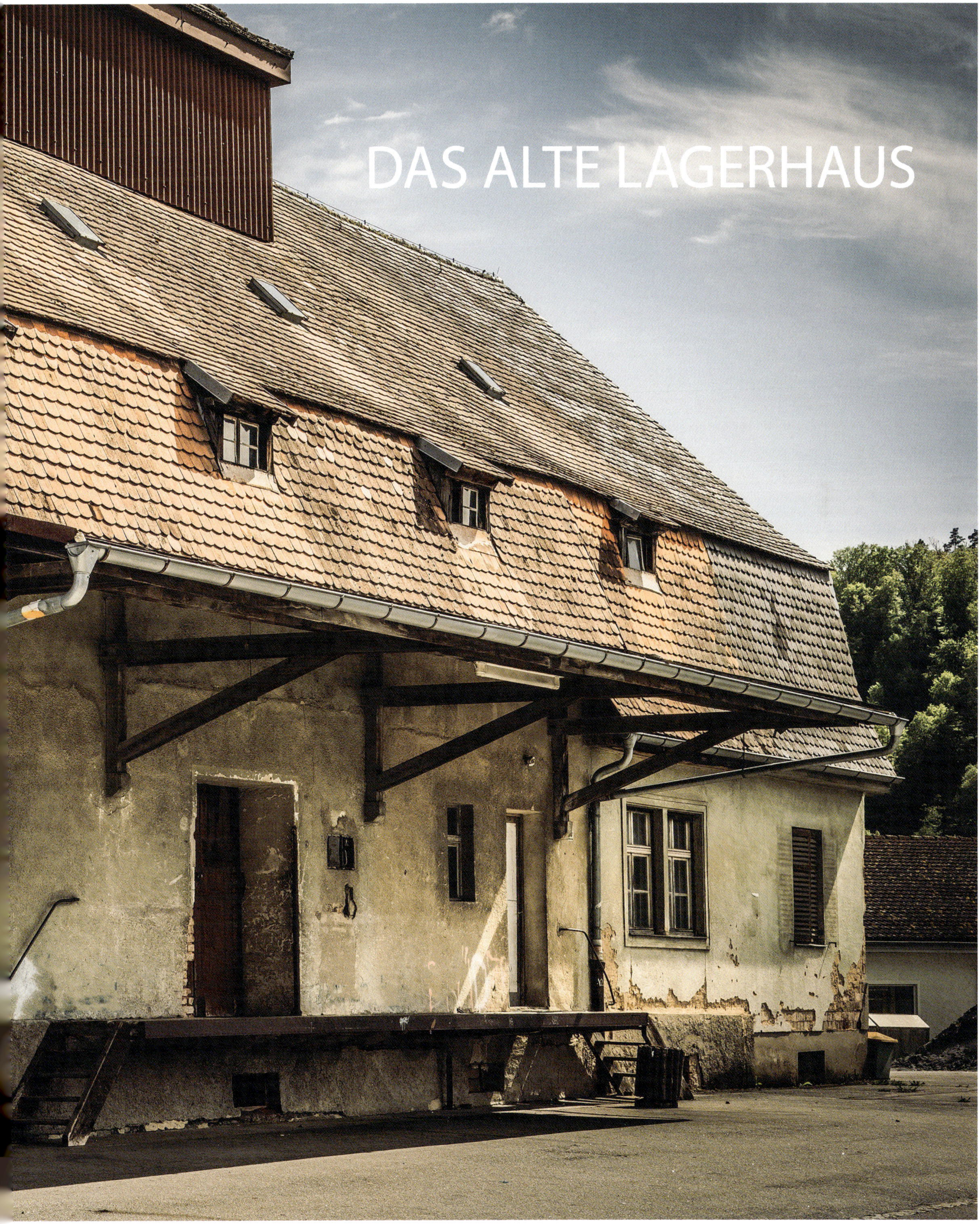

DAS ALTE LAGERHAUS

SHORT FACTS

Erkundet: im Frühjahr 2021
Baujahr: 1910
Verlassen seit: 1985
Noch begehbar: Ja
Denkmalschutz: Ja

Das Gebäude stammt noch aus einer Zeit, als Rauch und Qualm, Lärm und Gestank keine Gründe für eine Klage waren. Das alte Lagerhaus neben den Gleisen ist untrennbar mit der Eisenbahn durch das Vilstal verbunden, die 1910 fertiggestellt wurde.

Im Laufe der Jahrzehnte wuchs nicht nur der Personenverkehr, sondern auch der Güterumschlag. Der Güterverkehr der projektierten Lokalbahn sollte sich auf die Einfuhr von Kunstdünger, Hülsenfrüchten, Kolonialwaren, landwirtschaftlichen Maschinen und Bedarfsartikeln, Vieh, Holz, Ziegeln, Stein, Glas sowie Eisenwaren erstrecken. So wurden Küken, Pferde, Hunde oder auch Weinbergschnecken zwischengelagert.

So wurden Küken, Pferde, Hunde oder auch Weinbergschnecken zwischengelagert.

Insgesamt wurden 1955 etwa 240.000 Tonnen angeliefert und rund 60.000 Tonnen abtransportiert. Dies entspricht bei etwa 20 Tonnen je Wagenladung rund 15.000 Waggons pro Jahr. Bei den damaligen Zuglängen um die 15 Waggons ergibt das ca. 1.000 Züge, umgerechnet vier volle Güterzugpendel täglich. Deshalb benötigte man auch die Lagerkapazitäten quasi bis „unter das Dach". Es herrschte ein Kommen und Gehen, ein An- und Abtransportieren. Ein Umschlagplatz von großer regionaler Bedeutung.

1985 hatte das alte Lagerhaus an den Gleisen ausgedient, denn im Juni 1985 endete die Bahngeschichte und die Strecke wurde stillgelegt bzw. abgebaut.

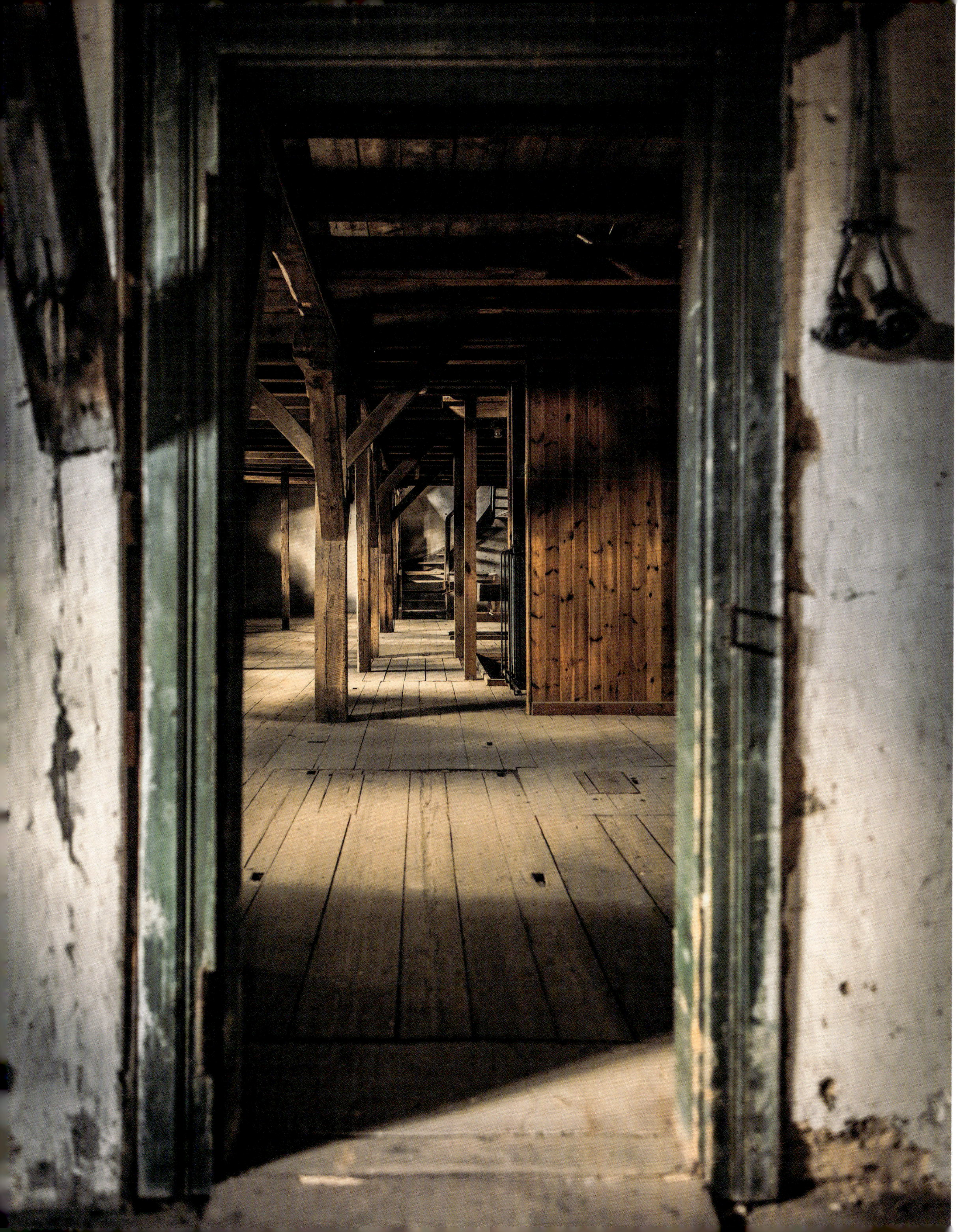

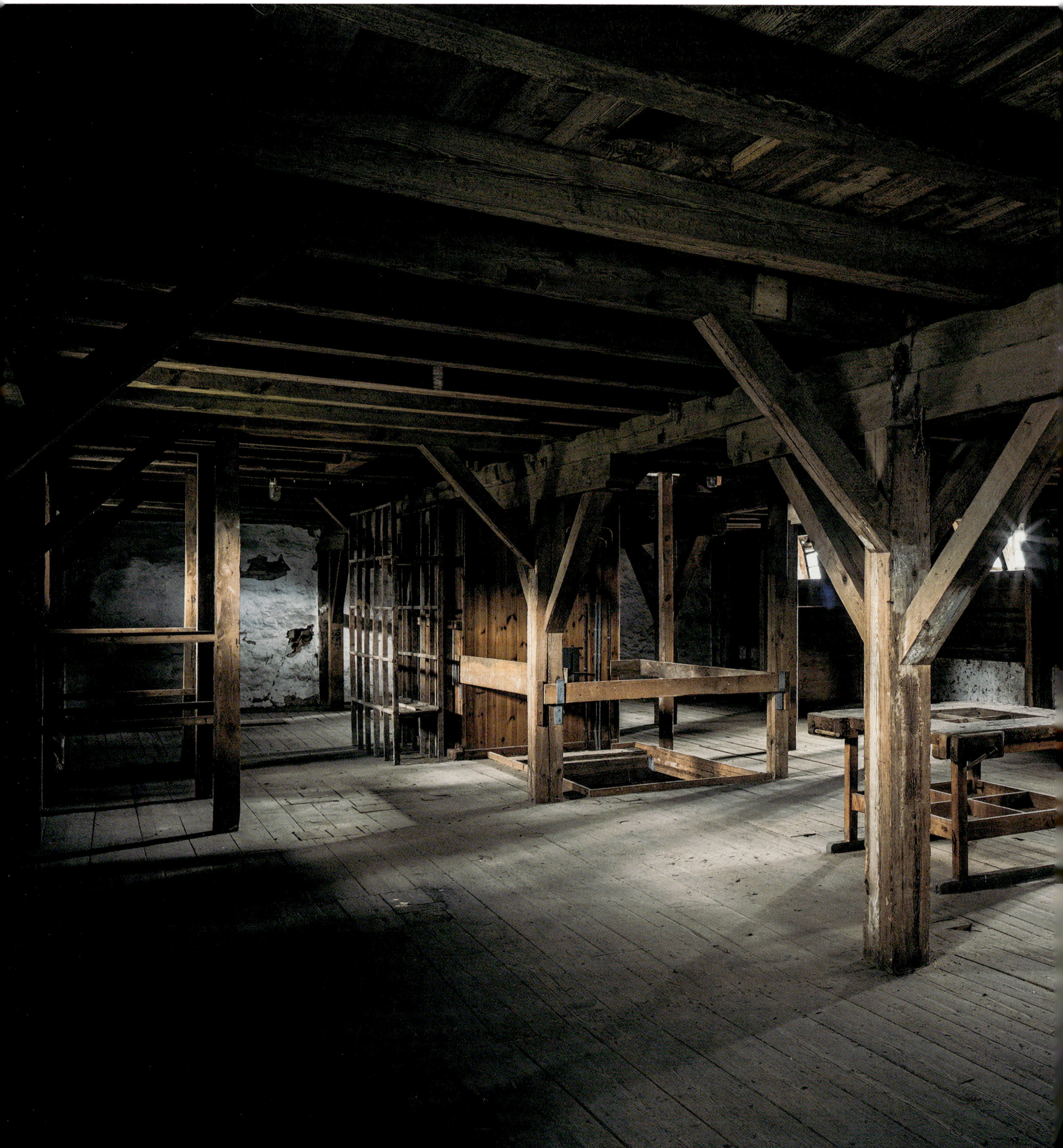

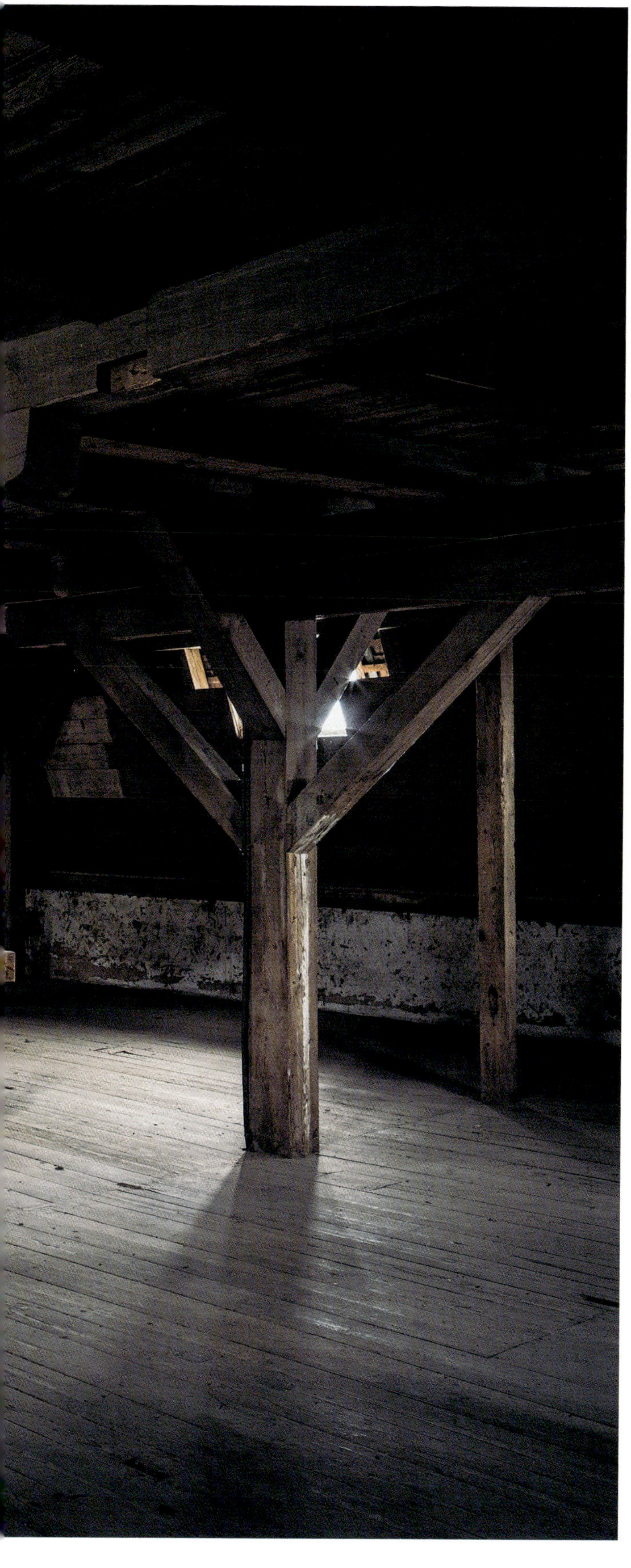

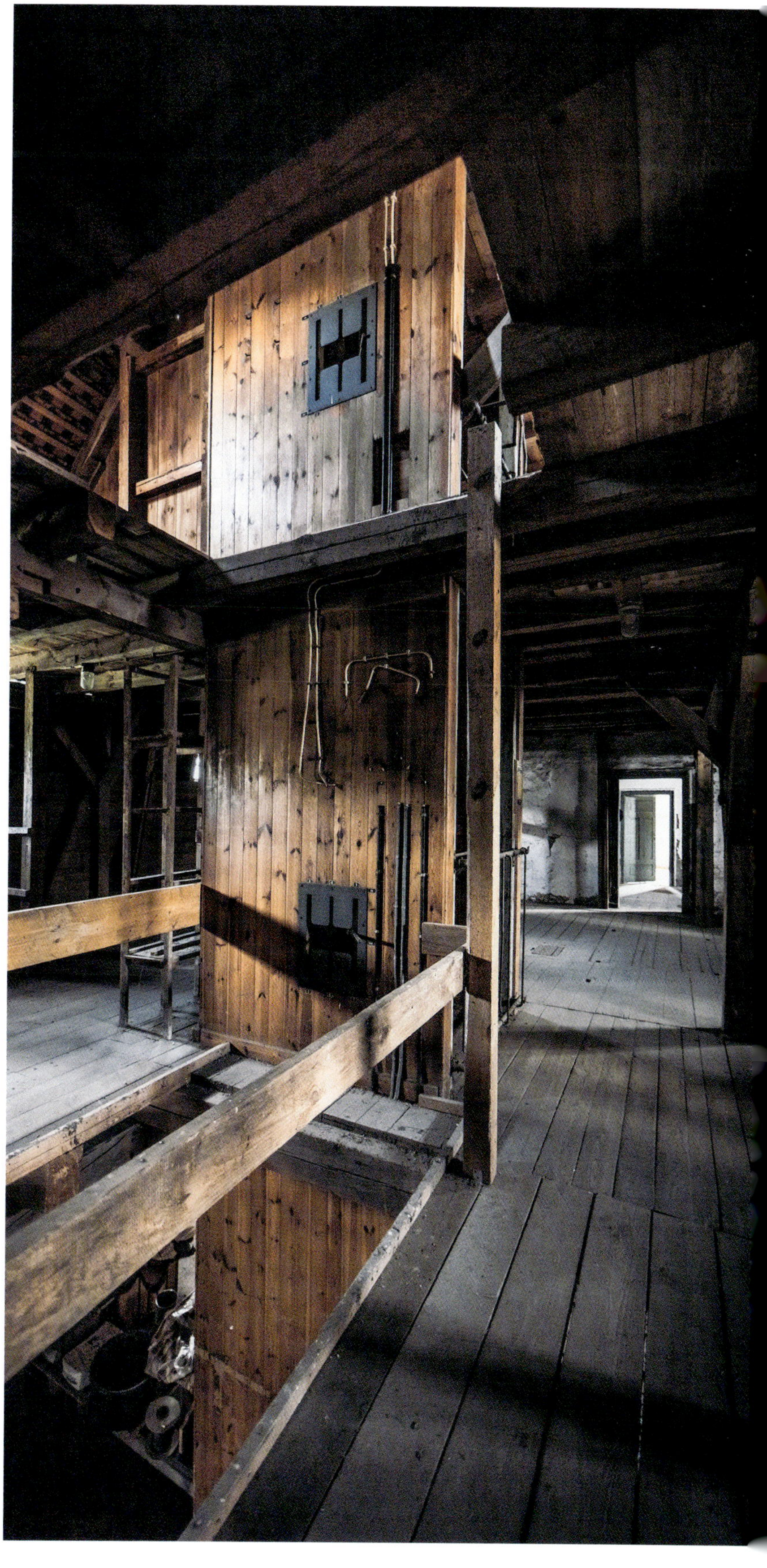

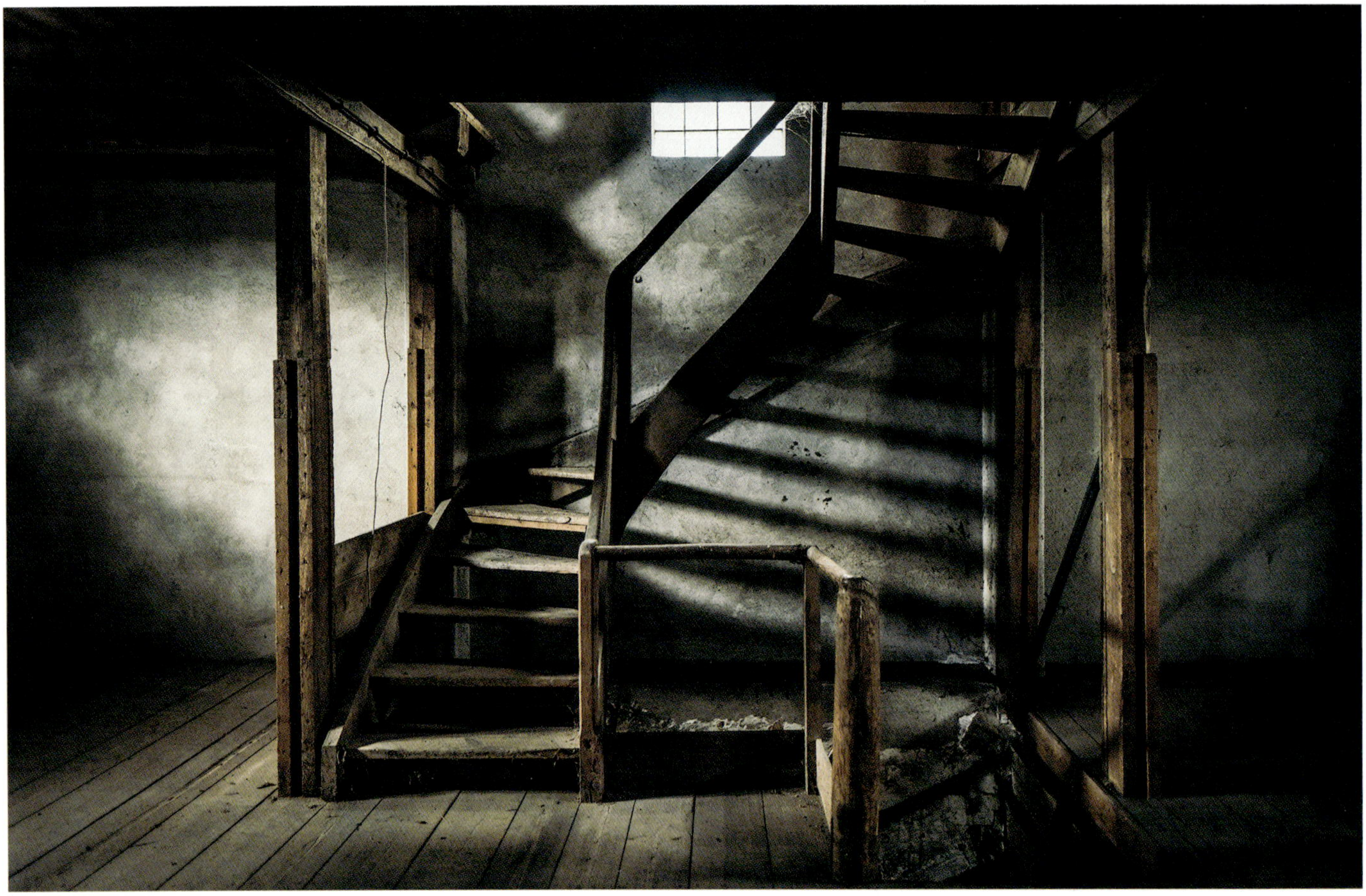

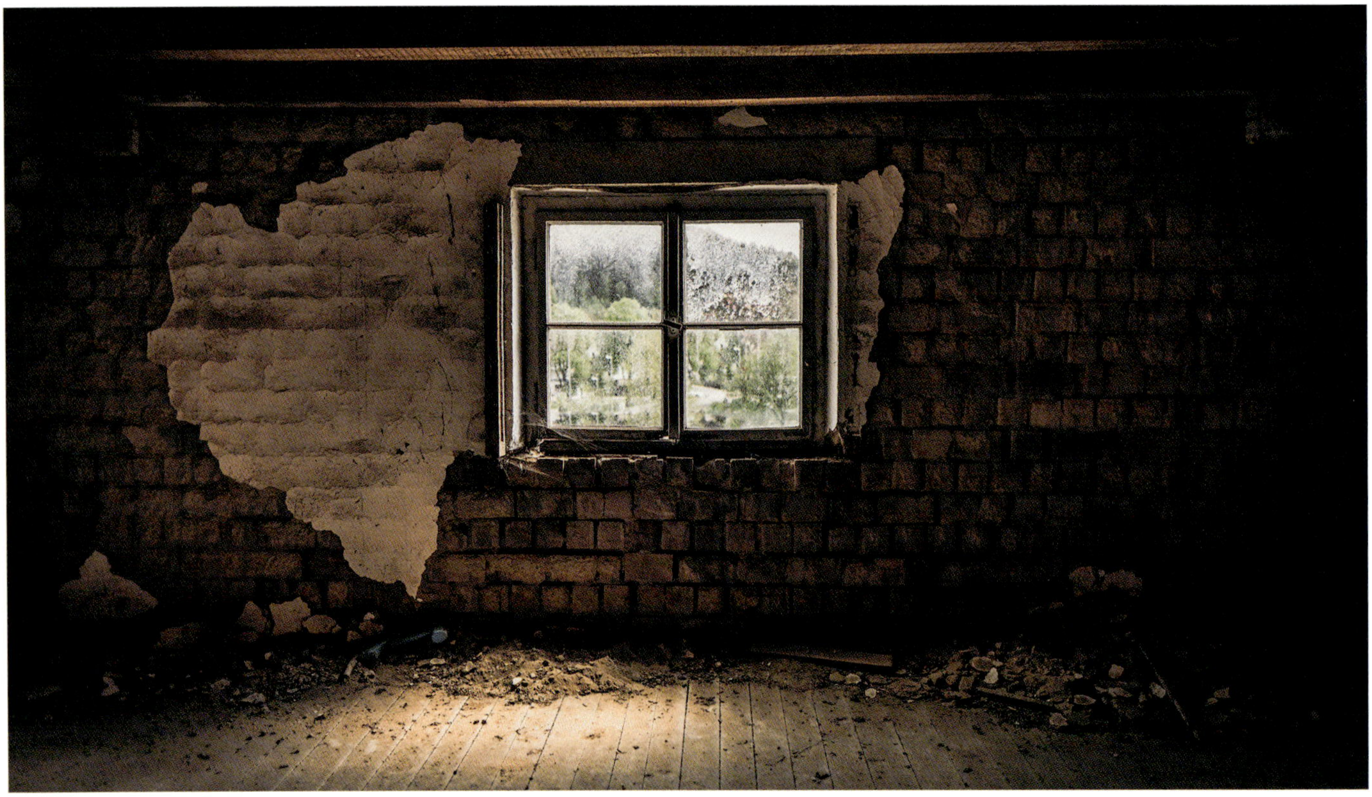

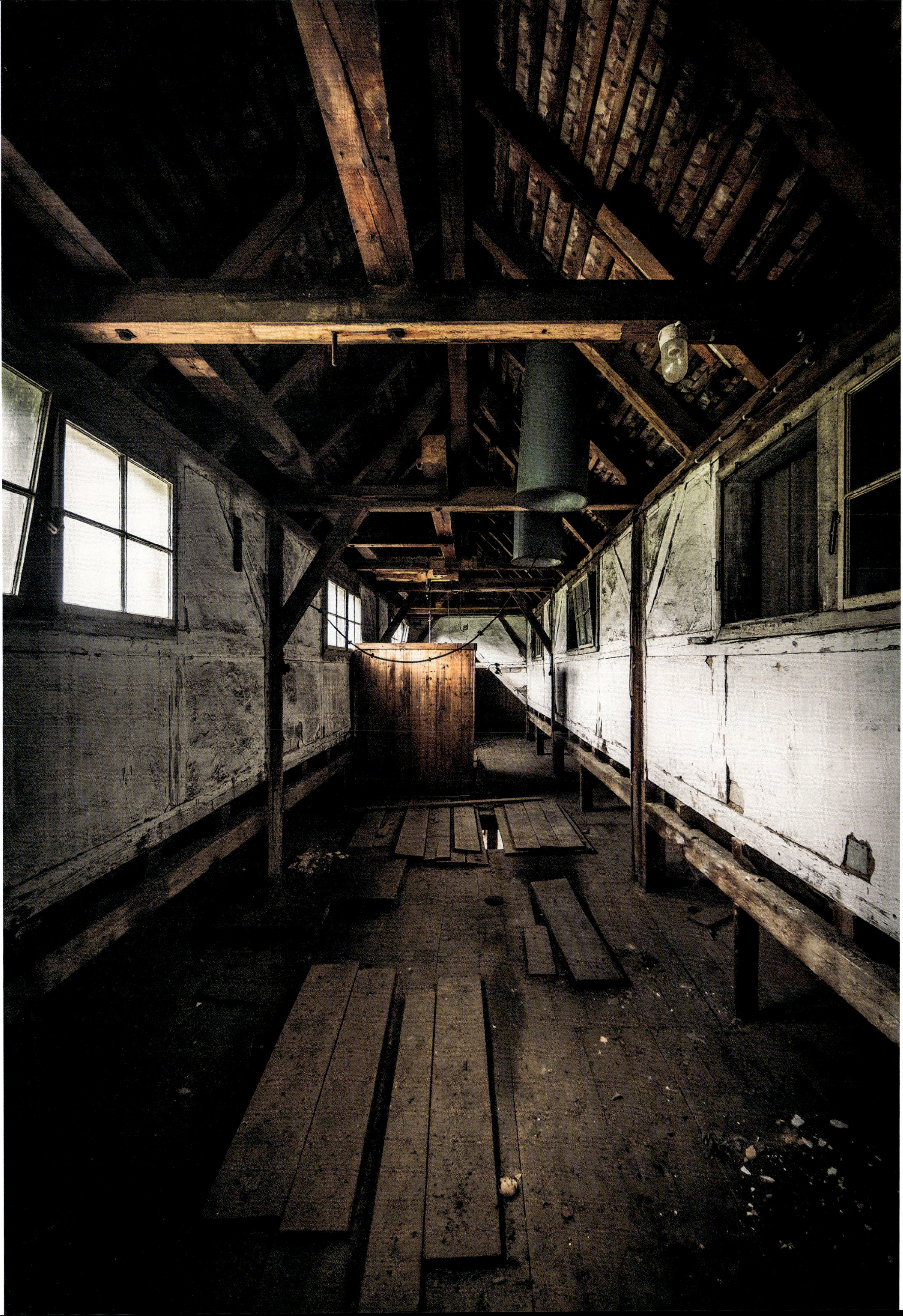

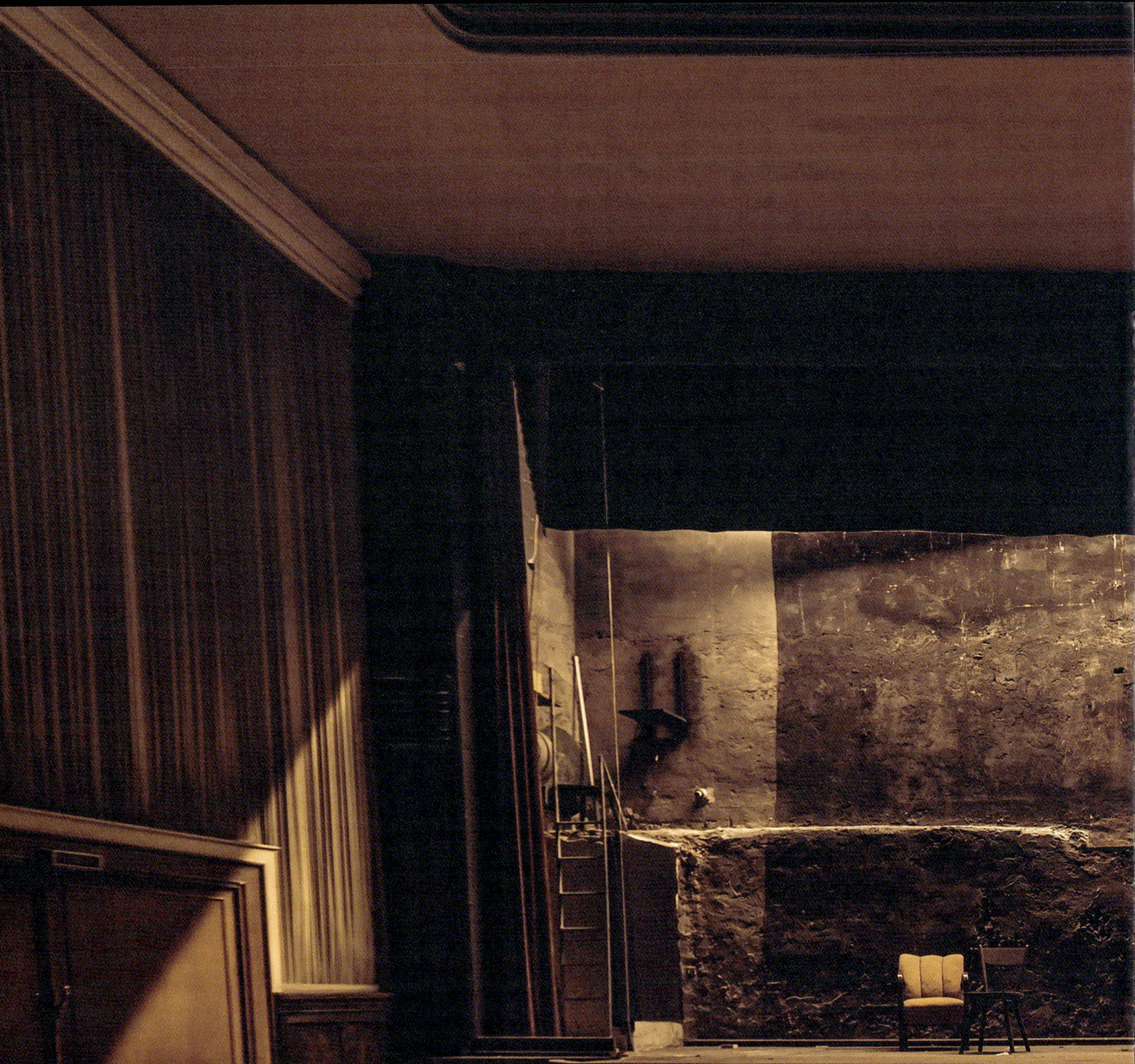

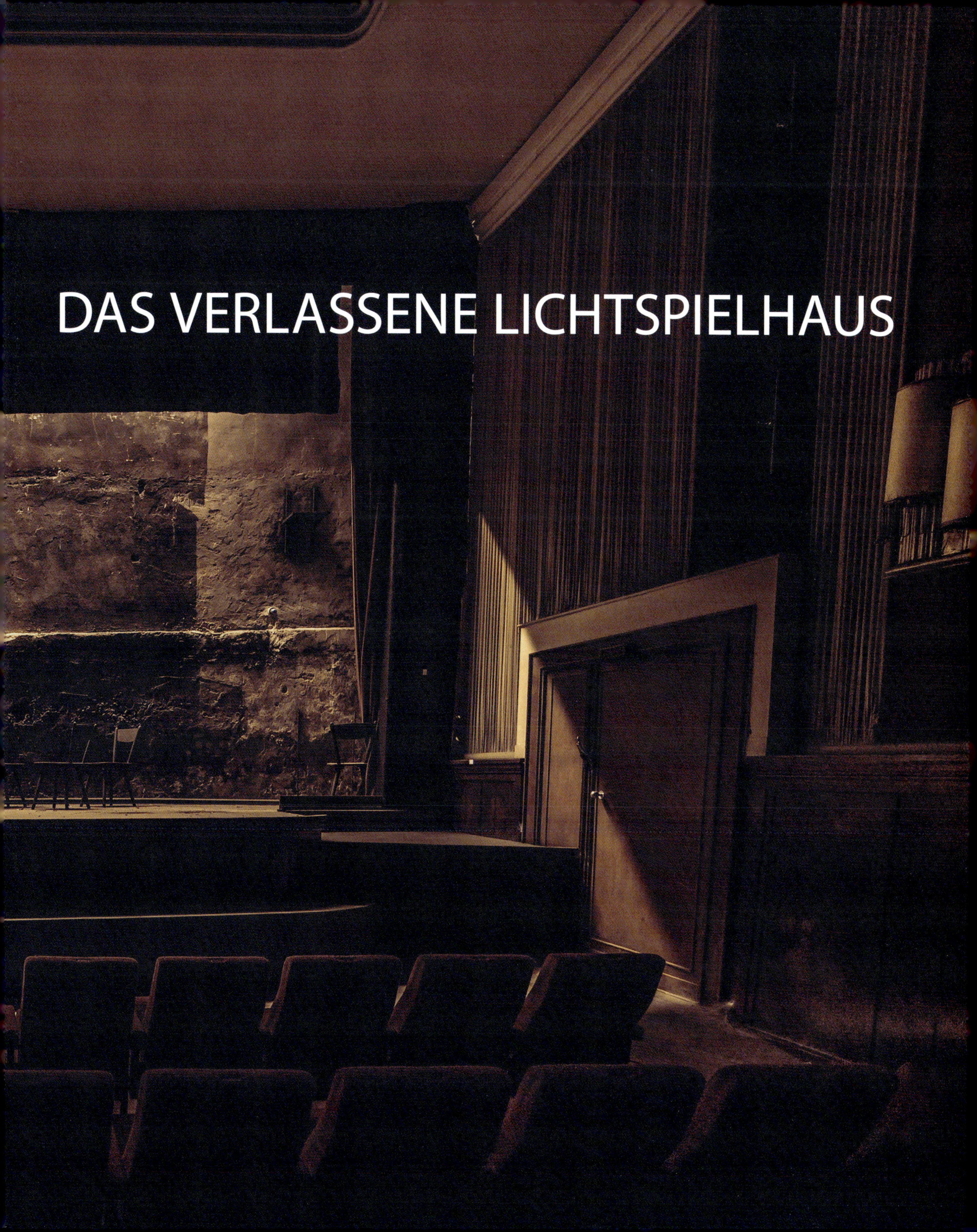
DAS VERLASSENE LICHTSPIELHAUS

DAS VERLASSENE LICHTSPIELHAUS

SHORT FACTS

Erkundet: im Frühjahr 2021
Baujahr: 1948
Verlassen seit: 1986
Noch begehbar: Ja
Denkmalschutz: Nein

1948, kurz nach dem Zweiten Weltkrieg, erweiterten zwei Eheleute einen leerstehenden Pferdestall zu einem Lichspielhaus. Am 18. Oktober 1949 fand die feierliche Einweihung statt. Damit hatte Tirschenreuth eines der größten und modernsten Filmtheater im ganzen Landkreis. Die Wände des Lichtspielhauses waren mit feinem Faltenstoff bespannt, der eine hervorragende Akustik garantieren sollte.
Der schwere rote Samtvorhang war ein echtes Highlight, denn dieser war zu jener Zeit nur in Kinosälen in Großstädten zu finden. Ab 20 Uhr gab es unter der Woche Vorstellungen, an Wochenenden sogar schon um 14.30 Uhr, um 17.30 Uhr und um 20 Uhr. Das Filmtheater war so gut besucht und oft bis auf den letzten Platz ausverkauft. Besucher zahlten damals für den ersten Platz 1,25 DM, 1 DM für den zweiten und 0,75 DM für den dritten. In der Eingangshalle wurden Eintrittskarten, aber auch Süßigkeiten wie Schokolade oder Bonbons verkauft. Die Sitzreihen waren in Preisklassen unterteilt. Die vordersten drei Reihen waren die günstigsten Plätze. Die teuersten Plätze waren ganz hinten im Saal oder auf dem Balkon mit sehr guter Sicht auf die Leinwand. Um konkurrenzfähig zu bleiben, beschloss man Ende der 1960er-Jahre, Umbauarbeiten bzw. eine Renovierung vorzunehmen, so wurden die Tontechnik sowie die Vorführapparate erneuert und das Kino erstrahlte schon bald in neuem Glanz. Da das Fernsehgerät in immer mehr Haushalten Einzug hielt, ging die Zahl der Kinobesucher rasant zurück. Auch dieses Kino blieb davon nicht verschont und musste 1986 geschlossen werden.

Der schwere rote Samtvorhang war ein echtes Highlight, denn dieser war zu jener Zeit nur in Kinosälen in Großstädten zu finden.

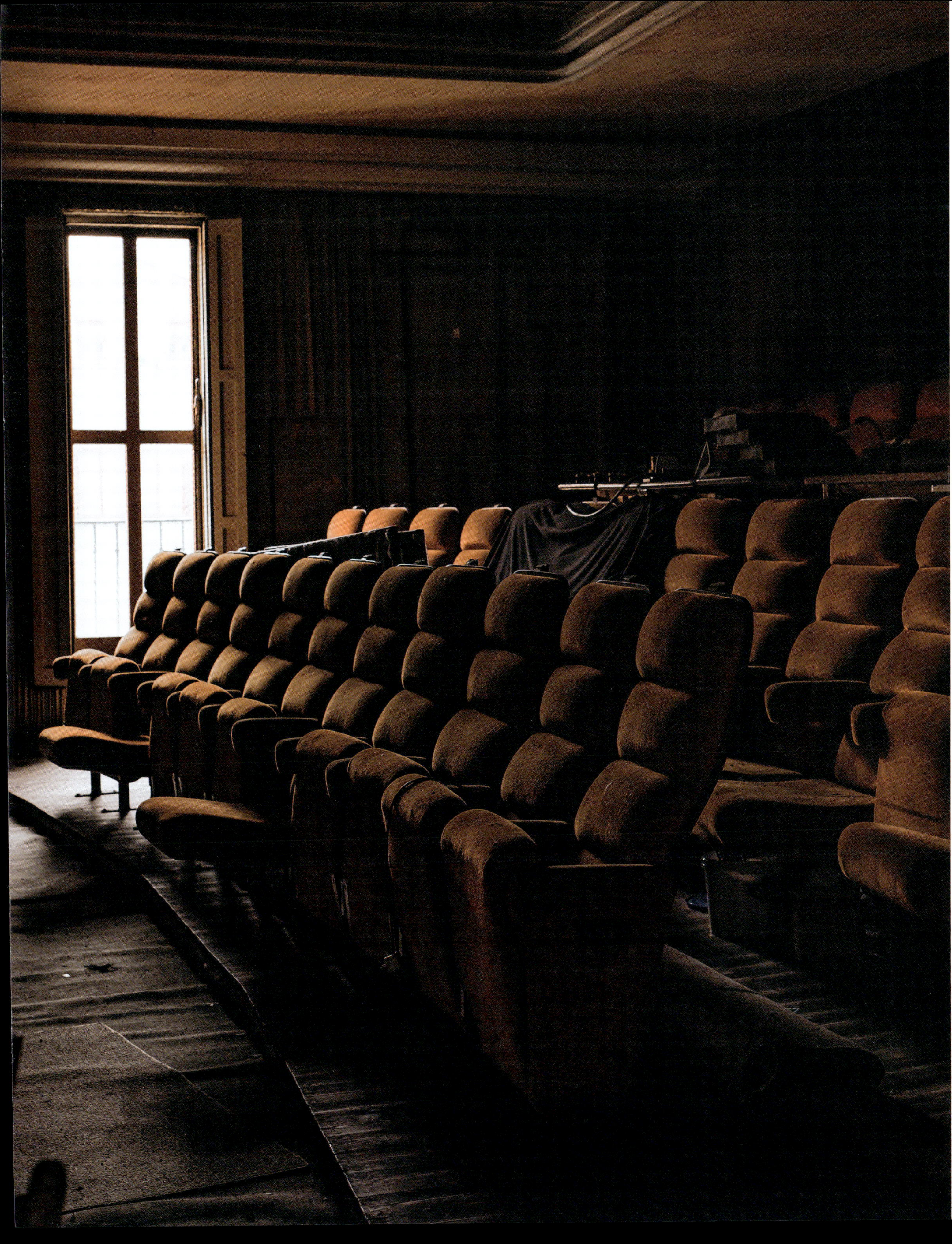

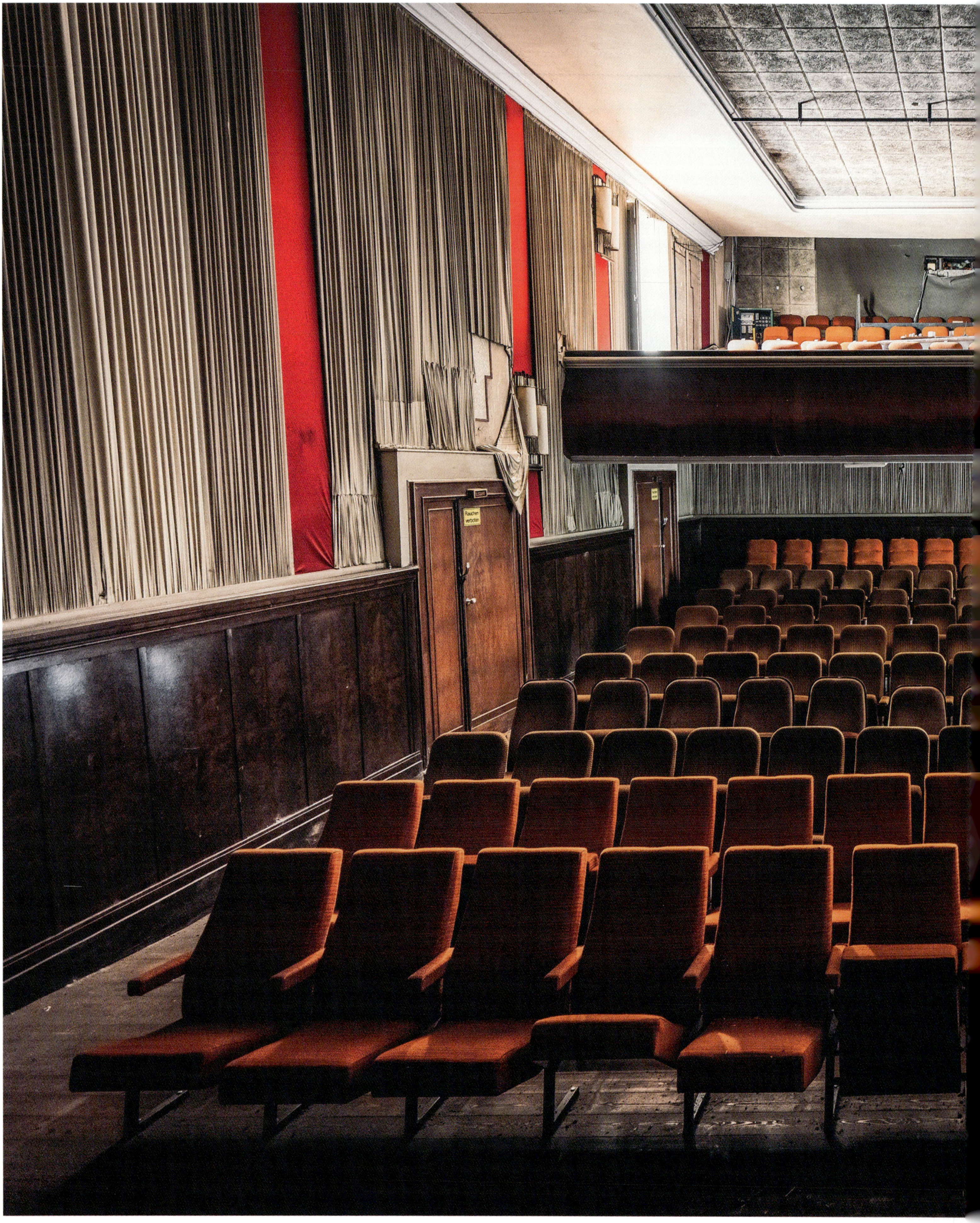
Rauchen
verboten

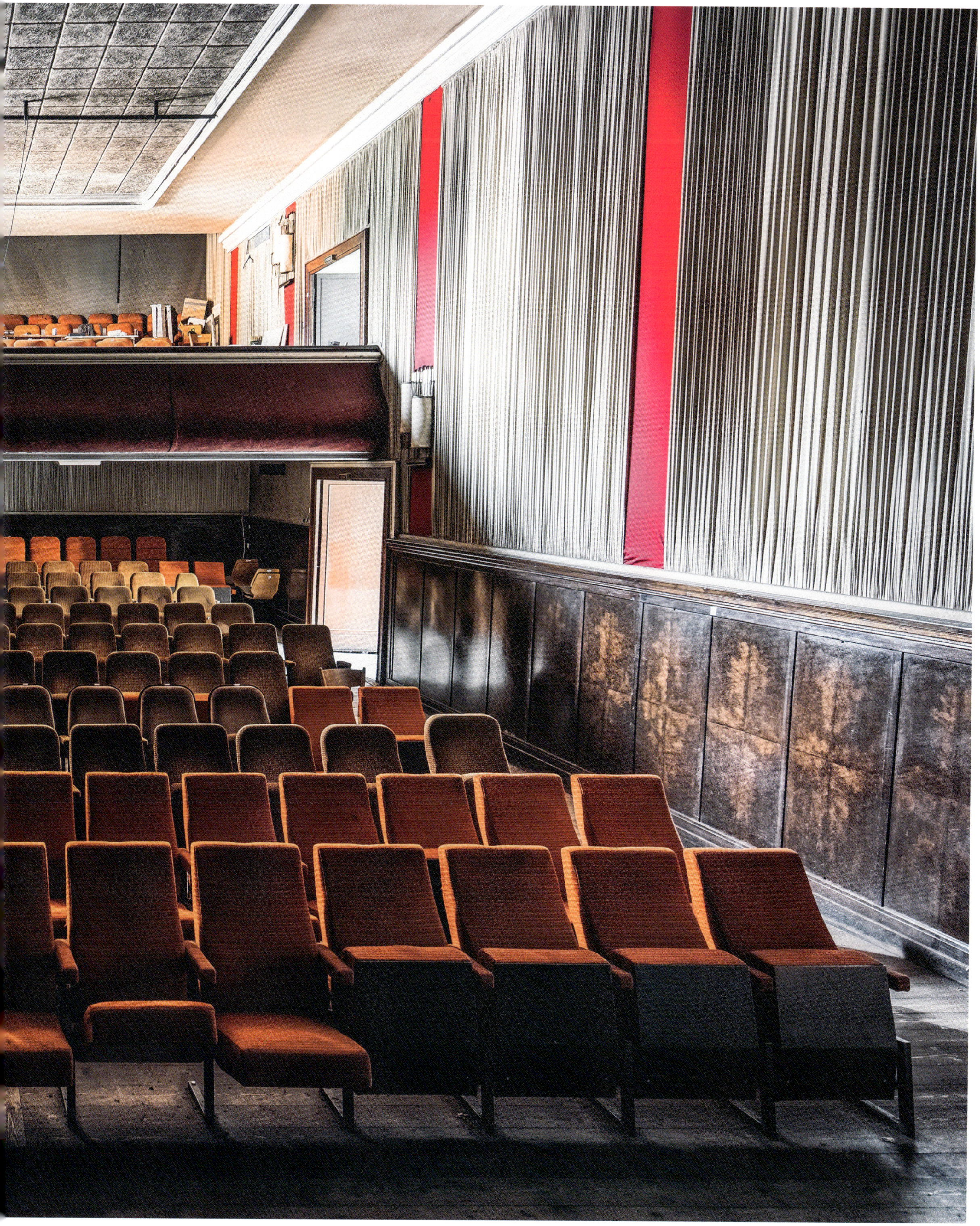

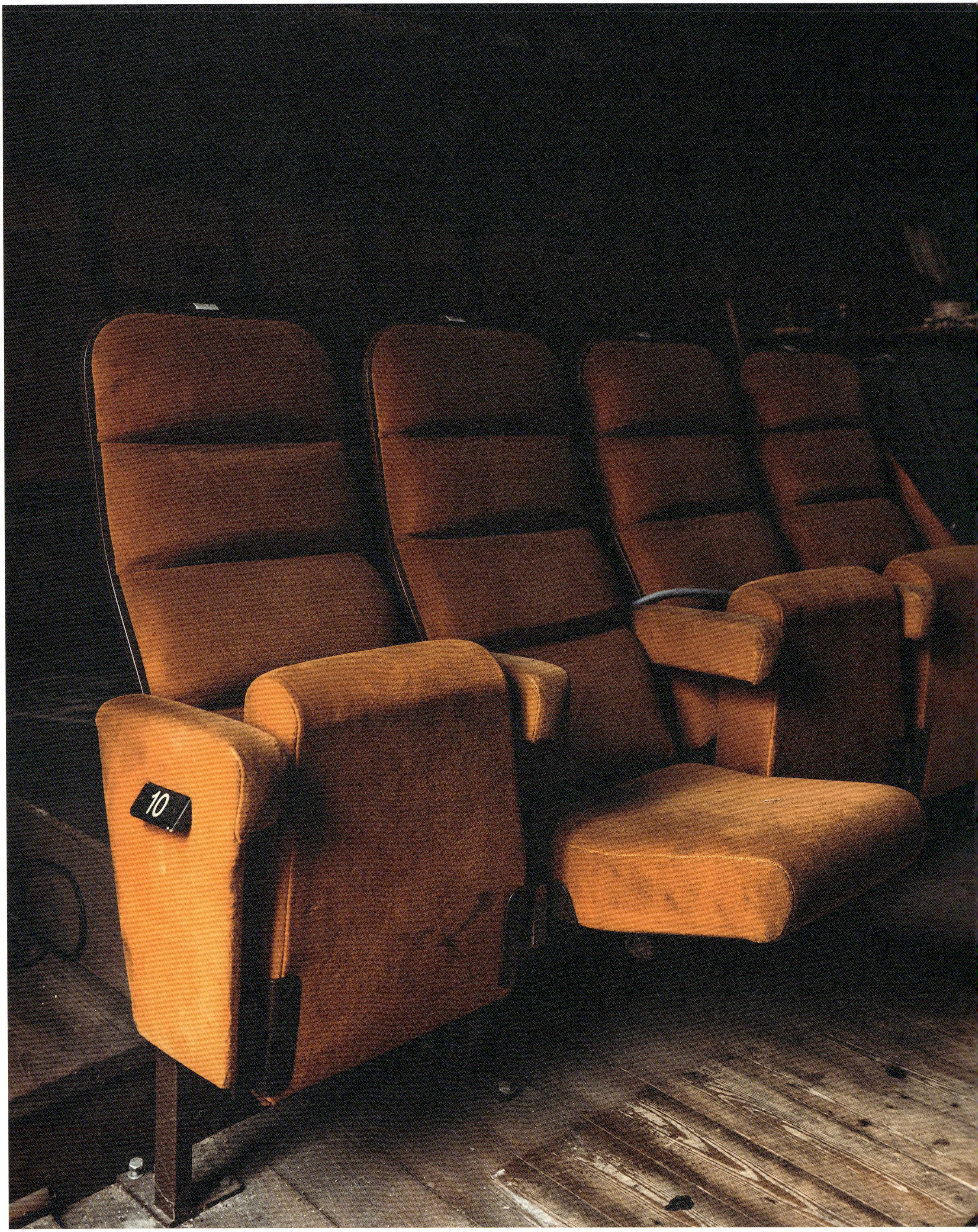
10

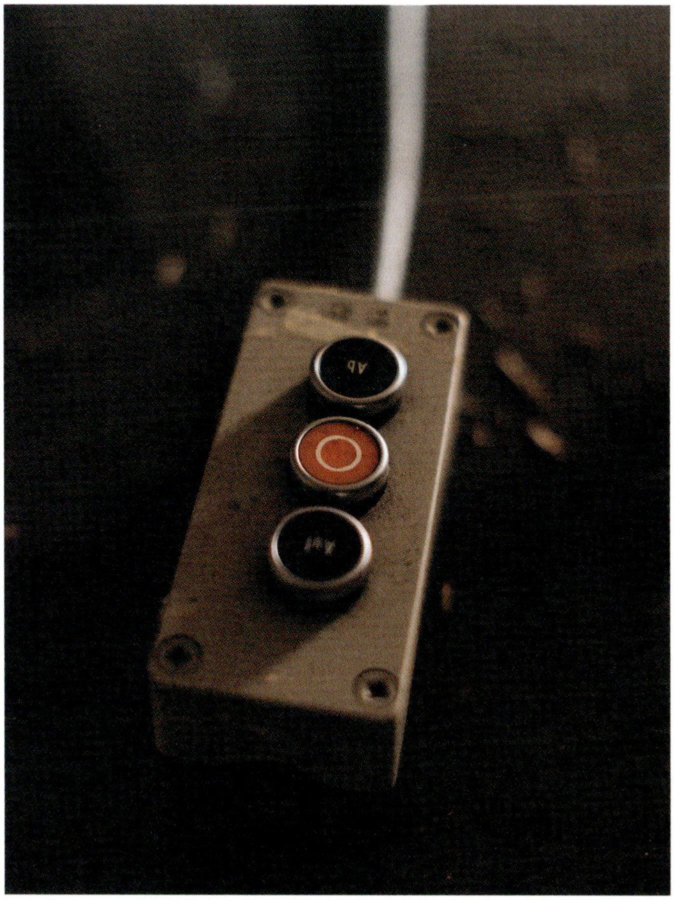

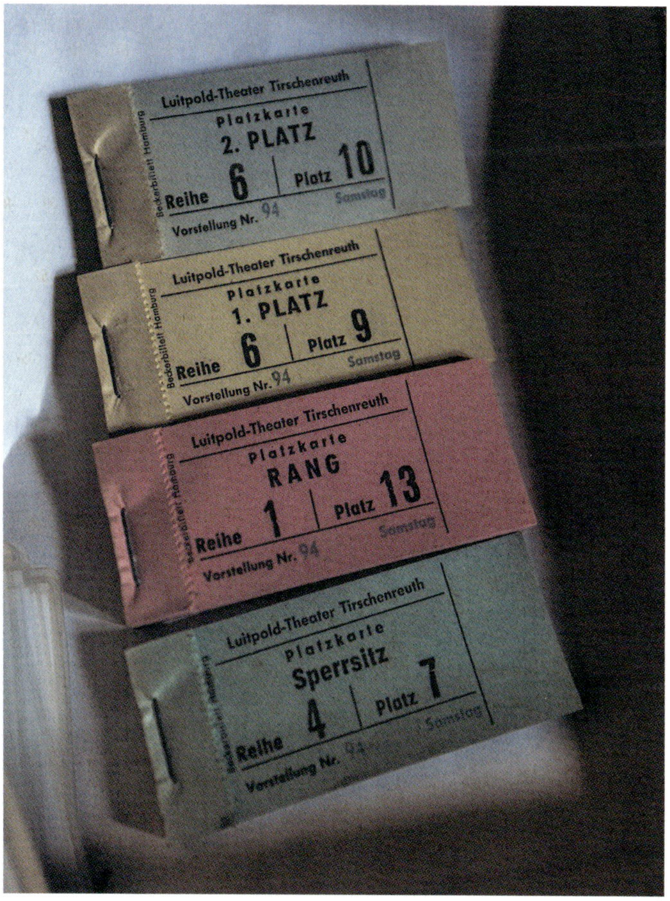
Luitpold-Theater Tirschenreuth
Platzkarte
2. PLATZ
Reihe 6
Platz 10
Vorstellung Nr. 94
Samstag
Luitpold-Theater Tirschenreuth
Platzkarte
1. PLATZ
Reihe 6
Platz 9
Vorstellung Nr. 94
Samstag
Luitpold-Theater Tirschenreuth
Platzkarte
RANG
Reihe 1
Platz 13
Vorstellung Nr. 94
Samstag
Luitpold-Theater Tirschenreuth
Platzkarte
Sperrsitz
Reihe 4
Platz 7
Vorstellung Nr.
Samstag

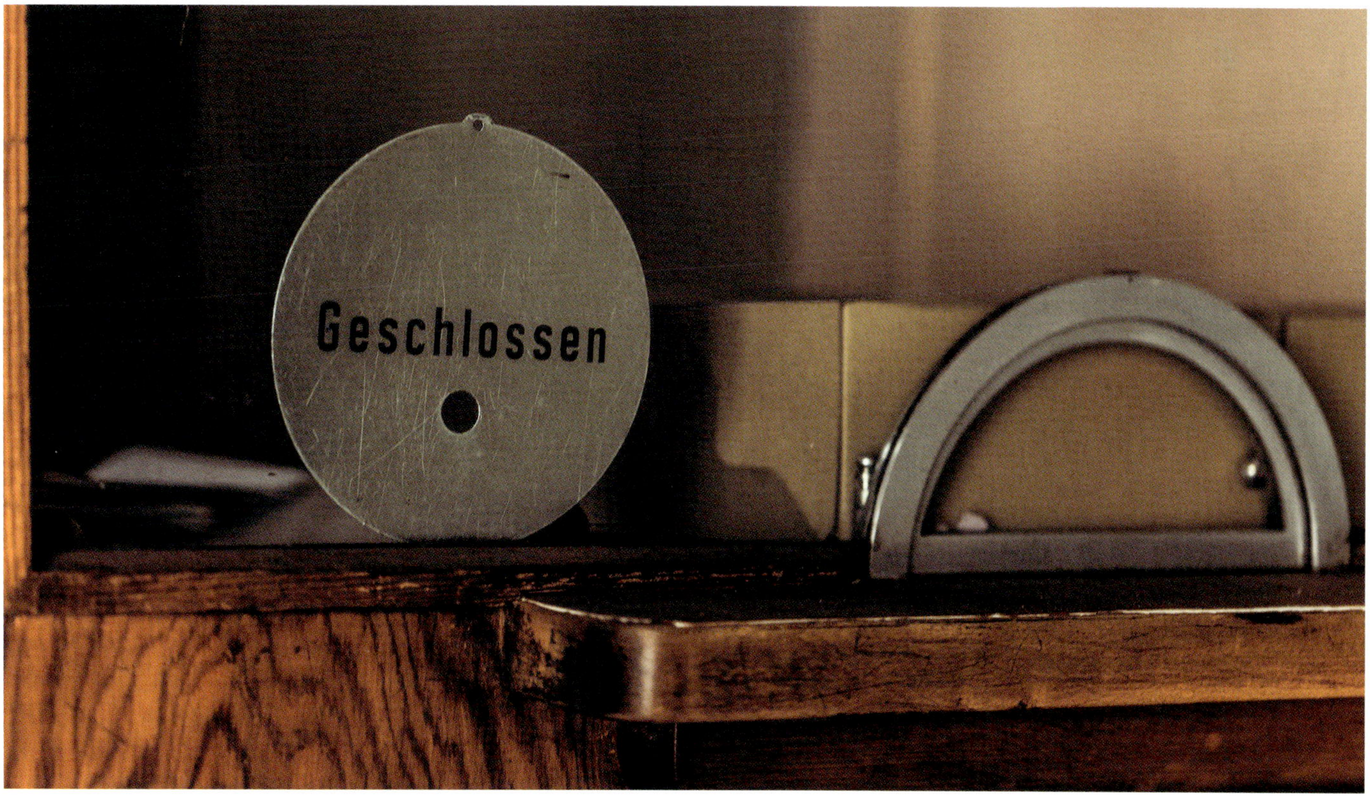
Geschlossen

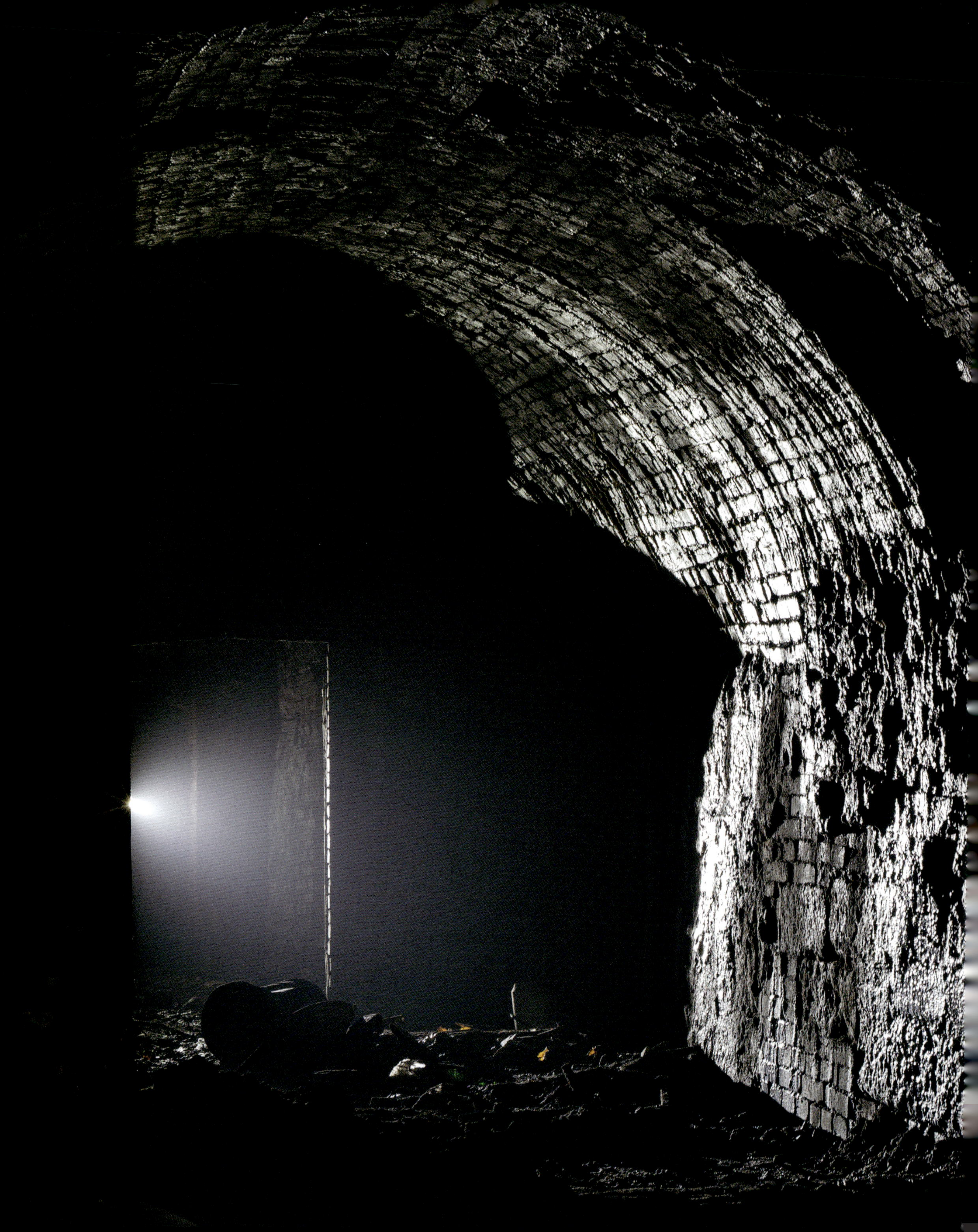

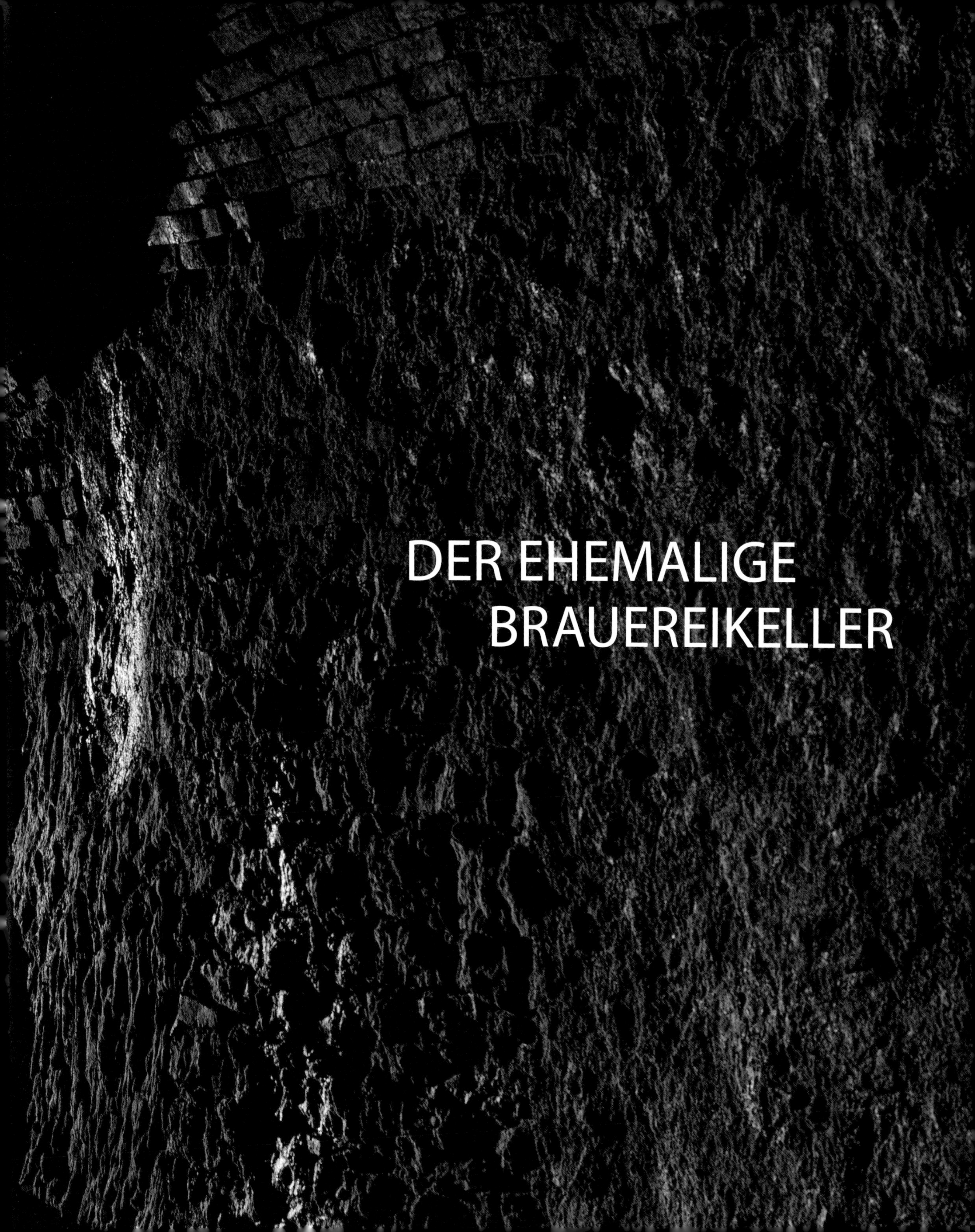

DER EHEMALIGE BRAUEREIKELLER

DER EHEMALIGE BRAUEREIKELLER

SHORT FACTS

Erkundet: im Sommer 2019
Baujahr: 18. Jahrhundert
Verlassen seit: ca. 1920
Noch begehbar: Ja
Denkmalschutz: Nein

Eine der größten und bedeutendsten Brauereien in Amberg gab Mitte des 18. Jahrhunderts den Auftrag zur Errichtung von Bier- und Lagerkellern. Die Besitzverhältnisse änderten sich im Laufe der Jahre mehrmals. Anfang des 20. Jahrhunderts gingen die Keller und die sich darauf befindenden Gebäude erneut in das Eigentum einer Brauerei über. Diese benötigte die Keller allerdings nicht mehr als Kühlräume. Große Teile der weitläufigen Anlage wurden daher abgetrennt und vermauert. In den letzten Jahren des Zweiten Weltkrieges fand ein Teil der Zivilbevölkerung hier bei Luftangriffen Schutz. Im 20. Jahrhundert gab es eine kurzzeitige Nutzung als Rohstoff- und Materiallager einer Textilfabrik. Teile der Keller dienten zuletzt einem Motorradclub als Treffpunkt.

In den letzten Jahren des Zweiten Weltkrieges fand ein Teil der Zivilbevölkerung hier bei Luftangriffen Schutz.

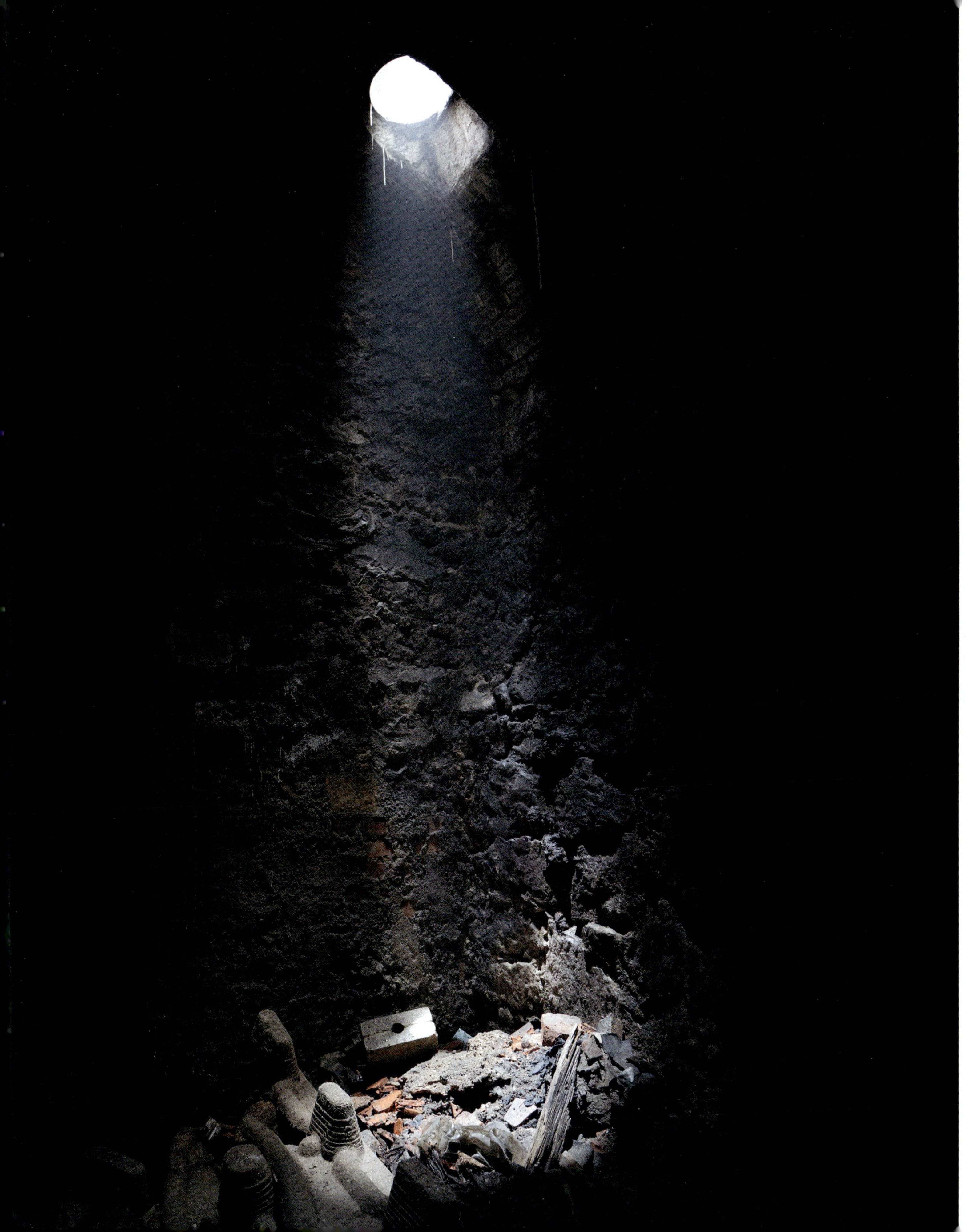

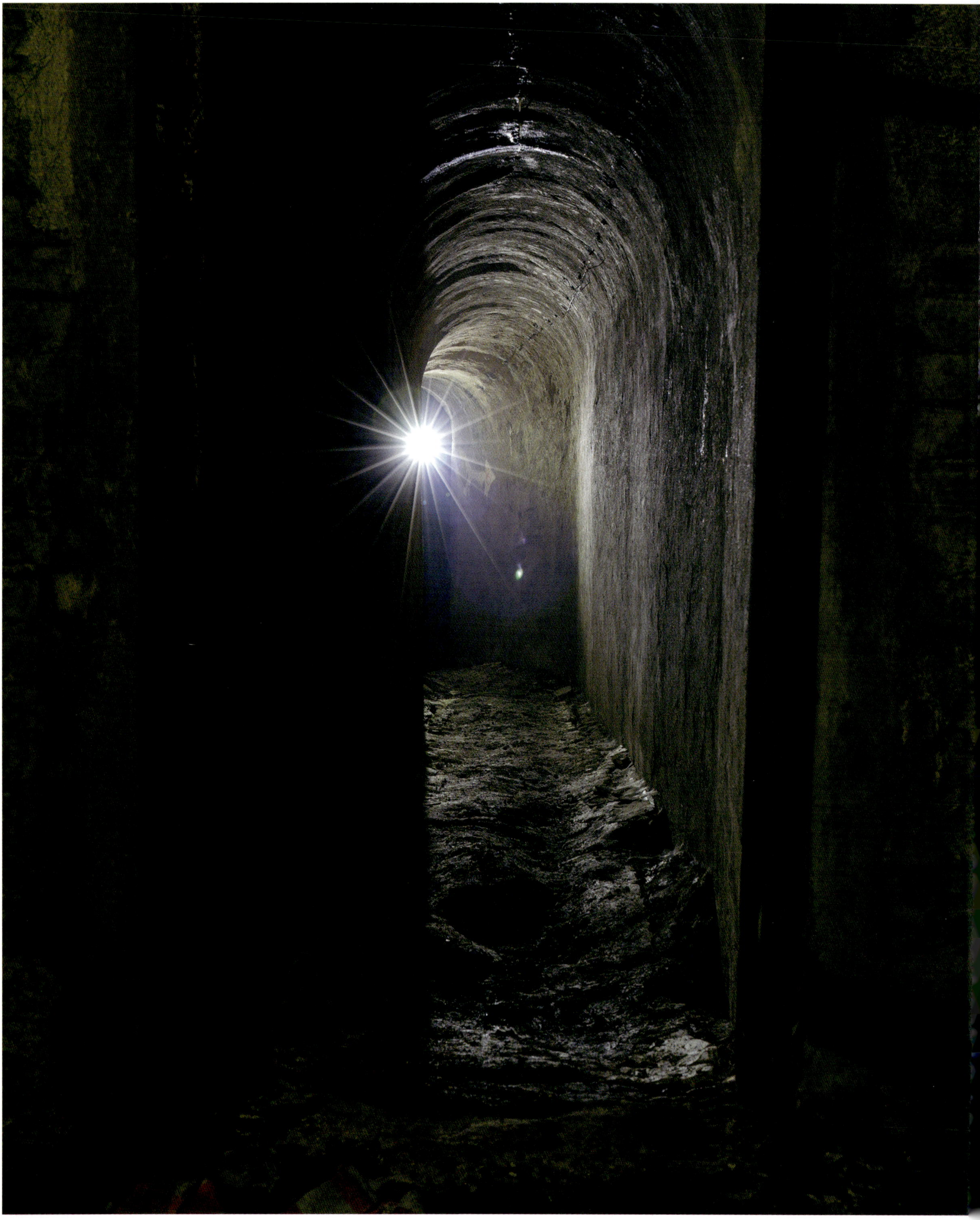

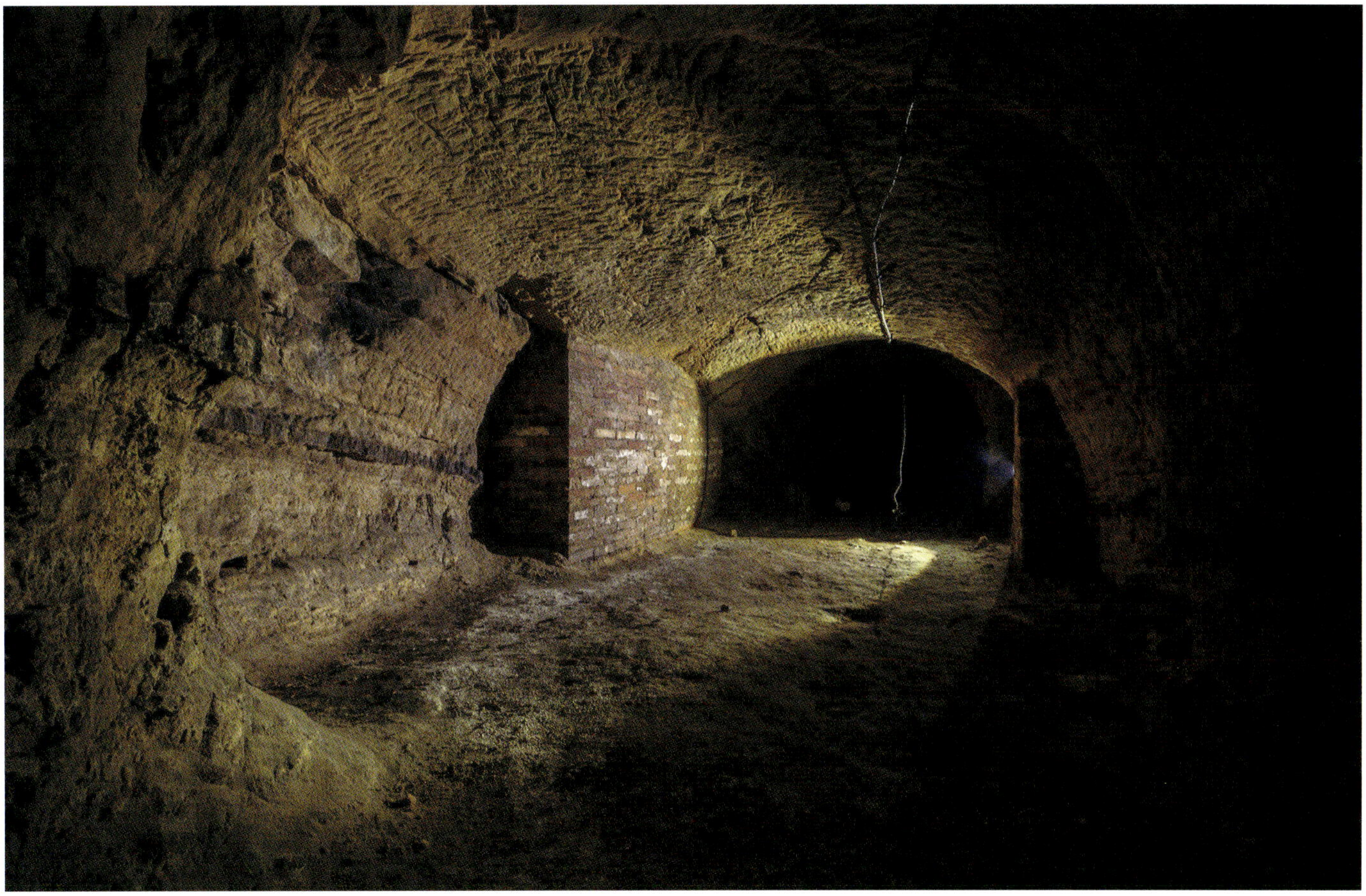

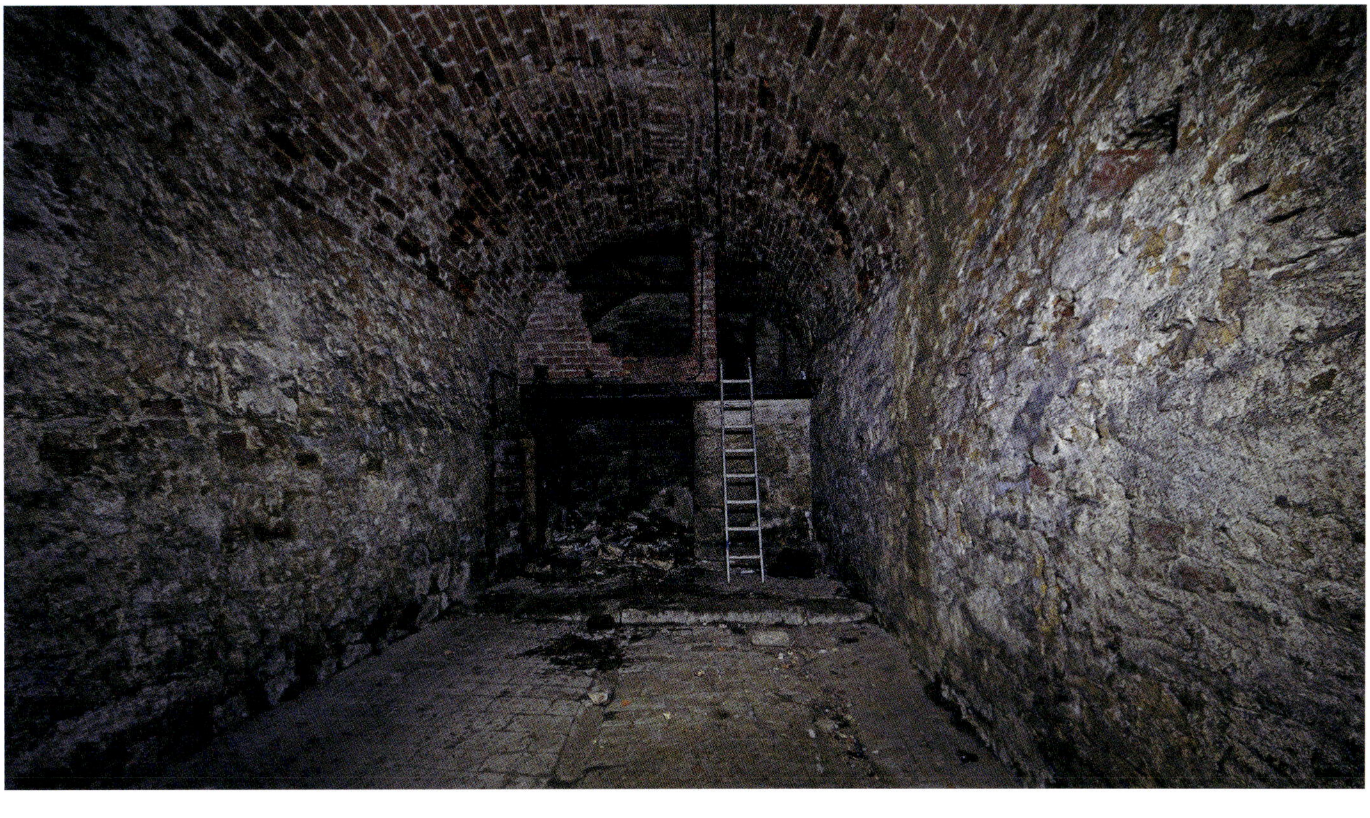

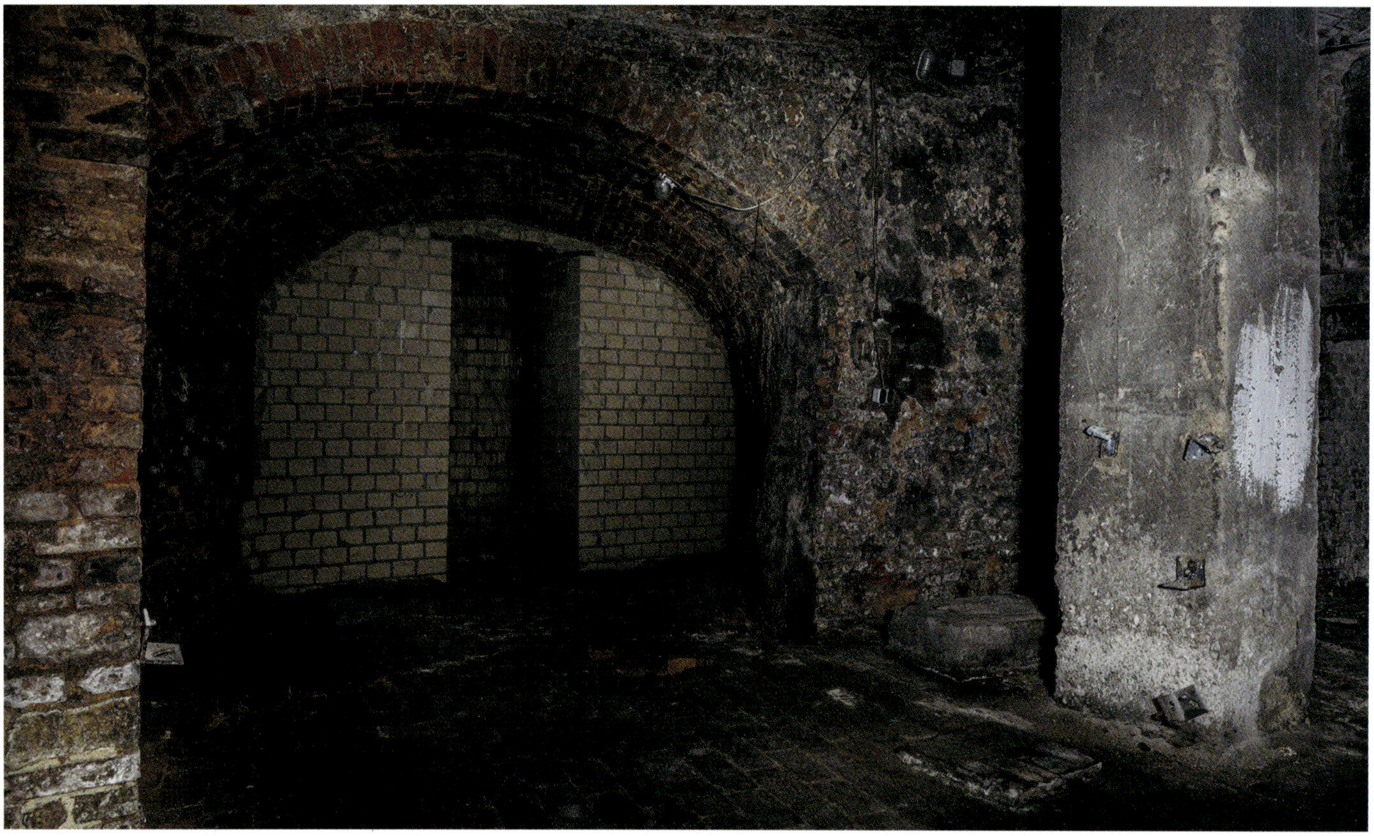

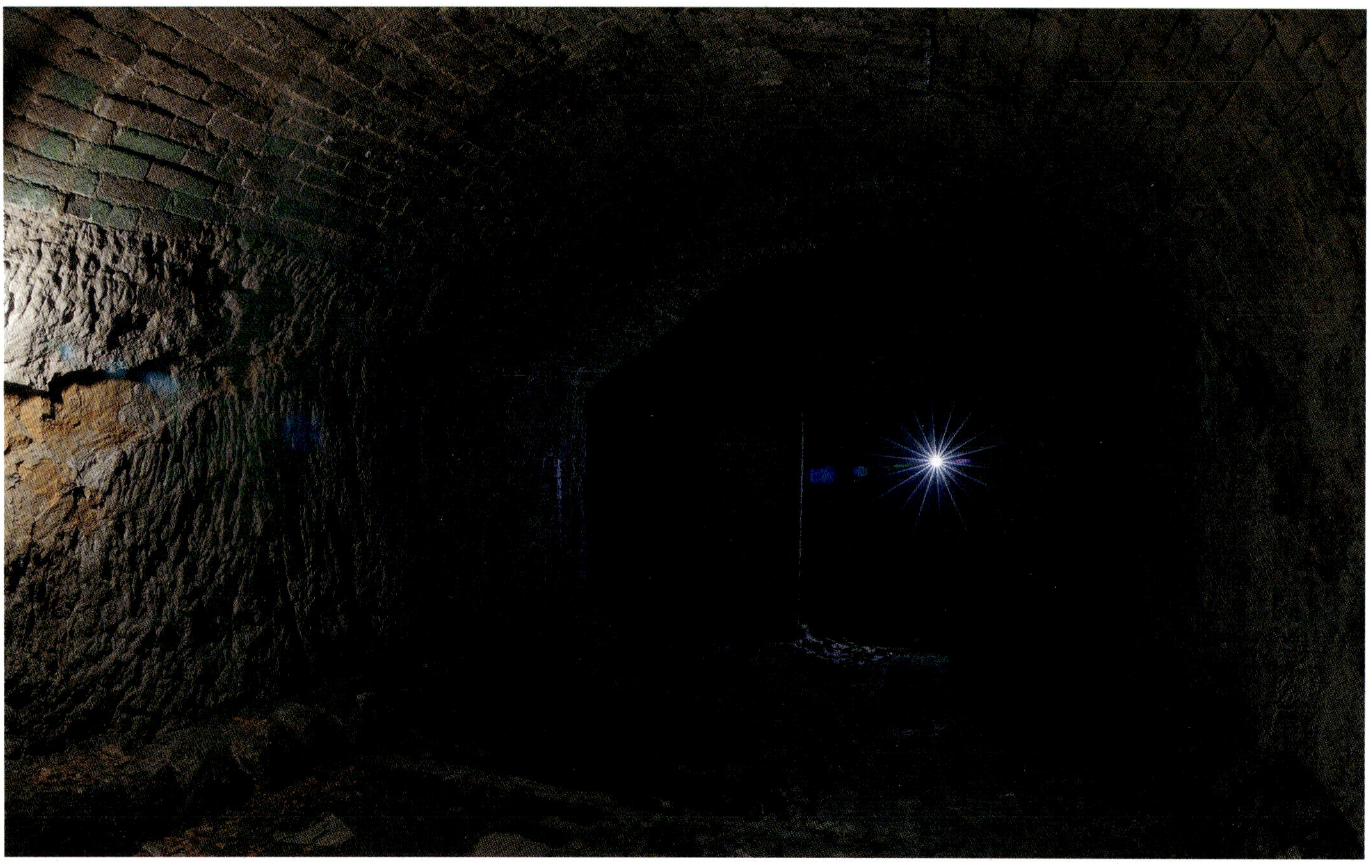

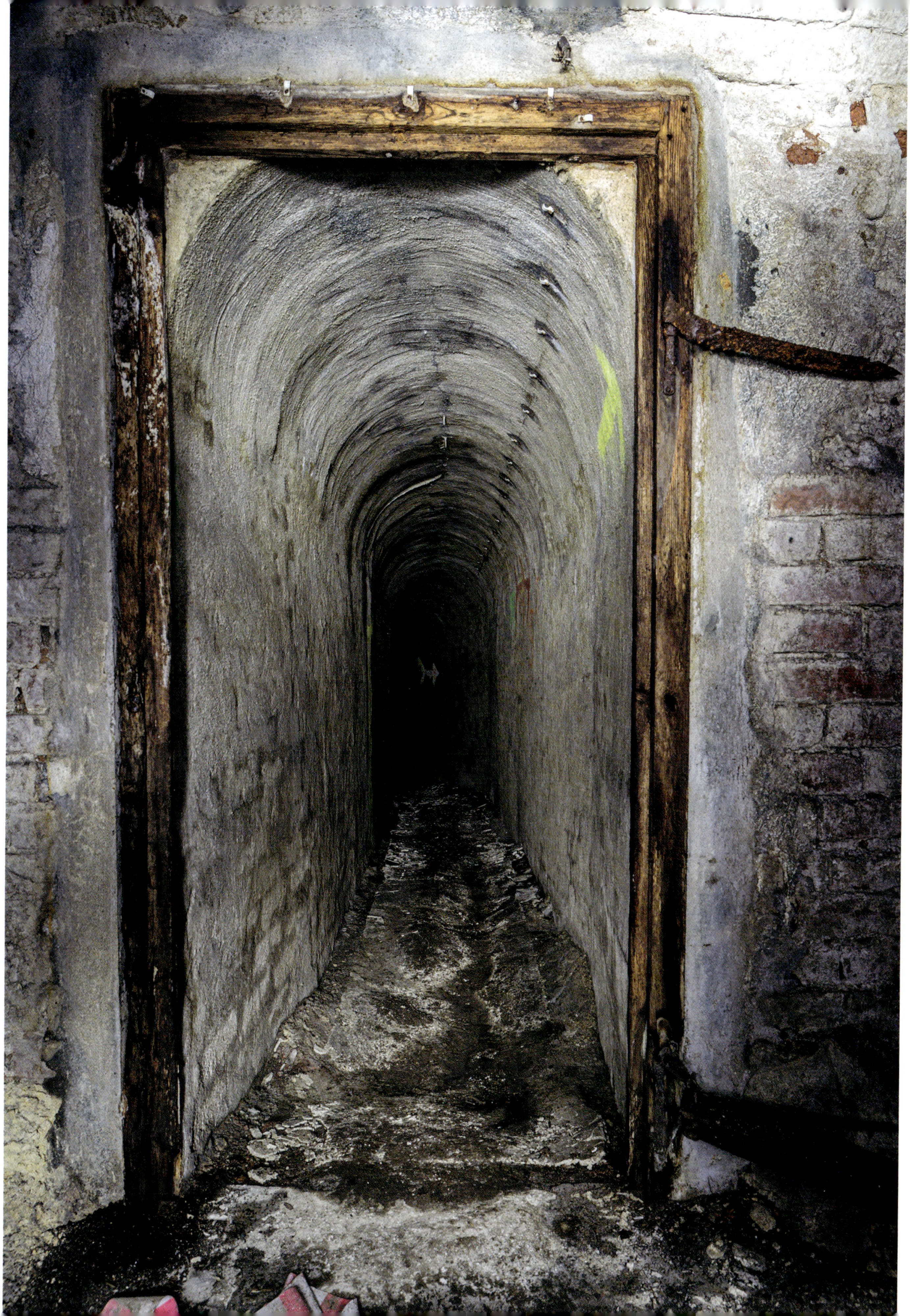

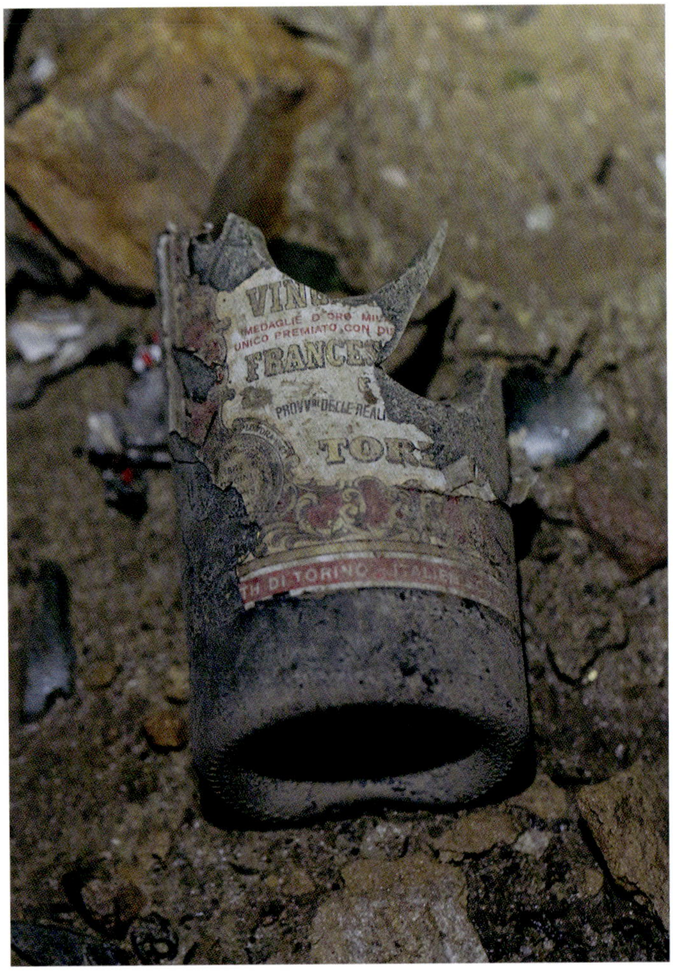
VIN
MEDAGLIE D'ORO MI
UNICO PREMIATO CON DU
FRANCES
DELLE REALI
TOR
DI TORINO ITALI

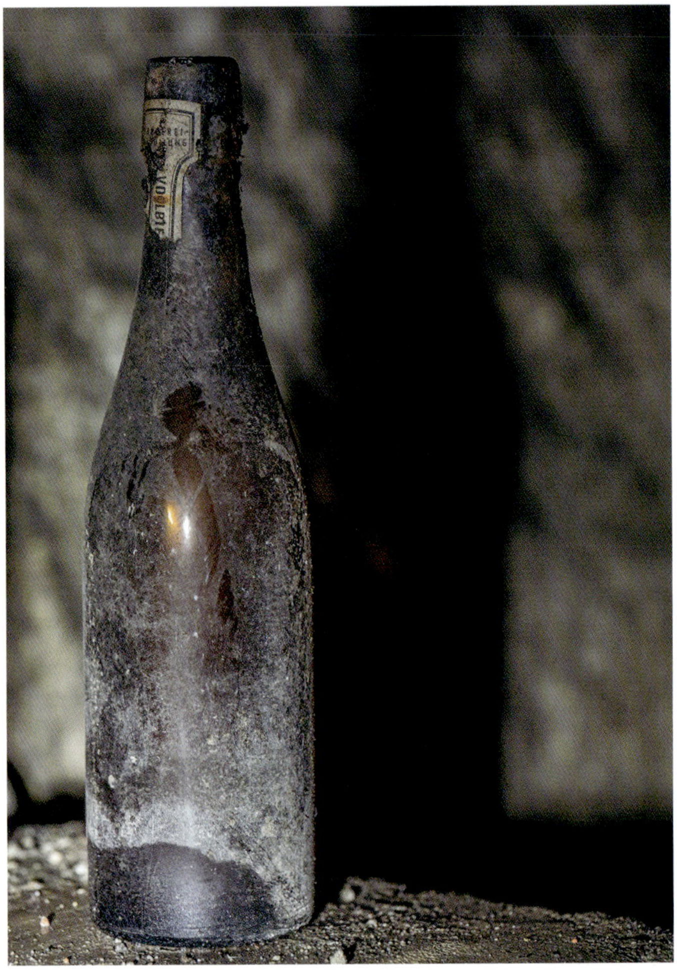

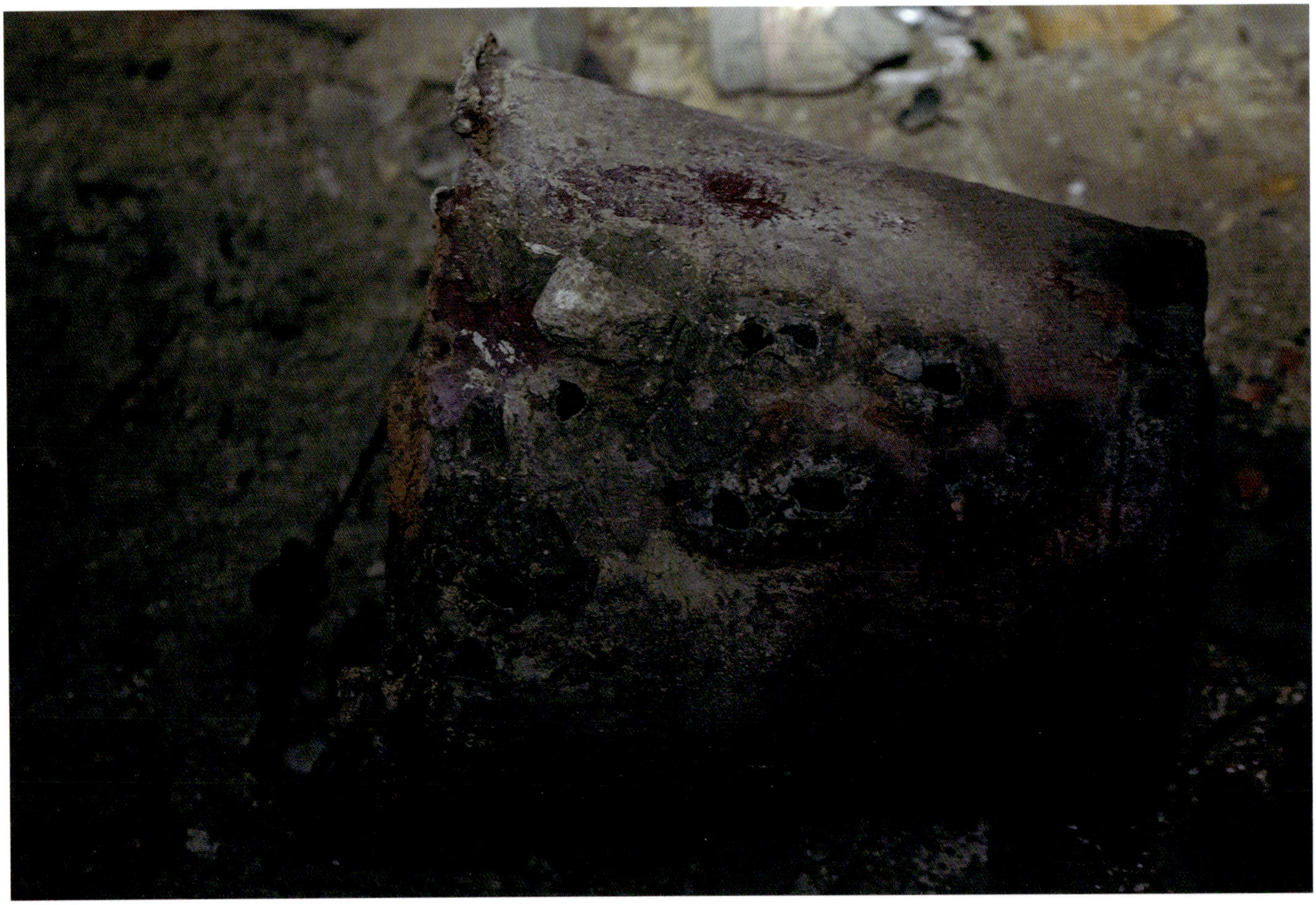

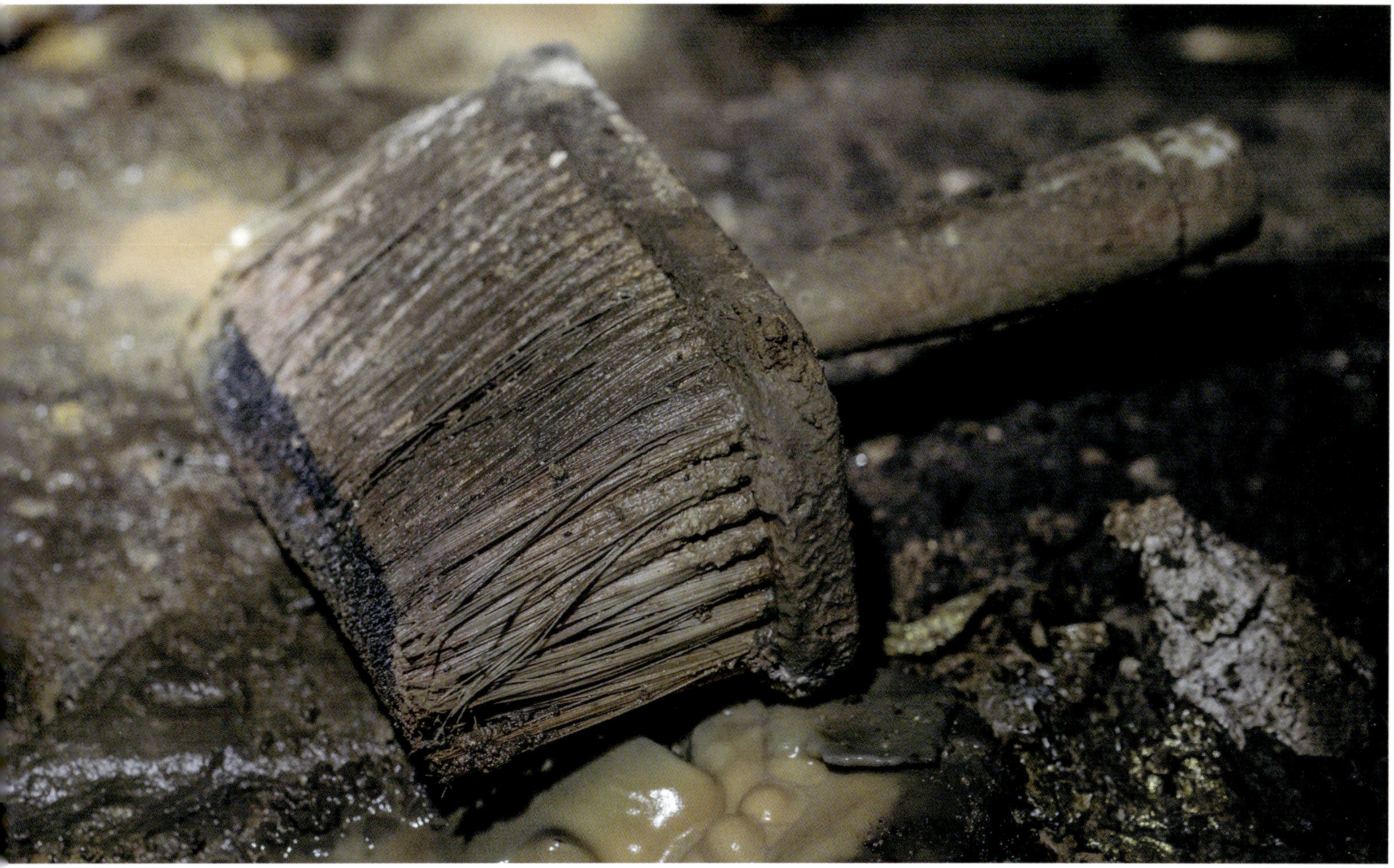

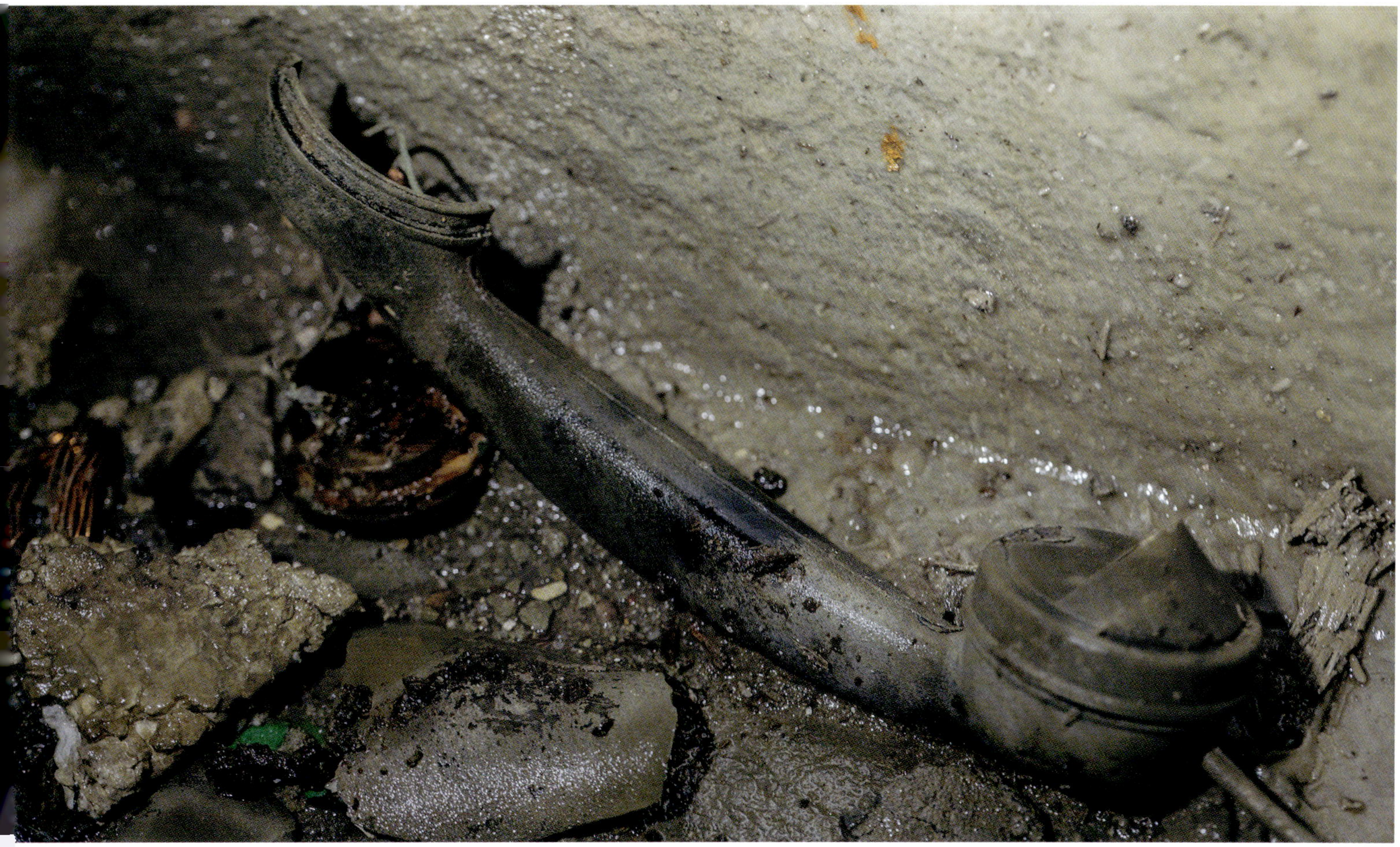

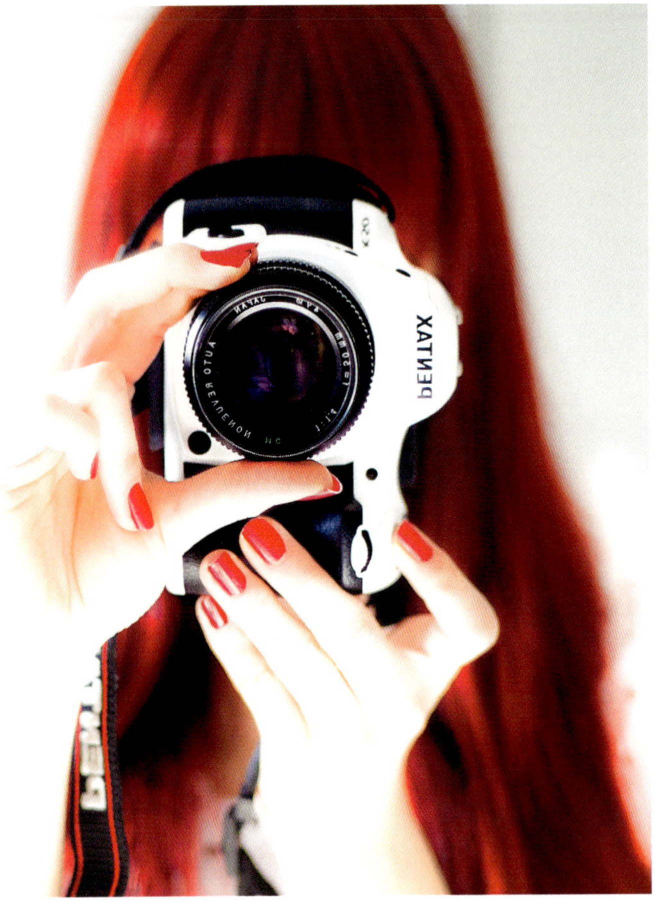

www.facebook.com/NinaSchuetz.Stillstand/

www.instagram.com/_stillstand/

nina_schuetz@yahoo.de

Impressum

Sutton Verlag GmbH
Arnstädter Straße 8
99096 Erfurt
www.suttonverlag.de

Gestaltung und Herstellung: Markus Drapatz
Druck: Florjančič Tisk d.o.o. / Slowenien
ISBN: 978-3-96303-310-0

In diesem Buch wird aus Gründen der besseren Lesbarkeit das generische Maskulinum verwendet. Weibliche und anderweitige Geschlechteridentitäten werden dabei ausdrücklich mitgemeint, soweit es für die Aussage erforderlich ist.

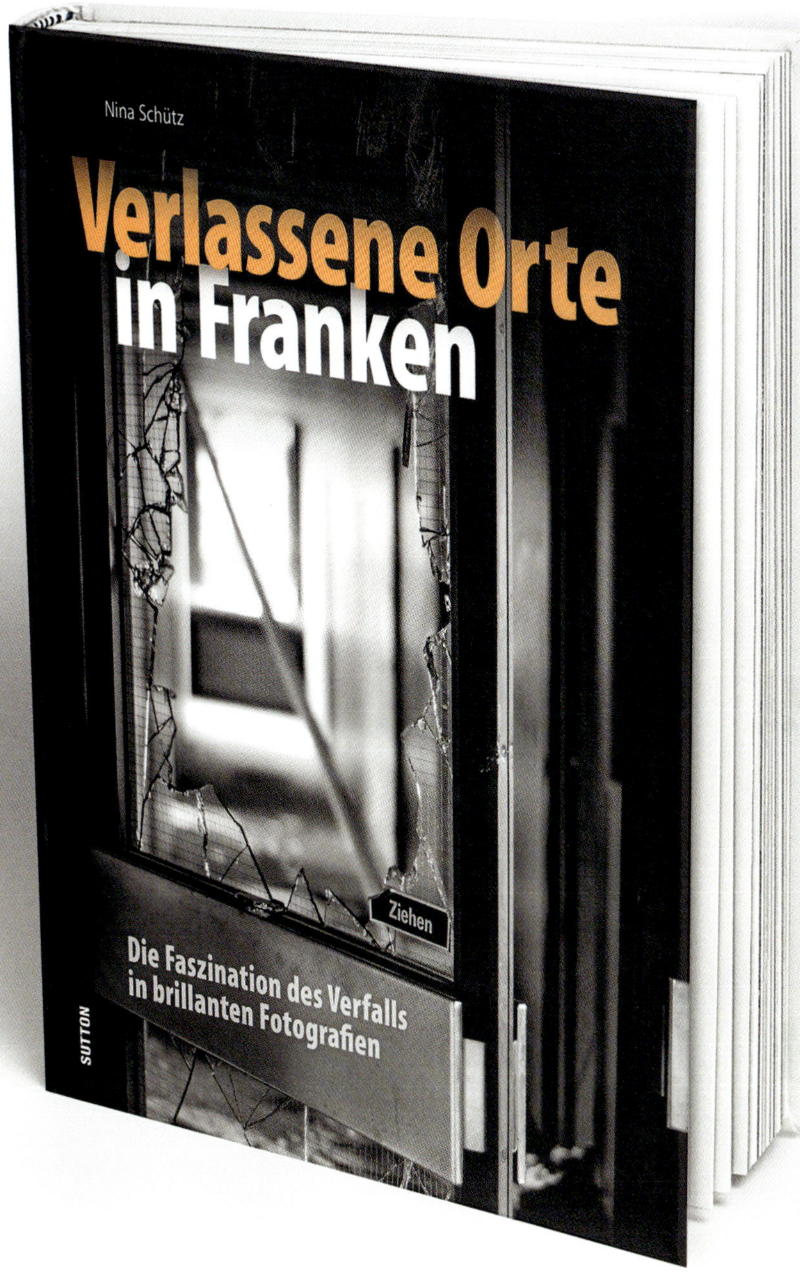

Nina Schütz

Verlassene Orte in Franken
Die Faszination des Verfalls in brillanten Fotografien

978-3-95400-887-2
29,99 €

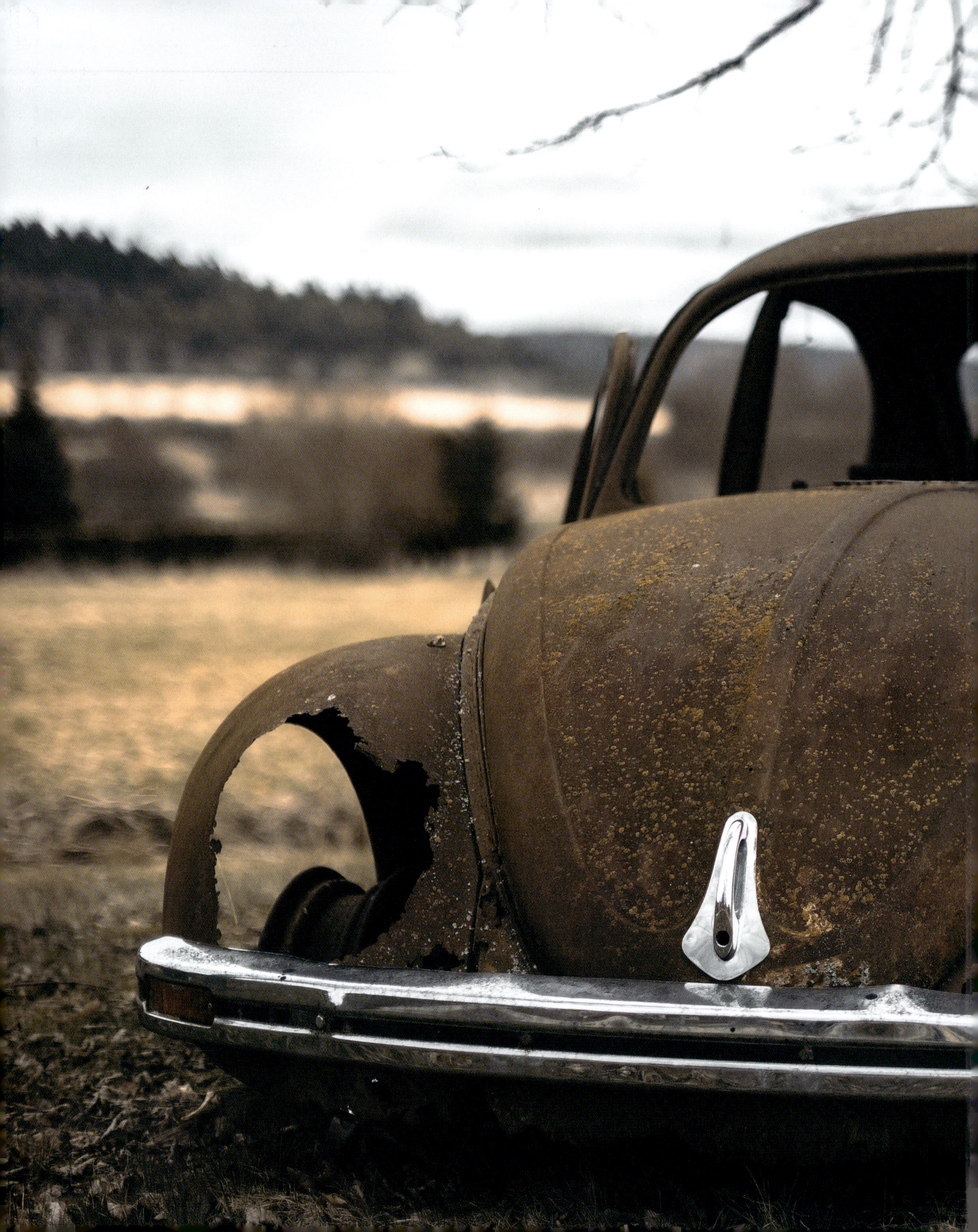